완전 최신판!

K-IFRS와 일반기업회계기준 공통 적용

국가직무능력표준
National Competency Standards

원가회계
필기2급

정호주 저

 파스칼미디어
www.pascal21.co.kr

【 저자 소개 】

정호주 – 단국대학교 경영대학원 회계학과 4학기 수료
– 성결대학교 주최 전국정보과학경시대회(전산회계부문) 출제위원 역임
– 대한상공회의소 하계직무연수 초빙강사 역임
– 전산회계운용사 대비 회계원리 입문편, 3급, 2급 필기 및 실기 더존(sPLUS) 수험서
– 전산회계운용사 대비 원가회계 2급 필기 수험서
– 한국세무사회, 한국공인회계사회 공통 대비 회계원리 입문편
– 한국세무사회 대비 전산회계 1급, 2급 이론 및 실기 수험서
– 2015 개정 교육과정 인정교과서 '회계원리'
– 2015 개정 교육과정 인정교과서 '회계정보처리시스템' (sPLUS)

완전 최신판!

원가회계 필기2급

• 발행일 2022년 8월 2일 27판 1쇄 발행
• 지은이 정호주
• 펴낸이 고봉식
• 펴낸곳 파스칼미디어
• 등록번호 제301-2012-102호
• 홈페이지 www.pascal21.co.kr
• 편집·디자인 전정희
• 주소 서울특별시 중구 마른내로4길 28
• 전화 02-2266-0613
• 팩스 02-332-8598
• ISBN 979-11-6103-089-0
• 내용문의 010-3820-4237

"God bless you"

제27판 최신판을 내면서...

1997년에 본 서가 출판된 후 올해로 27판을 출간하게 되었다. 그 동안 여러 교육기관의 선생님들과 독자 여러분의 성원에 깊은 감사를 드린다.

이번 최신판의 본문 내용에는 정부에서 도입한 국가직무능력표준(NCS National Competency Standards : 산업 현장에서 직무를 수행하는 데 필요한 지식 · 기술 · 소양을 국가가 산업 부문별, 수준별로 체계화한 것)에 따른 직업기초능력평가 문제를 수록하였다.

다만, 대한상공회의소 및 한국세무사회에서 자격검정시험의 필기이론 출제문제에 NCS를 반영하는 유, 무와 관련 없이 이미 공기업이나 대기업에서 시행하고 있는 NCS기반 채용 시험에 대비하기 위하여 2급필기 수준에 맞도록 구성하였다.

아시다시피 원가회계는 제품의 생산에 소요되는 원가를 파악하고 측정, 기록, 요약하여 기업경영의 의사 결정에 필요한 원가정보를 획득하고, 제조기업의 재무상태와 재무성과를 명백히 하는 회계분야이다.

따라서 본 서는 회계원리에서 배운 내용을 바탕으로 원가회계만이 가지는 독특한 계산 과정과 기장 체계를 중심으로 최신 출제 흐름에 맞는 참신하고 좋은 문제들만 수록하는 데 정성을 기울였다.

이 책으로 공부하는 수험생들께 당부드리는 것은 원가회계는 기본원리를 깨우쳐야 한다는 것이다. 특히 원가흐름도는 반드시 이해하고 넘어가야 하는 것으로 기본원리를 이해하고, 이것이 어떻게 주관식문제와 객관식문제에 응용이 되는지를 느낌이 와야 하며, 더 나아가 원가회계를 통하여 수험생활에 즐거움이 온다면 그 보다 더 좋은 것이 있을까? 한다.

아무쪼록 본 서를 통하여 각종 시험에 자신감과 합격에 대한 확신이 생기기를 기원하면서 본 서를 출간하기에 지혜와 건강주신 주님께 감사드리고 언제나 주위에서 격려와 용기를 준 가족과 본 서의 Upgrade를 위해 조언을 해 주신 지사장님과 가까운 선생님들께 지면을 통해 감사를 드린다.

"God bless you"

양화진 언덕에서 한강을 바라보며
저자 정호주 씀

본 교재의 특징

01 영역별 객관식 문제와 NCS 직업기초능력평가 문제는 별도 부록형태로 구성하였다.

02 본문의 내용을 추가 또는 수정하고 연습문제를 보완하였다.

03 출제흐름의 변화와 인정교과서에 맞추어 구성하였다.

04 국가기술자격검정과 국가공인 민간자격검정에 공통 대비가 되도록 구성하였다.

05 출제예상문제는 난이도를 조절하였다.

원가회계 출제기준

필 기 과목명	주요항목 (능력단위)	세부항목 (능력단위요소)	세세항목
원가관리회계	1. 원가계산	1. 원가의 기초	1) 원가회계와 관리회계의 비교 2) 원가의 개념과 분류 3) 원가행태의 추정
		2. 제품제조원가계산	1) 재료비, 노무비, 제조경비의 계산 2) 원가배분의 의의 및 목적, 절차, 기준 3) 보조부문비의 배분 이유와 목적 4) 제조부문비의 배부 및 예정배부 5) 개별원가계산의 기초 및 절차 6) 당기제품제조원가, 매출원가의 계산 7) 작업폐물과 공손품
		3. 종합원가계산	1) 종합원가계산의 기초 2) 종합원가계산의 절차 3) 종합원가계산 방법(단순, 조별, 공정별, 등급별, 연산품 등)

제1장 ...

원가의 기초

01 원가회계와 관리회계의 비교

01 원가회계(cost accounting)의 뜻

원가회계란 제품 생산에 소비되는 원가를 파악하고, 측정·기록·요약하여 기업 경영의 의사 결정에 필요한 원가 정보를 획득하고, 제조기업의 재무상태와 경영성과를 명백히 하는 회계분야를 말한다.

【 제조기업의 경영 활동 】

(구 매 과 정)　　　　　(제 조 과 정)　　　　　(판 매 과 정)

```
                 ┌──→  원 재 료
자 금 투 자  ──→  │     노 동 력   ──→  제 품  ──→  자 금 회 수
        ↑        └──→  생산설비, 용역                 (투자액+이익)
        │
        └──────────────  재 투 자  ──────────────┘
```

02 원가회계의 목적과 범위

원가회계는 재무제표를 작성하는데 필요한 원가 자료를 제공하고, 경영진의 다양한 의사 결정에 필요한 원가 정보를 제공하는 것을 목적으로 하고 있다.

(1) 원가회계의 목적

(가) 재무제표 작성에 필요한 원가 정보의 제공

① (포괄)손익계산서상의 매출원가 파악을 위한 원가 정보 제공
② 재무상태표상의 제품·재공품 등의 재고자산 가액결정을 위한 원가 정보 제공

(나) 원가 통제에 필요한 원가 정보의 제공

실제로 발생한 원가의 내용을 사전에 설정해 놓은 예정원가와 비교해 봄으로써 원가가 과대 또는 과소하게 발생하거나, 불필요하게 낭비되는 것을 통제·관리하는데 필요한 정보를 제공한다.

(다) 경영 의사 결정에 필요한 원가 정보의 제공

경영진이 생산된 제품의 판매가격 결정, 예산편성 및 통제 등 다양한 의사 결정을 내리기 위한 원가 정보를 제공한다.

(2) 원가회계와 관리회계의 범위

　　독자들께서 피자가게를 운영한다고 가정해 보면, 피자 한판에 재료비 등의 원가가 얼마나 들어가는지가 궁금할 것이다.(원가계산) 그리고, 어느 고객이 피자를 50판 주문하면서 정상가격보다 싸게 해 달라고 하면 이를 판매할 것인지의 여부를 결정해야 하며(의사 결정), 장사가 잘되어 2, 3군데 피자가게가 늘어난 경우 각 영업점별로 책임자를 두어 영업실적을 평가하려고 할 것이다.(성과 평가) 이러한 원가계산·의사 결정·성과 평가는 서로 연결되어 있으며, 원가계산이 정확히 되면 의사 결정과 성과 평가도 따라서 정확하게 된다.

【 원가회계와 관리회계 】

제품원가계산	의사결정(계획)	성과평가(통제)
(원가회계)	(관리회계)	

03　상기업과 제조기업의 비교

　　원가회계는 상기업의 재무회계와 다르게 제조기업의 제조 활동에 관한 내부거래를 기록하므로 외부거래 중심의 재무회계에 비하여 복잡한 계산과 기장절차 및 장부조직이 필요하다.

No.	상 기 업 (재 무 회 계)	제 조 기 업 (원 가 회 계)
(1)	주로 외부와의 거래를 중심으로 회계처리	제조과정에서 원가흐름 중심으로 회계처리
(2)	한 회계연도가 6개월 또는 1년	원가계산 기간을 보통 1개월로 한다.
(3)	재무상태표 계정과 포괄손익계산서 계정만 기록	이외에도 재료비 계정, 노무비 계정, 제조경비 계정 등을 설정하므로 계정의 수가 많다.
(4)	집합 계정은 결산 때 설정되는 손익 계정뿐이다.	제품의 원가를 집계하는 집합 계정의 수가 많고 계정간의 대체기입이 많다.
(5)	수익을 창출하기 위하여 소비된 가치는 비용으로 처리된다.	제조과정에서 발생한 가치의 소비액은 원가로 처리된다.

04　재무회계와 관리회계의 비교

No.	구　분	재무회계	관리회계
(1)	목적과 이용대상	외부보고 목적(외부 정보 이용자)	내부보고 목적(내부 정보 이용자)
(2)	보고서 종류	일반재무제표(재무상태표 등)	제조원가명세서, 마케팅보고서 등
(3)	조직 관리 기반	기업 전체 조직을 관리	기업 조직 중 제조부문 등을 관리
(4)	성격 및 시간적 관념	검증 가능성을 강조하며 과거 지향적	목적적합성을 강조하며 미래 지향적
(5)	원가회계와의 관련성	원가계산을 통해 판매가격 결정 지원	원가 절감 등을 위한 계획과 통제

01 다음은 제조기업의 정상적인 영업순환주기를 표시한 것이다. (   ) 안에 알맞은 용어를 써 넣으시오.

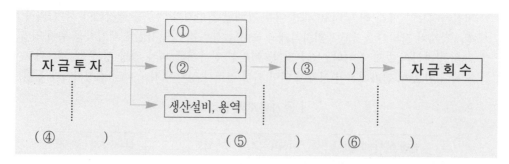

02 다음의 거래에서 구매과정, 제조과정, 판매과정으로 구분하고, 다시 외부거래와 내부거래로 구분 표시하시오.

(1) 서울상사로 부터 재료 ₩800,000을 외상으로 매입하다. ……………[   ] (   )
(2) 외상으로 매입한 재료 중 불량품 ₩25,000을 반품시키다. …………[   ] (   )
(3) 갑제품 제조를 위하여 재료 ₩580,000을 공장에 출고하다. ………[   ] (   )
(4) 공장에 출고한 재료 중 ₩20,000이 창고로 반품되다. ……………[   ] (   )
(5) 종업원에게 임금 ₩750,000을 수표를 발행하여 지급하다. …………[   ] (   )
(6) 당월 제품 제조를 위해 소비된 임금은 ₩780,000이다. ……………[   ] (   )
(7) 전력비, 가스수도비 등 ₩520,000을 현금으로 지급하다.……………[   ] (   )
(8) 제품 제조를 위해 소비된 전력비는 ₩600,000이다. ………………[   ] (   )
(9) 당월 갑제품 2,000개 @₩400이 완성되어 창고에 입고되다. ………[   ] (   )
(10) 갑제품 1,200개 @₩600 ₩720,000을 외상으로 매출하다. ………[   ] (   )
(11) 외상 매출하였던 갑제품 중 100개가 반품되어 오다. ………………[   ] (   )

03 다음 설명을 읽고, 옳은 것에는 ○표, 틀린 것에는 ×표를 하시오.

(1) 원가회계의 목적은 원가 정보를 기업의 외부 정보 이용자에게 공시하는 것이다. (   )
(2) 재무회계는 외부보고 목적을, 관리회계는 내부보고 목적을 강조한다. …………(   )
(3) 재무회계는 목적적합성을 강조하고, 관리회계는 검증 가능성을 강조한다. ……(   )
(4) 원가·관리회계는 경영자의 의사결정에 필요한 세부부문의 정보를 제공한다. …(   )
(5) 원가·관리회계는 외부에 보고하는 재무회계의 정보와 아무런 관련성이 없다. …(   )

02 원가의 개념과 분류

01 원가(costs)의 개념

(1) 원가의 뜻

원가란 제조기업이 제품을 생산하는데 사용한 모든 원재료, 노동력, 기계나 건물 등의 생산설비 및 전기, 가스 등의 소비액을 말한다. 즉, 특정제품의 생산을 위해서 사용한 경제적인 자원을 화폐단위로 측정한 것이다.

(2) 원가의 특성

① **경제적 가치의 소비이다.**

원가는 금전적 지출에 관계없이 생산과정에서 소비된 경제적 가치를 말한다. 예를 들면, 증여받은 원재료를 생산과정에 사용하는 경우 금전적 지출이 없더라도 원가로 인정한다.

② **제품의 생산을 위하여 소비된 것이다.**

원가는 기업에서 제품생산을 위하여 소비된 가치의 소비액이므로, 제품의 생산과 관련이 없는 화재나 도난 등으로 인한 손실은 원가에 포함하지 않는다.

③ **정상적인 가치의 소비액이다.**

원가는 정상적인 경영활동에서 발생한 재화의 소비액에 한정되고, 화재, 파업 등으로 인한 비정상적인 가치감소액은 원가에 포함하지 않는다.

(3) 원가와 비용과의 관계

① **공통점** : 둘 다 기업의 경영활동을 위하여 소비되는 경제적 가치이다.

② **차이점** : 원가는 재화나 용역의 생산을 위하여 소비되는 경제적 가치인데 비해, 비용은 일정 기간의 수익을 창출하기 위하여 소비되는 경제적 가치이다.

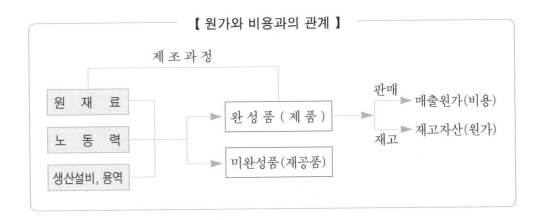

【 원가와 비용과의 관계 】

02 사용 목적에 따른 원가의 분류

원가는 여러가지 사용목적에 따라 다음과 같이 분류할 수 있다.

No.	분 류 기 준	종 류
(1)	발생형태에 따라	재료비, 노무비, 제조경비
(2)	추적가능성에 따라	직접비, 간접비
(3)	제조활동과의 관련성에 따라	제조원가, 비제조원가
(4)	경제적효익의 소멸여부에 따라	미소멸원가, 소멸원가
(5)	원가행태에 따라	고정비, 변동비, 준변동비, 준고정비
(6)	통제가능성에 따라	통제가능원가, 통제불능원가
(7)	발생시점에 따라	제품원가, 기간원가
(8)	의사결정과의 관련성에 따라	관련원가와 비관련원가, 회피가능원가와 회피불가능원가, 매몰원가, 기회원가

03 발생형태에 따른 분류

(1) **재 료 비** : 제품의 제조를 위한 재료의 소비액 **예** 가구제작업의 목재 등

(2) **노 무 비** : 제품의 제조를 위해 투입된 인간의 노동력에 대한 대가 **예** 종업원임금, 종업원급료, 종업원상여수당 등

(3) **제조경비** : 재료비와 노무비를 제외한 기타의 모든 원가요소 **예** 전력비 등

04 추적가능성에 따른 분류

(1) **직접비**(direct costs : 직접원가) : 특정 제품의 제조를 위하여 직접 소비된 금액이므로 직접 추적하여 부과할 수 있는 원가 **예** 자동차 제조업의 타이어 등

(2) **간접비**(indirect costs : 간접원가) : 여러 제품의 제조를 위하여 공통적으로 소비되므로 특정 제품에 발생한 금액을 추적할 수 없는 원가 **예** 전력비, 가스수도비 등

①	재 료 비	직 접 재 료 비	주요재료비, 부품비
		간 접 재 료 비	보조재료비, 소모공구기구비품비
②	노 무 비	직 접 노 무 비	완성직공에 대한 임금
		간 접 노 무 비	검사공임금, 수선공임금, 공장감독자급여 등
③	제 조 경 비	직접제조경비	외주가공비, 특허권사용료, 설계비
		간접제조경비	전력비, 가스수도비 등.

1. 부과 : 원가발생액을 특정제품에 직접 집계하는 절차
2. 배부 : 원가발생액을 각 제품에 합리적인 배분기준에 따라 적절히 나누는 절차
3. 추적가능성에 따른 분류는 생산부서의 성과평가시에 주로 이용된다.
4.

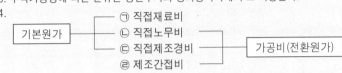

05 제조 활동과의 관련성에 따른 분류

(1) **제조원가**(manufacturing costs) : 제조원가란 제품을 생산하는 과정에서 발생하는 모든 경제적 가치의 소비액을 말한다.

(2) **비제조원가**(nonmanufacturing costs) : 기업의 제조 활동과 직접적인 관련이 없이 발생한 원가로서 제품의 판매 활동과 관리 활동에서 발생하는 원가 **예** 광고선전비 등의 판매비와관리비

06 경제적 효익의 소멸 여부에 따른 분류

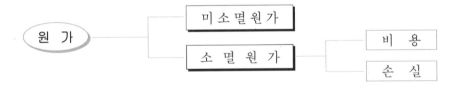

(1) **미소멸원가**(unexpired costs) : 미래에 경제적 효익을 제공할 수 있는 원가로서, 미래용역 잠재력(미래에 현금유입을 창출하는 능력)을 가지고 있으므로 재무상태표에 자산으로 표시된다. **예** 원재료의 미사용액

(2) **소멸원가**(expired costs) : 용역 잠재력이 소멸되어 더 이상의 경제적 효익을 제공할 수 없는 원가로서 수익창출에 기여했는가에 따라 비용과 손실로 나눈다. **예** 원재료의 소비액

▶ 제조기업이 완성된 제품을 판매하지 않고 보유하고 있는 동안은 재고자산으로서 미소멸원가이고, 그 완성제품을 판매한 경우에는 수익창출에 기여한 소멸원가로서 매출원가라는 비용으로 계상한다. 만약, 완성제품이 무보험상태에서 화재로 소실된 경우에는 아무런 수익창출에 기여하지 못한 소멸원가로서 손실로 분류하는 것이다.

【 제조간접비와 판매비와관리비의 비교 】	
제조간접비	판매비와관리비
공장의 전력비, 수도요금 등	본사 사무실의 전력비, 수도요금 등
공장 수리공, 경비 종업원의 급여	판매관리직 종업원의 급여
공장 소모품비(장갑, 작업복 등)	사무용 소모품비(장부, 복사용지 등)
기계장치, 공장건물 등의 설비자산에 대한 감가상각비, 수선유지비, 보험료	본사 사무실 건물에 대한 감가상각비, 보험료, 수선유지비

07 원가의 구성

제품의 원가를 구성하는 원가요소는 다음과 같은 단계를 거쳐 판매가격을 구성한다.

(1) **직접원가** = 직접재료비 + 직접노무비 + 직접제조경비
(2) **제조원가** = 직접원가 + 제조간접비(간접재료비 + 간접노무비 + 간접제조경비)
(3) **판매원가** = 제조원가 + 판매비와 관리비
(4) **판매가격** = 판매원가 + 이익

【 원가의 구성도 】

			이 익	
		판매비와관리비		판 매 가 격
	제조간접비	제 조 원 가	판 매 원 가	
직접재료비	직 접 원 가			
직접노무비				
직접제조경비				

08 원가행태에 따른 분류

원가행태(cost behavior)란, 조업도의 변화에 따라 원가총발생액이 변화되는 모양을 말하는 것으로서 원가 통제목적에 유용한정보를 제공하기 위한 분류이다. 모든 원가행태는 관련범위를 전제로 하고 있다.

1. **조업도**(rate of activity) : 기업이 생산설비를 이용한 정도를 나타내는 지표로서 생산량, 직접노동시간, 기계운전시간 등으로 표시된다.
2. **관련범위**(relevant range) : 한 기업이 단기간동안 효율적으로 활동을 수행할 수 있는 활동범위이다.

(1) 고정비(fixed costs)

조업도의 증감에 관계없이 일정한 범위의 조업도내에서는 그 총액이 항상 일정하게 발생하는 원가 **예** 공장건물의 임차료, 보험료, 감가상각비, 재산세 등

【 고정비와 조업도의 관계 】

고정비총발생액	₩600,000	₩600,000	₩600,000
조업도(생산량)	10,000개	20,000개	30,000개
제품단위당고정비	@₩60	@₩30	@₩20

$$y = a$$
단, y = 총원가, a = 고정비

① 총원가

② 단위당원가

(2) 변동비(variable costs)

조업도의 증감에 따라 원가발생 총액이 비례적으로 증감하는 원가 **예** 직접재료비, 직접노무비 등

【 변동비와 조업도의 관계 】

변동비총발생액	₩400,000	₩800,000	₩1,200,000
조업도(생산량)	10,000개	20,000개	30,000개
제품단위당변동비	@₩40	@₩40	@₩40

$$y = bx$$
단, y = 총원가, b = 단위당변동비, x = 조업도

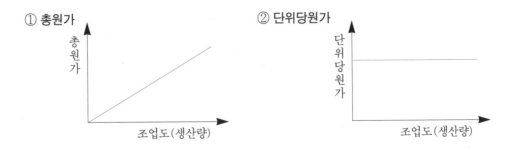

① 총원가

② 단위당원가

구 분	고 정 비	변 동 비
원가발생총액	일정하다	조업도의 변동에 비례하여 증감
단위당 원가	조업도의 증감에 반대방향으로 증감	일정하다

(3) 준변동비 (semi-variable costs)

조업도의 증감에 관계없이 발생하는 고정비 즉, 조업도가 0일 때에도 발생하는 고정원가와 조업도의 변화에 따라 일정비율로 증가하는 변동비의 두 부분으로 구성된 원가를 말하며, 혼합원가(mixed costs)라고도 한다. 전화요금이 준변동비의 대표적인 것인데, 전화요금은 전화사용량에 관계없이 지출해야 하는 기본요금(고정비)과 사용량에 따라 변화하는 사용요금(변동비)으로 징수되고 있기 때문이다. **예** 전화요금, 전력비, 수선유지비 등

$$y = a + bx$$
단, y = 총원가, a = 고정비, b = 단위당변동비, x = 조업도

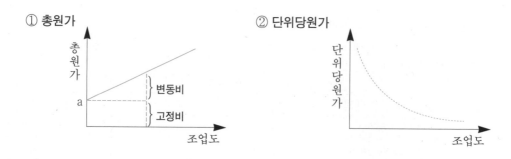

① 총원가

② 단위당원가

(4) 준고정비 (semi-fixed costs)

일정한 범위의 조업도 내에서는 일정한 금액의 원가가 발생하지만, 그 범위를 벗어나면 총액이 달라지는 원가를 말하며, 계단원가(step costs)라고도 한다. **예** 1명의 생산감독자가 20명의 근로자를 감독하는 경우 20명의 근로자가 초과할 때마다 1명의 생산감독자를 추가로 고용해야 한다. 이때, 만약 생산감독자를 0.1명, 0.2명 등과 같이 분할고용할 수 있다면 생산감독자의 임금은 근로자의 수에 비례하는 변동비라 할 수 있지만, 이것은 불가능한 일이므로 생산감독자의 임금은 그 증가폭이 일정한 구간을 가지게 된다. 기계의 경우에도 최대생산 능력을 초과하는 경우 새로운 기계를 도입해야 하고, 이 경우 새 기계에 따른 감가상각비도 이러한 계단식 형태로 나타날 것이다.

① 총원가

총
원
가

a_3

a_2

a_1

X_0 X_1 X_2 X_3 조업도

② 단위당원가

총
원
가

X_0 X_1 X_2 X_3 조업도

09 통제 가능성에 따른 분류

(1) 통제가능원가(controllable costs)

　특정 계층의 경영진이 일정기간에 걸쳐 원가발생액의 크기에 관해 주된 영향을 미칠 수 있는 원가 **예** 직접재료비 등의 변동비 – 특정 관리자의 업적 평가시 유용한 개념

(2) 통제불능원가(uncontrollable costs)

　특정 계층의 경영진이 원가발생액의 크기에 관해 주된 영향을 미칠수 없는 원가 **예** 공장건물의 임차료, 정액법에 의한 감가상각비 등의 고정비

10 발생시점에 따른 분류

(1) 제품원가(product costs)

　제품을 생산할 때 소비되는 모든 원가를 말하는 것으로 제품원가는 원가가 발생되면 먼저 재고자산으로 계상하였다가 제품의 판매시점에 비용화되어 매출원가계정으로 대체된다. 따라서 제품원가는 재고자산의 원가로서 판매시점까지 연장되기 때문에 재고가능원가라고도 한다.

(2) 기간원가(period costs)

　제품생산과 관련없이 발생하는 모든 원가로서 발생한 기간에 비용으로 인식하므로 기간원가라고 하며, 판매비와관리비가 여기에 속한다. 이와같이 기간원가는 발생한 기간의 비용으로 처리되므로 재고불능원가라고도 한다.

11 의사결정과의 관련성에 따른 분류

(1) 관련원가(relevant costs)**와 비관련원가**(irrelevant costs)

　관련원가는 특정의사결정과 직접적으로 관련이 있는 원가로서 의사결정의 여러 대안 간에 금액상 차이가 있는 미래원가를 말한다.

Chapter / One

비관련원가는 특정의사결정과 관련이 없는 원가로서 이미 발생한 원가이므로 의사결정의 여러 대안간에 금액상 차이가 없는 기발생원가(역사적 원가)를 말한다.

예 대한상사는 현재까지 일반냉장고만 판매하여 왔으나, 내년부터는 일반냉장고 대신 김치냉장고를 판매하기로 하였다. 이를 홍보하기 위하여 두달전부터 광고비 20,000원을 지출하였고, 일반냉장고를 판매하는 경우 단위당 판매비는 10원, 김치냉장고의 단위당 판매비는 30원이 지출되는 경우, 두달전부터 지출된 광고비 20,000원은 이미 지출된 것이고, 일반냉장고를 판매하는 대안과 김치냉장고를 판매하는 대안 중 어떤 대안을 선택하더라도 회수할 수 없으므로 비관련원가이다. 한편, 판매비는 두 대안간에 차이가 나는 미래원가이므로 관련원가이다.

(2) 회피가능원가(avoidable costs)와 회피불가능원가(unavoidable costs)

위의 예제에서 일반냉장고를 더 이상 생산하지 않으면 단위당 변동판매비 10원은 감소하는데 이를 회피가능원가(의사결정에 따라 줄어드는 원가)라 하고, 이미 지출한 광고선전비는 의사결정과 무관하므로 회피불가능원가라 한다.

(3) 매몰원가(sunk costs)

기발생원가(역사적 원가)라고도 하는 것으로 과거 의사결정의 결과로 이미 발생된 원가로서 현재 또는 미래의 의사결정에는 아무런 영향을 미치지 못하는 원가를 말한다.

예 (주)한국은 스마트폰을 단위당 500,000원에 구입하여 800,000원에 판매해 왔다. 그러나 최근 휴대폰시장의 가격하락으로 더 이상 판매할 수 없게 되었다. (주)한국은 스마트폰 재고를 200단위 보유하고 있다. 어느 거래처가 이 스마트폰을 단위당 300,000원에 구입하려고 하는 경우, 이 때 500,000원은 역사적원가로서 매몰원가이다.

(4) 기회원가(opportunity costs)

기회비용이라고도 하며, 의사결정의 여러 대안 중 하나를 선택하면 다른 대안은 포기할 수 밖에 없는데, 이 때 포기해야 하는 대안에서 얻을 수 있는 최대의 금액(효익)을 말한다. 기회원가는 회계장부에는 기록되지 않지만, 의사 결정시에는 반드시 고려되어야 한다.

예 한국공업에서 A기계(장부금액 ₩60,000)로 갑제품을 생산하기로 한 경우 A기계로는 을제품도 생산할 수 있고, A기계를 매각처분할 수도 있는데, 을제품을 생산하면 제조원가 50,000원을 투입하여 70,000원에 판매할 수 있고, 그냥 A기계를 매각처분한다면 88,000원을 받을 수 있어 처분차익을 28,000원 얻을 수 있을 때 한국공업은 A기계로 갑제품을 생산하는 것 이외에 대체안으로 각각 20,000원과 28,000원의 순현금 유입액이 발생한다. 이 중 차선의 대체안은 A기계를 매각하여 28,000원을 얻을 수 있는 것으로 이것이 바로 A기계로 갑제품을 생산할 때의 기회원가인 것이다.(이 경우 A기계 장부금액 60,000원은 매몰원가이다.)

기본 연습 문제

01 다음 설명에 알맞은 용어를 보기에서 골라 (   )안에 표기하시오.

> **보기**
>
> a. 고정비   b. 제조원가   c. 소멸원가   d. 변동비
> e. 비제조원가   f. 준변동비   g. 제조간접비   h. 제조경비
> i. 제조직접비   j. 배부   k. 기간원가   l. 기회원가
> m. 비관련원가   n. 통제가능원가   o. 매몰원가   p. 조업도

(1) 원가의 3요소는 재료비, 노무비, (   )이다.

(2) 제품의 제조와는 관계없이 발생하는 판매비와관리비를 (   )라 한다.

(3) 직접원가와 제조간접비를 합한 금액을 (   )라 한다.

(4) (   )란, 재료비와 노무비를 제외한 기타의 모든 요소의 소비액을 말한다.

(5) 원가를 추적가능성에 따라 분류하면 제품이나 부문에 직접 부과할 수 있는 (   )와 직접 부과 할 수 없는 (   )로 분류할 수 있다.

(6) 과거 의사결정의 결과로 이미 발생한 원가로서 현재의 의사결정에는 아무런 영향을 미치지 못하는 원가를(   )라 한다.

(7) 생산수단을 이용하여 나타난 결과를 (   )라 하며, 이것은 생산량, 직접노동시간, 기계운전시간 등으로 표시된다.

(8) 조업도의 증감에 관계없이 일정한 범위의 조업도 내에서는 그 총액이 항상 일정하게 발생하는 원가를 (   )라 하고, 조업도의 증감에 따라 발생총액이 비례적으로 증감하는 원가를 (   )라 한다.

(9) 조업도가 0일 때에도 발생하는 고정비와 조업도의 변화에 따라 일정비율로 증가하는 변동비의 두 부분으로 구성하는 원가를 (   )라 한다.

(10) 재화, 용역 또는 생산설비를 현재의 용도가 아닌 차선의 용도에 사용했더라면 얻을 수 있었던 최대금액을 (   )라 한다.

(11) (주)서울은 USB를 단위당 15,000원에 구입하여 25,000원에 판매해 왔다. 그러나 최근 USB시장의 침체로 더 이상 판매할 수 없게 되었고, (주)서울은 USB재고를 100단위 보유하고 있다. 어느 거래처가 이 USB를 단위당 10,000원에 구입하려고 할 때 15,000원은 (   )이다.

02 다음은 원가의 특성을 나열한 것이다. 옳은 것은 ○표, 틀린 것은 ×표를 표기하시오.

(1) 제조기업의 경영 목적 중 하나인 제품 제조와 관련하여 소비한 것이다. (　　)

(2) 화재, 도난 등의 비정상적인 원인에 의한 것도 원가에 포함한다. (　　)

(3) 원가는 소비여부에 따라 결정하는 것으로 반드시 금전적 지출을 요건으로 하지 않는다.
(　　)

(4) 재화나 용역을 생산하기 위하여 소비한 것이다. (　　)

(5) 돌발적인 기계고장으로 인한 불량품의 발생 등과 같은 것도 원가에 포함한다. (　　)

(6) 경영활동을 달성하는데 반드시 정상적인 가치가 소비되어야 한다. (　　)

03 다음 중 원가항목에는 ○표, 비원가항목에는 ×표를 (　　) 안에 표기하시오.

(1) 생산직 종업원의 임금 (　)		(2) 공 장 의 재 산 세 (　)	
(3) 본사기획실 직원의 급여 (　)		(4) 공 장 건 물 의 임 차 료 (　)	
(5) 화재로 인한 재료감소 (　)		(6) 광 고 선 전 비 (　)	
(7) 공 장 기 계 의 수 선 비 (　)		(8) 파 업 기 간 의 임 금 (　)	
(9) 차 입 금 의 이 자 (　)		(10) 기 계 감 가 상 각 비 (　)	
(11) 공 장 의 전 력 비 (　)		(12) 유 형 자 산 처 분 손 실 (　)	
(13) 임 원 의 상 여 금 (　)		(14) 판 매 수 수 료 (　)	
(15) 재 료 비 (　)		(16) 공 장 감 독 자 의 급 여 (　)	

04 다음의 원가요소 중 고정비에 속하는 것은 F, 변동비에 속하는 것은 V, 혼합원가(준변동비)에 속하는 것은 M, 준고정비에 속하는 것은 S로 (　　) 안에 표기하시오.

(1) 정액법에 의한 건물의 감가상각비 (　)		(2) 직 접 재 료 의 소 비 액 (　)	
(3) 공장 전력소비액 (　)		(4) 생산현장 종업원의 임금 (　)	
(5) 공장건물의 재산세 (　)		(6) 공 장 의 수 선 유 지 비 (　)	
(7) 공장건물의 화재보험료 (　)		(8) 공 장 감 독 자 의 급 여 (　)	

05 다음의 제조원가에 관한 자료에 의하여 기본원가와 전환원가(가공비)를 구하시오.

직 접 재 료 비	₩ 400,000
직 접 노 무 비	500,000
제 조 간 접 비	
변 동 제 조 간 접 비	150,000
고 정 제 조 간 접 비	300,000

(1) 기본원가는 얼마인가? ·····················(   )

(2) 전환원가(가공비)는 얼마인가? ··········(   )

06 다음 원가요소의 구성에 관한 등식을 완성하시오.

(1) 직 접 원 가 = (   ) + (   ) + (   )

(2) 제 조 원 가 = 직 접 원 가 + (   )

(3) 판 매 원 가 = 제 조 원 가 + (   )

(4) 판 매 가 격 = 판 매 원 가 + (   )

07 다음 원가자료에 의하여 물음에 답하시오.

공장완성직공임금	₩ 500,000	판 매 원 의 급 여	₩ 150,000
수선직공의 임금	200,000	직 접 재 료 비	1,150,000
영업부사무용품비	55,000	공 장 장 급 여	74,000
본사건물감가상각비	120,000	간 접 재 료 비	200,000
공 장 제 조 경 비	350,000	광 고 선 전 비	30,000

– 공장제조경비 중 ₩50,000은 직접 경비이고, 잔액은 간접 경비이다.

【 물음 】

(1) 직접원가는 얼마인가? ·····················(₩   )

(2) 제조간접비는 얼마인가? ·····················(₩   )

(3) 제조원가는 얼마인가? ·····················(₩   )

(4) 판매원가는 얼마인가? ·····················(₩   )

08 다음 자료에 의하여 원가구성도를 완성하시오.

직 접 재 료 비	₩ 500,000	직 접 노 무 비	₩ 300,000
직 접 제 조 경 비	200,000	간 접 재 료 비	200,000
간 접 노 무 비	150,000	간 접 제 조 경 비	250,000
판 매 비	150,000	관 리 비	250,000

판매가격은 판매원가의 20%이익을 가산하였다.

			이익( )	
		판매비와관리비 ( )		판 매 가 격 ( )
	제조간접비 ( )		판 매 원 가 ( )	
직접재료비 ( )	직 접 원 가 ( )	제 조 원 가 ( )		
직접노무비 ( )				
직접제조경비 ( )				

09 다음 자료에 의하여 원가구성도를 완성하시오.

직 접 재 료 비	₩ 300,000	간 접 재 료 비	₩ 100,000
직 접 노 무 비	200,000	간 접 노 무 비	150,000
직 접 제 조 경 비	150,000	간 접 제 조 경 비	300,000
판 매 비	150,000	관 리 비	150,000

판매가격은 판매원가의 30%이익을 가산하였다.

			[ ]( )	
		[ ] ( )		[ ] ( )
	[ ] ( )		[ ] ( )	
[ ] ( )	[ ] ( )	[ ] ( )		
[ ] ( )				
[ ] ( )				

10 다음 원가자료에 의하여 물음에 답하시오.

직 접 재 료 비	₩ 300,000	직 접 노 무 비 ₩ 250,000
직접제조경비	150,000	판매비와관리비는 제조원가의 25%
판매가격은 판매원가에 20% 이익 가산		판매가격 ₩ 1,500,000

【물음】

(1) 직접원가는 얼마인가? ·····················(₩   )
(2) 제조간접비는 얼마인가? ·····················(₩   )
(3) 제조원가는 얼마인가? ·····················(₩   )
(4) 판매비와관리비는 얼마인가? ·····················(₩   )
(5) 판매원가는 얼마인가? ·····················(₩   )
(6) 기대이익은 얼마인가? ·····················(₩   )

11 다음 원가자료에 의하여 원가구성도를 완성하시오.

직 접 재 료 비	₩ 820,000	직 접 노 무 비 ₩ 500,000
직 접 제 조 경 비	330,000	판 매 가 격 3,000,000
판매가격은 판매원가에 25% 이익이 가산되어 있다.		
판매비와관리비는 제조원가의 20%이다.		

				이익( )	
			판매비와관리비 ( )		
		제조간접비 ( )			판 매 가 격 ( )
직접재료비 ( )	직 접 원 가 ( )		제 조 원 가 ( )	판 매 원 가 ( )	
직접노무비 ( )					
직접제조경비 ( )					

12 (주)파스칼공업은 모니터를 생산·판매하고 있다. 20×1년 1월에 발생한 원가는 다음과 같다.

가. 직 접 재 료 비	₩ 50,000	나. 직 접 노 무 비	₩ 70,000
다. 변동제조간접비	80,000	라. 고정제조간접비	100,000
마. 변동판매관리비	60,000	바. 고정판매관리비	90,000

【물음】

(1) 20×1년 1월 생산량이 5,000개의 경우 단위당 원가는 얼마인가?

(2) 20×1년 2월 생산량은 10,000개로 추정되는 경우 제품단위당 원가는 얼마로 예상되는가? 단, 생산량 5,000개와 10,000개는 관련범위 내에 있으며, 재공품은 없다.

▶ 본 문제는 생산량이 5,000개일 때의 단위당원가와 생산량이 10,000개로 증가할 때의 단위당원가의 변화를 파악하는 내용이다. 즉, 동일조건에서 생산량(조업도)이 증가할 때 변동비는 증가하지만, 고정비는 증가하지 않기 때문에 단위당원가가 감소한다는 것이다.

제2장 ...

원가의 흐름

1. 원가의 흐름과 기장

01 원가의 흐름과 기장

01 재료와 재료비 계정

(1) 재료 계정 : 제조활동에 사용할 주요재료, 보조재료, 부품, 소모공구기구비품 등의 원가를 기록하는 계정으로 재고자산에 속한다.

(2) 재료비 계정 : 제품의 제조과정에서 소비된 재료의 가치를 말하는 것이므로, 재료비 계정은 이러한 재료의 소비액을 기록하는 집합계정으로서 원가계산 관련 계정에 속한다.

No	구　　　　　분	차　　　　변	대　　　　변
(1)	재료를 외상으로 매입한 경우	재　　　료 ×××	외상매입금 ×××
(2)	재료를 작업 현장에 출고한 경우	재　료　비 ×××	재　　　료 ×××
(3)	재료비 소비액의 대체	재　공　품 ××× 제조간접비 ×××	재　료　비 ×××

▶ 당월 재료 소비액 = 월초 재료재고액 + 당월 재료매입액 − 월말재료재고액

【 재료비 계정을 설정하여 처리하는 경우 】

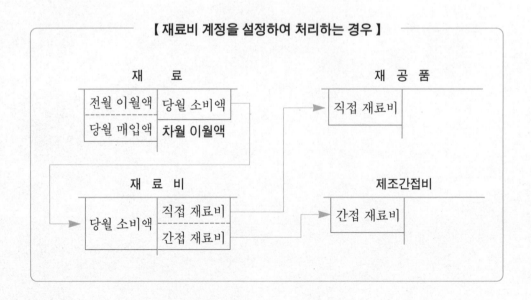

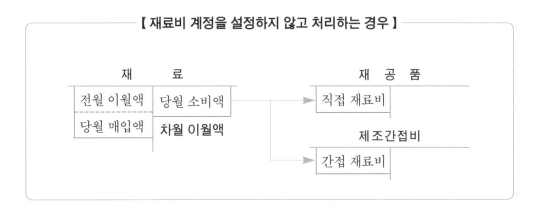

【 재료비 계정을 설정하지 않고 처리하는 경우 】

독자 여러분이 본 서로 시험 공부를 하기 전에는 원재료이지만 시험 공부를 시작한 후에는 재공품이 된다. 그리고 시험에 합격하면 제품이 되며, 불합격하면 공손품(불량품)이 된다. 시험에 계속하여 불합격되면 작업폐물(원재료의 찌꺼기)이 되고 시험공부를 위해 학원이나 도서관에서 이성친구를 만나 사귀게 되면 부산물을 얻게 된다.

02 종업원급여와 노무비 계정

제조기업은 총계정원장에 종업원급여 계정을 두고 임금, 급료, 상여수당 등 노무비의 상세한 증감내용은 보조부(임금대장 등)을 두어 기록하거나, 노무비의 형태별로 종업원임금 계정, 종업원급료 계정, 종업원상여수당 계정 등을 설정하여 각각의 노무비에 대한 증감을 기록한다. 또한, 노무비의 발생시점과 임금, 급료 등의 지급시점이 서로 다르기 때문에 전월·당월 미지급액이 항상 발생한다.

No	구 분	차 변	대 변
(1)	임금 등 노무비를 현금으로 지급한 경우	종업원급여 ×××	현 금 ×××
(2)	노무비 항목의 발생액(임금 등)	노 무 비 ×××	종업원급여 ×××
(3)	노무비 소비액의 대체	재 공 품 ××× 제조간접비 ×××	노 무 비 ×××

▶ 당월 노무비 소비액 = 당월지급액 + 당월미지급액 − 전월미지급액

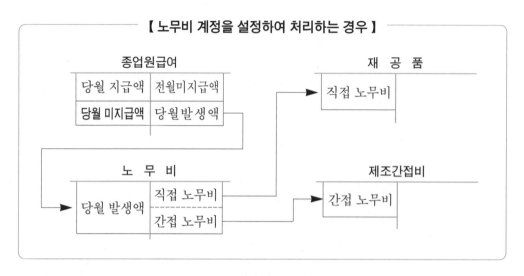

【 노무비 계정을 설정하여 처리하는 경우 】

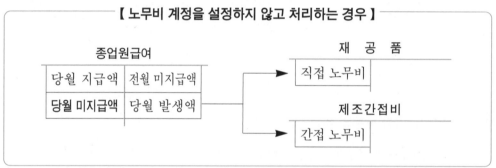

【 노무비 계정을 설정하지 않고 처리하는 경우 】

03 제조경비 계정

제조경비란 재료비와 노무비를 제외한 기타의 모든 원가요소를 말한다. 제조경비 계정은 생산설비에 대한 감가상각비, 화재보험료, 임차료, 수선비, 생산설비의 가동을 위한 전력비, 가스수도비 등과 같은 제조과정에서 발생한 경비의 소비액을 기록하는 집합 계정이다.

No	구　분	차　변	대　변
(1)	경비항목을 현금지급한 경우(보험료등)	보 험 료 ×××	현　　금 ×××
(2)	각종 경비항목의 발생	제 조 경 비 ×××	보 험 료 ×××
(3)	제조경비 소비액의 대체	재 공 품 ××× 제조간접비 ×××	제 조 경 비 ×××
(4)	경비소비액 중 본사부담액을 월차손익에 대체	월 차 손 익 ×××	보 험 료 ×××

1. 보험료 중 판매비(물류원가)와관리비(본사 영업부)에 속하는 금액은 보험료 계정에 남겨 두었다가 월말에 월차손익 계정에 대체한다.
2. 당월 제조경비 소비액 = 당월 지급액 + 전월 선급액 − 당월 선급액

【 제조경비 계정을 설정하여 처리하는 경우 】

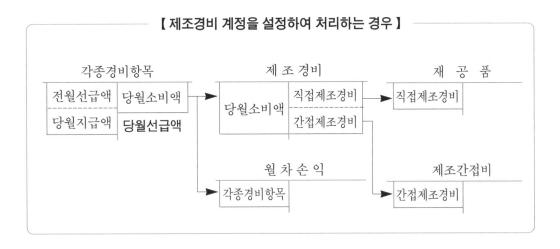

【 제조경비 계정을 설정하지 않고 처리하는 경우 】

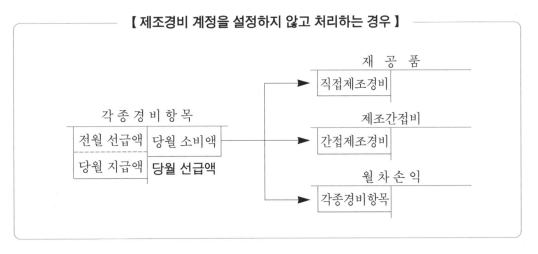

▶ 제조경비 계정의 설정 여부 판단

　제조경비의 처리를 제조경비 계정을 설정하여 처리하는 경우와 설정하지 않는 경우의 판단은 자의적으로 하는 것이 아니다. 즉 문제에서 지시문이 '제조경비 계정으로 대체한다.' 라고 제시를 하는 경우가 있고 그렇지 않으면 분개란을 보고 판단할 수도 있고, 주어진 계정 기입면을 살펴보고 결정할 사항이다.

04 제조간접비 계정

제조간접비란 두 종류 이상의 제품을 생산하기 위해 공통적으로 발생한 원가로서 간접재료비, 간접노무비, 간접제조경비 등을 제조간접비 계정에 집계하고, 원가계산 기말에 그 합계액을 일정한 기준에 따라 각 제품(재공품 계정)에 배부하여야 한다.

No	구 분	차 변	대 변
(1)	간접재료비소비액	제조간접비 ×××	재 료 비 ×××
(2)	간접노무비소비액	제조간접비 ×××	노 무 비 ×××
(3)	간접제조경비소비액	제조간접비 ×××	제 조 경 비 ×××
(4)	제조간접비를 제품에 배부	A 재 공 품 ××× B 재 공 품 ×××	제조간접비 ×××

▶ 제조간접비 합계액 = 간접재료비 + 간접노무비 + 간접제조경비

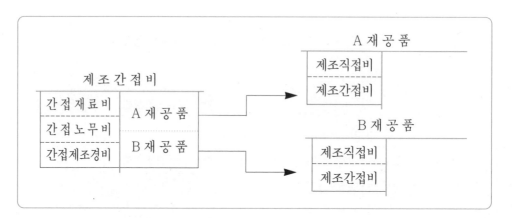

05 재공품 계정, 제품 계정

(1) 재공품 계정

재공품이란 제조 과정 중에 있는 미완성 제품을 말한다. 그러므로 재공품 계정은 제품을 제조하는 과정에서 소비되는 모든 제조원가를 기록하는 집합 계정으로서 완성품제조원가가 표시되는 재고자산 계정이다.

No	구 분	차 변	대 변
(1)	직접재료비소비액	재 공 품 ×××	재 료 비 ×××
(2)	직접노무비소비액	재 공 품 ×××	노 무 비 ×××
(3)	직접제조경비소비액	재 공 품 ×××	제 조 경 비 ×××
(4)	제조간접비배부액	재 공 품 ×××	제조간접비 ×××
(5)	완성품원가를 제품계정에 대체	제 품 ×××	재 공 품 ×××

▶ **당월**제품제조원가 = 월초재공품재고액 + 당월원가소비액(직접재료비+직접노무비
　　　　　　　　　　　+직접제조경비+제조간접비) − 월말재공품재고액

(2) 제품 계정

　　제품이란 제조공정을 완전히 마친 완성품을 말한다. 그러므로 제품계정에는 완성된 제품의 원가와 판매된 매출제품원가가 표시되는 재고자산 계정이다.

No	구 분	차 변	대 변
(1)	완성품 원가를 제품 계정에 대체한 경우	제 품 ×××	재 공 품 ×××
(2)	제품을 외상 매출한 경우	외상매출금 ××× 매 출 원 가 ×××	매 출 ××× 제 품 ×××

▶ 매출원가 = 월초제품재고액 + 당월완성품제조원가 − 월말제품재고액

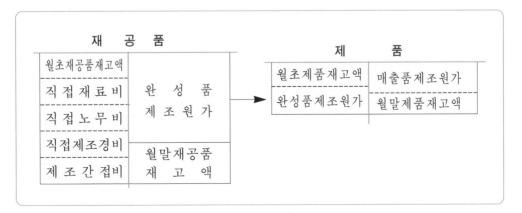

06 월차손익 계정

제조기업은 일반적으로 원가계산 기간을 1개월로 정하고 있으므로 매월 그 달의 영업 손익을 계산하는 경우가 많다. 이 경우 월차손익 계정을 설정하여 당월의 영업손익을 표시하게 된다.

No	구 분	차 변	대 변
(1)	매출원가와 각종 경비항목 중 본사 부담분을 월차손익 계정에 대체	월 차 손 익 ×××	매 출 원 가 ××× 각종경비항목 ×××
(2)	순매출액을 월차손익 계정에 대체	매 출 ×××	월 차 손 익 ×××
(3)	영업이익을(연차) 손익 계정에 대체	월 차 손 익 ×××	연 차 손 익 ×××

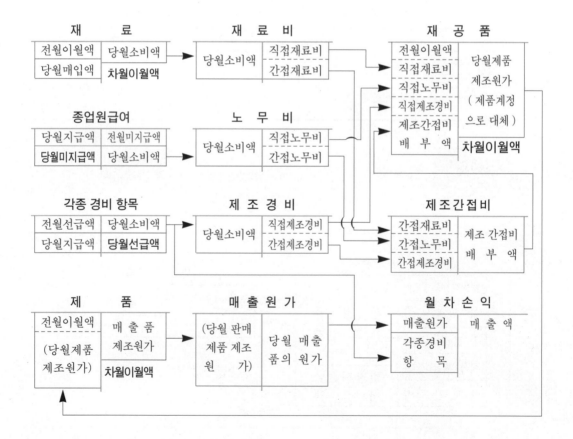

원 가 의 흐 름

제품의 제조와 판매 및 결산시의 분개

No	구 분	차 변	대 변
(1)	재료를 외상으로 매입	재 료 ×××	외 상 매 입 금 ×××
(2)	임금을 수표발행 지급	종 업 원 급 여 ×××	당 좌 예 금 ×××
(3)	각종경비항목을 현금지급	각 종 경 비 항 목 ×××	현 금 ×××
(4)	재료를 현장에 출고	재 료 비 ×××	재 료 ×××
(5)	노무비 항목의 발생액	노 무 비 ×××	종 업 원 급 여 ×××
(6)	재료비의 소비	재 공 품 ××× 제 조 간 접 비 ×××	재 료 비 ×××
(7)	노무비의 소비	재 공 품 ××× 제 조 간 접 비 ×××	노 무 비 ×××
(8)	각종경비 항목의 발생	제 조 경 비 ×××	각 종 경 비 항 목 ×××
(9)	제조경비 소비액의 대체	재 공 품 ××× 제 조 간 접 비 ×××	제 조 경 비 ×××
(10)	제조간접비를 제품에 배부	재 공 품 ×××	제 조 간 접 비 ×××
(11)	완성품 원가를 제품계정에 대체	제 품 ×××	재 공 품 ×××
(12)	제품을 외상매출한 경우	외 상 매 출 금 ××× 매 출 원 가 ×××	매 출 ××× 제 품 ×××
(13)	월차손익계정에 대체	매 출 ××× 월 차 손 익 ×××	월 차 손 익 ××× 매 출 원 가 ××× 각 종 경 비 항 목 ×××

플러스 Tip

▶ 각종경비 항목의 발생분개 (8)번에서는 제조부 부담분만 대체하고, 본사 부담분은 각종 경비 항목 계정에 남겨두었다가 월말에 월차손익 계정에 대체한다.

원가소비액 및 기타 등식

(1) 재 료 소 비 액 = 월초 재료 재고액 + 당월 재료 매입액 – 월말 재료 재고액
(2) 노 무 비 소 비 액 = 당월 지급액 + 당월 미지급액 – 전월 미지급액
(3) 제 조 경 비 소 비 액 = 당월지급액 + 전월선급액 – 당월선급액
(4) 당월제품제조원가 = 월초 재공품 재고액 + 당월 총 제조비용 – 월말 재공품 재고액
　　※당월 총 제조비용 = 직접재료비 + 직접노무비 + 직접제조경비 + 제조간접비배부액
(5) 매 출 원 가 = 월초 제품 재고액 + 당월 제품 제조원가 – 월말 제품 재고액
(6) 완 성 품 수 량 = 월초 재공품 수량 + 당월 제조착수 수량 – 월말 재공품 수량
　　　　　　　　　　 = 당월 매출 제품 수량 + 월말 제품 수량 – 월초 제품 수량
(7) 제 품 단위당 원가 = 제품 제조 원가 ÷완성품 수량

01 다음 재료에 관한 사항을 분개하고, 아래 계정에 기입 마감하시오.

(1) 월초재료재고액 ₩150,000　　　　　당월매입액(외상)　₩850,000
　　 월말재료재고액 ₩200,000

(2) 당월 재료의 공장출고액은 ₩800,000

(3) 당월 재료비 소비액 : 직접재료비 ₩650,000　간접재료비　₩150,000

No.	구　분	차 변 과 목	금　액	대 변 과 목	금　액
(1)	매 입 액 분 개				
(2)	출 고 액 분 개				
(3)	소 비 액 분 개				

```
           재        료                      재    료    비

```

02 다음 노무비에 관한 사항을 분개하고, 아래 계정에 기입 마감하시오.

(1) 전월 임금 미지급액　₩ 50,000　　　　임금 당월 지급액(현금) ₩600,000
　　 당월 임금 미지급액　₩ 80,000

(2) 당월 임금 발 생 액　₩630,000

(3) 당월 노무비 소비액 : 직접노무비 ₩480,000　　간접노무비　₩150,000

No.	구　분	차 변 과 목	금　액	대 변 과 목	금　액
(1)	지 급 액 분 개				
(2)	발 생 액 분 개				
(3)	소 비 액 분 개				

종업원급여		노　무　비	

03 다음 경비에 관한 사항을 분개하고, 아래 계정에 기입하시오. (제조경비 계정 설정)

(1) 보험료　　전월선급액 ₩80,000　　　　　당월지급액(현금) ₩500,000
　　　　　　　당월선급액 ₩60,000

(2) 당월보험료 발생액 ₩520,000(이중 제조부 ₩400,000, 본사 영업부 ₩120,000)

(3) 보험료 발생액 중 제조부 소비액을 제조간접비 계정에 대체한다.

(4) 보험료 소비액 중 본사 부담액 ₩120,000을 월차손익 계정에 대체하다.

No.	구　　분	차 변 과 목	금　액	대 변 과 목	금　액
(1)	지 급 액 분 개				
(2)	발 생 액 분 개				
(3)	제조경비소비액분개				
(4)	월차손익대체분개				

보　　험　　료		제　조　경　비	
		제　조　간　접　비	
		월　차　손　익	

▶ 보험료 발생액 분개에서 본사 영업부 부담액 ₩120,000은 보험료 계정에 남겨두었다가 월말에 월차손익 계정에 대체하여야 한다.

04 다음 경비에 관한 사항을 분개하고, 아래 계정에 기입하시오.

(1) 임 차 료   전월선급액 ₩30,000   당월 지급액(현금) ₩150,000
　　　　　　　　당월선급액 ₩20,000

(2) 당월 임차료 소비액 ₩160,000(이 중 제조부 ₩140,000, 본사영업부 ₩20,000)

(3) 임차료 소비액 중 본사 부담액 ₩20,000을 월차손익 계정에 대체한다.

No.	구　　　분	차 변 과 목	금 액	대 변 과 목	금 액
(1)	지 급 액 분 개				
(2)	소 비 액 분 개				
(3)	월차손익대체분개				

임　　차　　료

제 조 간 접 비

월　차　손　익

05 다음 제조간접비와 재공품 계정에 관한 사항을 분개하고, 아래 계정에 기입마감하시오.

(1) 간 접 재 료 비   ₩150,000   간 접 노 무 비   ₩250,000
　　간 접 제 조 경 비   ₩200,000

(2) 월초재공품재고액   ₩100,000   월말재공품재고액   ₩150,000

(3) 직 접 재 료 비   ₩500,000   직 접 노 무 비   ₩300,000

제 조 간 접 비

재　　공　　품

No.	구　　　분	차 변 과 목	금 액	대 변 과 목	금 액
(1)	제조간접비배부분개				
(2)	완성품제조원가분개				

06 다음 제품에 관한 사항을 분개하고, 아래 계정에 기입 마감하시오.

		제	품

(1) 월 초 제 품 재 고 액   ₩ 200,000
(2) 당월완성품제조원가   1,500,000
(3) 월 말 제 품 제 고 액   300,000

구 분	차 변 과 목	금 액	대 변 과 목	금 액
매 출 원 가 분 개				

07 다음 월차손익에 관한 사항을 분개하고, 아래 계정에 기입 마감하시오.

(1) 당 월 제 품 매 출 액 (외상)   ₩ 2,000,000
(2) 당 월 매 출 제 품 제 조 원 가   1,200,000
(3) 각 종 경 비 항 목 중 본 사 부 담 분   150,000

	매 출		월 차 손 익

	매 출 원 가		

No.	구 분	차 변 과 목	금 액	대 변 과 목	금 액
(1)	매 출 액 분 개				
(2)	매출원가월차손익대체				
(3)	각종경비항목월차손익대체				
(4)	매출액월차손익대체				
(5)	영업이익 연차손익대체				

플러스Tip

▶ 각종 경비 항목의 본사부담분 ₩150,000의 발생은 앞에서 설명한 내용이므로 여기서는 계정기입을 생략하였다.

08 서울공업사의 다음 원가자료에 의하여 분개를 하고, 각 계정에 기입하여 마감하시오.

(1) 재료 ₩1,200,000을 매입하고, 대금은 외상으로 하다.

(2) 임금 ₩800,000을 수표를 발행하여 지급하다.

(3) 임차료 ₩300,000을 현금으로 지급하다.

(4) 재료 ₩1,250,000을 공장에 출고하다.

(5) 당월 임금 발생액 ₩850,000을 노무비 계정에 대체하다.

(6) 재료비 소비액 : 직접재료비 ₩1,000,000, 간접재료비 ₩250,000

(7) 노무비 소비액 : 직접노무비 ₩700,000, 간접노무비 ₩150,000

(8) 임차료 소비액 : 간접제조경비 ₩200,000, 잔액은 ₩70,000은 본사 사무실 부담액이다.

(9) 제조간접비를 전액 제품제조에 배부하다.

(10) 완성품 제조원가 ₩2,350,000을 제품 계정에 대체하다.

(11) 제품 ₩2,500,000(제조원가 ₩2,200,000)을 외상으로 매출하다.

(12) 매출액, 매출원가, 임차료 소비액 중 본사부담액을 월차손익 계정에 대체하다.

(13) 당월의 영업이익을 연차손익 계정에 대체하다.

No.	구 분	차 변 과 목	금 액	대 변 과 목	금 액
(1)	재 료 매 입 시				
(2)	임 금 지 급 시				
(3)	임 차 료 지 급 시				
(4)	재 료 출 고 시				
(5)	임 금 발 생 시				
(6)	재 료 의 소 비				
(7)	노 무 비 의 소 비				
(8)	임 차 료 의 소 비				
(9)	제조간접비제품에배부				
(10)	완성품원가분개				
(11)	제 품 외 상 매 출				
(12)	월차손익계정대체				
(13)	영 업 이 익 의 대 체				

재	료
전월이월 250,000	

재	료	비

종 업 원 급 여	
	전월이월 150,000

노	무	비

재	공	품
전월이월 200,000		

임	차	료
전월이월 50,000		

제	품
전월이월 100,000	

제 조 간 접 비	

월 차 손 익	

매 출 원 가	

매	출

 09 다음 자료에 의하여 원가요소 계정으로부터 월차손익 계정에 이르기까지 필요한 분개를 하고, 각 계정에 전기하여 마감하시오.

【자 료 Ⅰ】월초·월말 재고액

구　분	재　료	재 공 품	제　품
월　초	₩　80,000	₩　120,000	₩　168,000
월　말	160,000	280,000	288,000

【자 료 Ⅱ】월 중의 거래

(1) 재 료 ₩800,000을 매입하고, 대금은 외상으로 하다.

(2) 임 금 ₩480,000을 수표를 발행하여 지급하다.

(3) 각종경비항목 ₩160,000을 현금으로 지급하다.

(4) 재 료 ₩720,000을 작업현장에 출고하다.

(5) 임금 당월 발생액은 ₩420,000이다.

(6) 각종경비항목 발생액은 ₩140,000으로 이 중 공장분 ₩100,000, 잔액은 본사분이다.

(7) 재　료 소 비 액 : 직접재료비 ₩600,000, 잔액은 간접재료비

(8) 노 무 비 소 비 액 : 직접노무비 ₩280,000, 잔액은 간접노무비

(9) 제조경비 소 비 액 : 전액 간접소비액이다.

(10) 제조간접비를 제품제조에 배부하다.

(11) 완성품의 제조원가를 제품 계정에 대체하다.

(12) 당월 제품 ₩1,200,000(제조원가 각자 계산)을 외상으로 매출하다.

(13) 당월의 매출액, 매출원가, 각종 경비항목 발생액 중 본사 부담분을 월차손익 계정에 대체하다.

No.	구　분	차 변 과 목	금　액	대 변 과 목	금　　액
(1)	재 료 매 입 시				
(2)	임 금 지 급 시				
(3)	각종경비지급시				
(4)	재 료 의 출 고 시				
(5)	임 금 발 생 시				
(6)	각종경비발생액				
(7)	재 료 비 의 소 비				
(8)	노 무 비 의 소 비				
(9)	제조경비의 소비				
(10)	제조간접비제품에배부				
(11)	완성품원가분개				
(12)	제 품 외 상 매 출				

No.	구 분	차 변 과 목	금 액	대 변 과 목	금 액
(13)	월차손익계정대체				

재   료

재   료   비

종 업 원 급 여

		전월이월	80,000

노   무   비

제 조 경 비

각 종 경 비

전월이월	20,000		

재   공   품

제 조 간 접 비

매 출 원 가

매   출

제   품

월 차 손 익

10 용인공업사의 다음 자료에 의하여 아래 물음에 답하시오.

【자료 1】 재 고 액

비 목	월초 재고액	월말 재고액
재 료	₩ 72,000	₩ 40,000
재 공 품	80,000	60,000
제 품	120,000(400개)	200개

【자료 2】 당월 발생 거래

(1) 재료 매입액   ₩   252,000
(2) 임금 소비액   320,000
(3) 제조 경비 소비액   256,000
(4) 매출 제품 수량   1,800개
　(제품 매출은 선입선출법을 적용한다.)

【물 음】

(1) 당월 제조비용은 얼마인가? ·· (₩   )
(2) 당월 제품 제조원가는 얼마인가? ·· (₩   )
(3) 당월 제품 완성 수량은 몇 개인가? ······································ (개)
(4) 당월 제품 단위당 원가는 얼마인가? ···································· (@₩   )
(5) 당월말 제품 재고액은 얼마인가? ·· (₩   )

제3장 ...

요소별 원가계산

01 재 료 비

01 재료비(material costs)의 뜻과 분류

(1) 재료비의 뜻 : 기업이 제품을 생산하는 데 사용할 목적으로 외부로부터 매입한 물품을 재료라 하고, 이에 대하여 재료비는 제품의 제조과정에서 소비된 재료의 가치를 말하는 것으로 재료비는 재고자산인 재료와는 구별되는 개념이다.

(2) 재료비의 분류

(가) 제조활동에 사용되는 형태에 따른 분류

① **주요재료비** : 가구제조회사의 목재, 자동차제조업의 철판, 제과회사의 밀가루 등과 같이 제품의 주요 부분을 구성하는 재료를 소비함으로써 발생하는 원가요소

② **부품비** : 자동차제조업의 타이어 등과 같이 제품에 그대로 부착하여 그 제품의 구성 부분이 되는 물품을 소비함으로써 발생하는 원가요소

③ **보조재료비** : 가구제조회사의 못, 의복제조회사의 실과 단추 등과 같이 제조과정에서 보조적으로만 사용되는 재료를 소비함으로써 발생하는 원가요소

④ **소모공구기구비품비** : 제조기업에서 사용하는 망치, 드라이버 등과 같이 내용연수가 1년 이상이라 하더라도 그 가액이 크지 않은 소모성공구기구비품을 사용함으로써 발생하는 원가요소

(나) 추적가능성에 따른 분류

① **직접재료비** : 특정 제품의 제조에서만 소비된 재료비(주요재료비, 부품비)

② **간접재료비** : 여러 종류의 제품을 제조하기 위하여 공통적으로 소비된 재료비(보조재료비, 소모공구기구비품비)

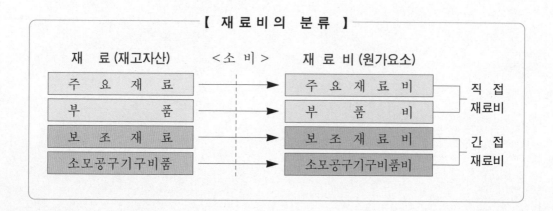

【 재 료 비 의 분 류 】

02 재료의 매입(입고)과 출고

재료의 매입(입고)과 출고는 총계정원장에 재료 계정을 두고, 상세한 거래 내용은 보조부를 두어 기장하는 방법과, 총계정원장에 주요재료 계정, 부품 계정, 보조재료 계정, 소모공구기구비품 계정 등 재료의 종류별로 계정을 설정하여 기장하는 방법이 있다.

(1) 재료의 매입

제품생산에 필요한 재료를 적정수준으로 매입하여 보관해 두었다가, 생산부서의 요구가 있을때 즉시 공급할 수 있어야 한다.

① 재료 매입 시(재료계정만을 두는 경우)

(차) 재　　　료	×××	(대) 외 상 매 입 금	×××

② 재료 매입 시(재료의 종류별로 계정을 설정하는 경우)

(차)	주 요 재 료	×××	(대) 외 상 매 입 금　×××
	부　　　　품	×××	
	보 조 재 료	×××	
	소모공구기구비품	×××	

(2) 재료의 출고

재료는 생산부서의 요구에 따라 출고 되는데, 재료의 출고에는 재료출고전표 또는 재료출고청구서를 사용한다.

【 직접 소비액인 경우 】

재료 출고 전표
20×1년 5월 20일

제조지시서번호　#1
사용부문

품 명	규 격	수 량	단 가	금 액
주요재료		500	80	40,000

【 간접 소비액인 경우 】

재료 출고 전표
20×1년 5월 23일

제조지시서번호
사용부문 : 수선부문

품 명	규 격	수 량	단 가	금 액
보조재료		100	20	2,000

① 재료의 출고 시 분개

(차) 재　료　비	×××	(대)	주　요　재　료	×××
			부　　　　품	×××
			보　조　재　료	×××
			소모공구기구비품	×××

② 재료의 소비 시 분개

| (차) | 재　공　품 | ××× | (대) 재　료　비 | ××× |
| | 제 조 간 접 비 | ××× | | |

(3) 재료 감모 손실

재료의 장부재고수량과 실지재고수량은 반드시 일치하여야 한다. 그러나 보관 중에 파손, 도난, 부패, 증발 등의 원인으로 장부재고수량보다 실지재고수량이 부족한 경우에 재료감모손실 계정으로 처리한다.

① 재료의 감모를 발견한 경우(장부재고액 > 실제재고액)

| (차) 재 모 감 모 손 실 | ××× | (대) 재　　　　　료 | ××× |

② 재료감모손실의 원인이 제품제조와 관련되면(정상발생으로 인식)

| (차) 제 조 간 접 비 | ××× | (대) 재 모 감 모 손 실 | ××× |

③ 재료감모손실의 원인이 제품제조와 관련이 없으면(당기비용으로 인식)

| (차) 손　　　　　익 | ××× | (대) 재 모 감 모 손 실 | ××× |

03 재료비의 계산

재료비는 재료의 소비량에 소비단가를 곱하여 계산한다.

$$재 \ 료 \ 비 = 재료의 \ 소비량 \times 재료의 \ 소비단가$$

(1) 재료소비량의 결정

(가) 계속기록법 : 재료의 입고와 출고가 이루어질 때마다 장부에 계속적으로 그 사실을 기록함으로써 장부기록에 의해 당월의 재료소비량을 파악하는 방법이다. 이 방법에 의하면 당월의 재료 소비량 외에 당월말 재고량까지도 알 수 있다.

$$당월 \ 소 \ 비 \ 량 = 장부상 \ 출고란에 \ 기록된 \ 수량의 \ 합계$$

(나) 실지재고조사법 : 재료의 출고시 장부에 기입을 하지 않고 월말에 실제로 창고에 들어가 재고조사를 실시하여 실지재고수량을 파악한 다음, 전월이월량과 당월매입량을 합계하여 실지재고수량을 차감함으로써 당월의 재료소비량을 파악하는 방법으로 재료의 출고가 빈번히 이루어지는 경우 적절한 방법이다.

$$당월소비량 = (전월이월수량+당월매입수량) - 당월말 \ 실지 \ 재고수량$$

1. 계속기록법은 주요재료, 부품의 입·출고 시 많이 사용하고, 실지재고조사법은 보조재료, 소모공구기구비품의 출고시 많이 사용한다.
2. 계속기록법과 실지재고조사법을 병행하여 사용하면 장부상의 월말재고수량과 창고속의 실제재고수량이 모두 파악되므로 보관중에 발생한 재료감모수량을 쉽게 계산할 수 있다.

$$재료감모수량 = 장부상의 \ 재고수량 - 창고 \ 속의 \ 실제 \ 재고수량$$

(2) 재료 소비단가의 결정

실제매입원가를 이용하여 재료의 소비단가를 결정하는 방법에는 개별법, 선입선출법, 후입선출법, 이동평균법, 총평균법 등이 있다. 단, 한국채택국제회계기준(K-IFRS)에서는 후입선출법을 허용하지 않는다.

▶ 개별법은 출고되는 개별원재료 각각에 대하여 매입단가를 적용하므로 원가흐름과 실물 흐름이 일치하므로 수익과 비용이 정확이 대응된다. 재료원장의 작성방법은 상기업의 상품재고장 작성 방법과 동일하다.

01 다음 (   )안에 알맞은 용어를 써 넣으시오.

(1) 재료비의 제조활동에 사용되는 형태에 따라 (   ), (   ),
(   ), (   )로 나누고, 제품에의 관련성에 따라 (   ),
(   )로 나눈다.

(2) 재료 소비액은 재료의 소비량에 재료의 (   )를 곱하여 구한다.

(3) 재료소비량을 파악하는 방법에는 (   )과 실지 재고 조사법이 있다.

(4) 재료 소비 단가를 구하는 방법은 여러 가지가 있다. 예를 들면, 먼저 매입한 재료가 먼
저 출고된다고 가정하는 방법을 (   )이라 하며, 반대로 나중에 매입한
재료가 먼저 출고된다고 가정하고 재료의 소비 단가를 구하는 방법을 (   )
이라 한다.

(5) 평균법에는 출고되기 직전의 재료의 평균 단가를 재료의 소비 단가로 하는 (   )
과 월말에 전월 이월된 재료의 가액과 그 달에 매입한 재료의 순 매입 원가를 전월 수량과
순매입수량의 합계로 나누어서 구한 평균 단가를 재료의 소비 단가로 하는 (   )
이 있다.

02 다음 자료에 의하여 분개를 하고, 아래 계정에 전기하시오.

(1) 월초재료재고액   ₩ 100,000   당월재료매입액(외상)   ₩ 520,000
매입재료환출액   20,000   월말재료재고액   120,000

(2) 재료의 공장출고분은 ₩480,000이다.

(3) 재료소비액 중 직접 재료비는 ₩350,000이고, 잔액은 간접재료비이다.

① 재료 매입 시의 분개

(차)	(대)

② 재료 환출 시의 분개

(차)	(대)

③ 재료 출고 시의 분개

(차)	(대)

④ 재료비의 소비 시 분개

(차)	(대)

재　　　료	

재　료　비

재　공　품

제 조 간 접 비

 플러스 Tip

▶ 원재료에 대한 평가손실의 회계 처리

1. 재고자산의 가격 변화, 진부화, 손상 등의 이유로 공정가치가 하락하는 경우에는 저가법에 따라 재고자산평가손실을 계상하여야 한다. 저가법 적용에서 공정가치란 정상적인 영업과정의 예상 판매가격에서 예상되는 추가 완성원가와 판매비를 차감한 금액인 순실현가능가치를 의미한다.

2. 원재료의 가격하락으로 제품의 원가가 순실현가능가치를 초과할 것으로 예상되는 경우에는 해당 원재료 를 순실현가능가치로 감액해야 한다. 이 때 원재료는 현행대체원가(현 시점에서 동일한 원재료를 재구매 하는 데 필요한 가치)를 순실현가능가치에 대한 최선의 추정치로 본다.

3. 원재료에서 평가손실이 발생하였으나 이를 투입하여 완성된 제품에서 평가손실이 발생하지 않고 생산된 제품이 원가이상으로 판매될 것으로 예상되는 경우에는 생산에 투입될 원재료의 가격이 하락했더라도 이 를 감액하지 않는다. 그 이유는 제품판매이익으로 원재료 평가손실을 충당하여 기업 전체적으로 볼 때 손 실이 발생하지 않기 때문이다.

03 다음 재료 출고에 관한 사항을 자료로 하여 재료 출고전표를 작성하고, 필요한 분개를 하시오.

9월 3일 제조지시서 #1의 제품을 생산하기 위하여 주요재료 1,000개 @₩500을 출고하다.
6일 수선부문에 보조재료 400개 @₩200을 출고하다.
15일 제조지시서 #2의 제품을 생산하기 위하여 부품 800개 @₩600을 출고하다.
30일 수선부문에 소모공구기구비품의 소비액이 ₩40,000으로 판명되다.

재료 출고 전표				
20×1년 9월 3일				
제조지시서번호				
사용부문				
품 명	규 격	수 량	단 가	금 액

재료 출고 전표				
20×1년 9월 6일				
제조지시서번호				
사용부문				
품 명	규 격	수 량	단 가	금 액

재료 출고 전표				
20×1년 9월 15일				
제조지시서번호				
사용부문				
품 명	규 격	수 량	단 가	금 액

재료 출고 전표				
20×1년 9월 30일				
제조지시서번호				
사용부문				
품 명	규 격	수 량	단 가	금 액

(1) 재료의 출고 시 분개

(차)	(대)

(2) 재료의 소비 시 분개

(차)	(대)

04 다음 자료에 의하여 필요한 분개를 표시하고, 아래 계정에 기입마감하시오.

(1) 월초 재료 재고액 ₩250,000

(2) 당월 재료 외상매입액 ₩800,000

(3) 재료 출고액 ₩950,000 중 직접비는 ₩700,000이고, 잔액은 간접소비액이다.

(4) 월말재료재고액 : 장부재고액 ₩100,000   실제재고액 ₩70,000

(5) 재료감모손실 중 ₩20,000는 원가성이 있고, 나머지는 당기비용으로 처리한다.

① 재료 매입 시의 분개

(차)		(대)	

② 재료 출고 시의 분개

(차)		(대)	

③ 재료 소비 시의 분개

(차)		(대)	

④ 재료감모손실 발생 시의 분개

(차)		(대)	

⑤ 재료감모손실 처리 시의 분개

(차)		(대)	

재   료

재 료 비

재료감모손실

05 다음 자료에 의하여 물음에 답하시오.

【자료】 (1) **주요재료**: 월초 재고 수량 200개 　　　당기 매입 수량 800개
　　　　　　　　　　당기 출고 수량 700개
　　　　　　　　　　장부 재고 수량 300개
　　　　　(2) **보조재료**: 월초 재고 수량 400개 　　　당기 매입 수량 800개
　　　　　　　　　　월말실제재고수량 300개

(1) 주요재료의 소비량 계산 방법은? …………………………………(　　　　　)
(2) 주요재료의 소비량 은 몇 개인가? ……………………………(　　　　)개
(3) 보조재료의 소비량 계산 방법은? …………………………………(　　　　　)
(4) 보조재료의 소비량은 몇 개인가? ……………………………(　　　　)개
(5) 주요재료의 실제재고수량이 280개라면 감모량은 몇 개인가? ……(　　　)개

06 다음 주요재료의 입고와 출고사항을 자료로 하여 선입선출법에 의하여 재료원장에 기입
마감하고, 3월의 주요재료 소비량과 소비액을 계산하시오.

3월　1일	전 월 이 월	300개	@₩100
5일	매　　　입	400개	@₩120
12일	출　　　고	300개	
17일	매　　　입	200개	@₩130
24일	출　　　고	500개	
31일	감 모 수 량	10개	

재 료 원 장

선입선출법　　　　　　　　　　주요재료　　　　　　　　　　　　（단위 : 개）

날 짜	적 요	인 수			인 도			잔 액		
		수량	단가	금 액	수량	단가	금 액	수량	단가	금 액

3월의 주요재료 소비수량 (　　　　 개),　　소비액 (₩ 　　　　　)

07 다음 부품의 입고와 출고사항을 자료로 하여 후입선출법에 의하여 재료원장에 기입마감하고, 6월의 부품소비량과 소비액을 계산하시오.

6월 1일	전 월 이 월	500개	@₩200
5일	매 입	450개	@₩220
9일	출 고	500개	
15일	매 입	300개	@₩250
20일	출 고	400개	
30일	감 모 수 량	20개	

재 료 원 장

후입선출법   부 품   (단위 : 개)

날짜	적 요	인 수			인 도			잔 액		
		수량	단가	금 액	수량	단가	금 액	수량	단가	금 액

6월의 부품 소비수량 (개),   소비액 (₩   )

08 다음 주요재료의 입고와 출고사항을 자료로 하여 이동평균법에 의하여 재료원장에 기입 마감하고, 8월의 주요재료소비량과 소비액을 계산하시오.

8월 1일	전 월 이 월	100개	@₩200
5일	매 입	400개	@₩250
10일	출 고	300개	
16일	매 입	300개	@₩220
17일	환 출	100개(16일 매입분)	
25일	출 고	250개	

재 료 원 장

이동평균법 　　　　　　　　　　주요재료 　　　　　　　　　(단위 : 개)

날 짜	적 요	인 수			인 도			잔 액		
		수량	단가	금 액	수량	단가	금 액	수량	단가	금 액

　8월의 주요재료 소비수량 (　　　　개),　　소비액 (₩　　　　　　　)

09 다음 부품의 입고와 출고사항을 자료로 하여 총평균법에 의하여 재료원장에 기입마감하고, 9월의 부품소비량과 소비액을 계산하시오.

9월 1일	전 월 이 월	100개	@₩200
6일	매 입	150개	@₩200
10일	출 고	200개	
15일	매 입	250개	@₩220
17일	출 고	100개	
30일	감 모 수 량	20개	

재 료 원 장

부 품

총평균법 (단위 : 개)

날 짜	적 요	인 수			인 도			잔 액		
		수량	단가	금 액	수량	단가	금 액	수량	단가	금 액

9월의 부품 소비수량 (　　　 개),　소비액 (₩ 　　　)

02 노무비

01 노무비(labor costs)의 뜻과 분류

(1) 노무비의 뜻

노무비란 제품의 제조를 위하여 인간의 노동력을 사용함으로써 발생하는 원가요소를 말한다. 따라서 본사의 임·직원이나 영업부의 영업 사원 등에 대한 보수는 노무비로 분류하지 않고 물류원가(판매비)와 관리비로 분류한다.

(2) 노무비의 분류

(가) 지급형태에 따른 분류

① **종업원임금** : 작업현장에 직접 종사하는 생산직 근로자에게 지급하는 보수
   (시간외 작업수당, 야간작업수당, 위험수당 포함)
② **종업원급여** : 주로 정신적 노동을 하는 공장장 등의 감독자나 공장 사무원에게 지급하는 보수
③ **종업원잡급** : 정규 직원이 아닌 임시로 고용된 공장의 노무자에게 지급하는 보수
④ **종업원 상여수당** : 작업과는 직접적인 관련없이 공장종업원에게 정규적으로 지급되는 상여금과 수당(연말상여금, 명절상여금, 가족수당, 통근수당 등)

(나) 제품과의 관련성에 따른 분류

No.	구 분	내 용
①	직접노무비	특정 제품 제조에 직접 종사하는 작업자의 임금
②	간접노무비	수리공, 운반공 등과 같이 여러 제품 제조에 노동력을 제공하거나, 공장장, 감독자, 공장사무원급여, 청소원, 경비원 등과 같이 제품 제조에 간접적인 참여를 하는 종업원의 임금과 초과근무수당, 임시고용자급여, 각종 수당과 상여금, 유휴시간급 등

▶ 유휴시간급이란 기계고장이나 재료부족, 정전 등으로 인한 비생산시간에 대하여 지급하는 임금을 말하며, 각종수당이란 정근수당이나 휴가수당을 포함한다.

02 노무비의 계산

개인별 임금총액은 기본임금과 할증급 그 밖의 수당 등으로 구성된다.

> 개인별 임금 총액 = 기본 임금 + 할증급 + 각종수당

할증급과 각종 수당은 기본임금을 기초로 하여 산정하는 것이 일반적인데 기본 임금의 계산 방법은 기본적으로 시간급제와 성과급제로 크게 나눌 수 있다.

(1) 시간급제에 의한 노무비 계산 : 작업시간에 비례하여 기본 임금을 결정하는 제도

$$기본임금 = 작업시간 수 \times 작업 1시간당 임률$$

(가) 작업시간의 계산 : 출근부 또는 현장의 작업시간 보고서의 의하여 계산하며, 이것에 의하여 작업자가 수행한 작업 시간은 직접 작업시간과 간접 작업시간으로 구분할 수 있다.

(나) 임률의 결정 : 임률은 각 개인의 근무연수, 숙련정도 등에 따라 결정되는 개별 임률이 있으나 많이 사용하지 않고, 원가계산기간의 임금총액을 동 기간의 총작업시간 수로 나누어 구하는 평균임률을 많이 사용하고 있다.

$$평 균 임 률 = \frac{1개월간의 임금총액}{동 기간의 총 작업시간 수}$$

▶ **지급임률과 소비임률**

1. **지급임률** : 각 종업원의 성별, 연령, 능력, 근속연수 등에 따라 차이가 있으며, 주로 기본임금액을 계산하는 데 사용되는 것으로 각 종업원의 실제작업시간에 곱해서 지급액이 결정된다.지급임률은 일상업무와 초과작업(잔업)에 따라 달리 책정된다.

2. **소비임률** : 특정 작업에 직접 종사한 종업원의 작업시간에 곱하여 소비임금액을 결정하는 데 사용되는 것으로 개별임률과 평균임률이 있다. 개별임률은 각 종업원의 성별, 연령, 능력, 근속연수 등에 따라 달라지기 때문에 계산이 복잡해서 많이 사용하지 않고 평균임률을 많이 사용하고 있다. 평균임률이란 원가계산기간(통상 1개월)의 임금총액에 동 기간의 총 작업시간으로 나누어 구한다.

작 업 시 간 보 고 서
No. 10

20×1년 6월 10일

번 호	1	소 속	제 1 제 조 부		이 름	박 보 검		
제조 지시서 또는 작업 종류				금 액	임 률	작업수행 시간 수	작 업 시 간	
							착 수	종 결
지 시 서 # 1				400	50	8	08:00	17:00
합 계		정 규 시 간 내 작 업		10,000	50	200		
		정 규 시 간 외 작 업		2,250	75	30		

공장장 유 재 석 인

(2) **성과급제에 의한 노무비 계산** : 작업량에 따라 기본임금을 결정하는 제도로 능률급제라고
도 한다.

$$기 본 임 금 = 생산량 \times 제품 \, 1단위당 \, 임률$$

(가) 생산량의 계산 : 종업원 개인별로 작업량 보고서를 작성하여 계산한다.

(나) 임률의 결정 : 시간급제와 같이 개별임률과 평균임률이 있으며, 평균임률은 다음
과 같이 계산한다.

$$평 균 임 률 = \frac{1개월간의 \, 총 \, 임금액}{동 \, 기간의 \, 총 \, 생산량}$$

작 업 량 보 고 서						*No.* 31

번 호 15
이 름 김병만

20×1년 6월 10일

제조지시서 또는 작업 종류	작 업 량			임 률	금 액	시 간
	총수량	불합격	합 격			
지 시 서 # 1	100	5	95	100	9,500	8

공장장   강 호 동   인

① **임금, 급여 등 지급 시**

(차) 종 업 원 급 여	×××	(대) 현 금	×××

② **노무비의 발생 시**

(차) 노 무 비	×××	(대) 종 업 원 급 여	×××

③ **노무비의 소비 시**

(차)	재 공 품	×××	(대) 노 무 비	×××
	제 조 간 접 비	×××		

01 서울공업사의 노무비에 관한 자료에 의하여 분개를 하고, 아래 계정에 전기하시오.

> (1) 당월분 임금계산 내용은 다음과 같다.
>
> | | | |
> |---|---|---|
> | 당월분 임금지급 총액 | | ₩ 2,000,000 |
> | 차 감 액 : 소　 득　 세 | ₩ 60,000 | |
> | 　　　　 건강보험료 | 40,000 | 100,000 |
> | 차 감 현 금 지 급 액 | | ₩ 1,900,000 |
>
> (2) 당월분 노무비 발생액 ₩2,300,000
>
> (3) 노무비 발생액 중 ₩1,800,000은 직접노무비이고, 잔액은 간접노무비이다.

① 노무비 지급액

(차)		(대)	

② 노무비 발생액

(차)		(대)	

③ 노무비 소비액

(차)		(대)	

종 업 원 급 여	
	전월이월 100,000

노　 무　 비

재　 공　 품

제 조 간 접 비

 02 다음 자료에 의하여 아래 물음에 답하시오. 단, 임률은 평균 임률에 의한다.

【자료】
(1) 한라공업사의 6월 중 임금총액은 ₩5,000,000이고, 동 기간의 총 작업시간 수는 2,500시간이며, A제품을 제조하는데 400시간을 사용하였다.
(2) 설악공업사의 9월 중 임금총액은 ₩1,200,000이고, 동 기간의 총 생산량은 3,000개이며, 갑제품 생산량은 800개이다.

(1)	평 균 임 률	
	A제품 노무비 계산	

(2)	평 균 임 률	
	갑제품 노무비 계산	

03 다음 노무비에 관한 내용 중 옳은 것은 ○표, 틀린 것은 ×표를 (   )안에 표기하시오.

(1) 파업기간의 임금 등은 제조원가에 포함하지 않는다. (   )

(2) 주로 정신적인 노동을 하는 공장장, 제조부문의 과장, 계장, 주임 등의 감독자나 공장 사무원에게 지급하는 임금은 작업과는 관련이 없으므로 판매비와관리비로 처리한다. (   )

(3) 종업원 상여수당은 기본임금 외에 별도로 지급되는 보수라는 점에서 할증급과 같으나, 작업과 관련없이 지급된다는 점에서 구별되며, 연말상여, 명절상여, 정근수당, 가족수당, 통근수당이 있다. (   )

(4) 임금은 발생시점과 지급시점의 차이로 인하여 잔액이 보통 차변에 생긴다. (   )

(5) 종업원급여(임금) 계정의 대변잔액은 당월 미지급액을 의미한다. (   )

(6) 제품의 제조와 관련 없는 본사의 사장이나 영업소의 판매사원의 보수는 노무비로 분류하지 않고 판매비와관리비로 분류한다. (   )

(7) 기계고장이나 재료부족, 정전 등으로 인한 비생산시간에 대하여 지급하는 임금을 유휴시간급이라 하고, 간접노무비로 분류한다. (   )

04 다음 자료에 의하여 분개를 표시한 후, 아래 계정에 기입하시오. 단, 임금의 순지급액은 현금이며, 임률은 실제평균 임률에 의하고, 임금의 전월과 당월 미지급액은 없다.

No.	성 명	제조지시서번호 및 작업장소	작업시간수	지급임률	공 제 액 소 득 세	건강보험료	계
(1)	강호동	지시서 #1	350시간	@₩2,000	₩30,000	₩15,000	₩45,000
		수 선 부	200시간				
(2)	유재석	지시서 #1	300시간	@₩3,000	40,000	25,000	65,000
		동 력 부	150시간				

플러스**Tip**

1. 평 균 임 률 : 2,450,000÷1,000시간 = 2,450
2. 직접노무비 : 650×2,450 = 1,592,500, 간접노무비 : 350×2,450 = 857,500

① 노무비 지급액

(차)		(대)	

② 노무비 발생액

(차)		(대)	

③ 노무비 소비액

(차)		(대)	

종 업 원 급 여　　　　　　　　재 공 품

노 　무 　비　　　　　　　　제 조 간 접 비

03 제조경비

01 제조경비(amifactiromg expenses)의 뜻과 분류

(1) 제조경비의 뜻

제품의 제조를 위하여 소비되는 원가 중에서 재료비와 노무비를 제외한 기타의 모든 원가요소를 말하며, 제조활동과 관련없는 본사 건물의 감가상각비나 임차료 등은 제조경비가 될 수 없다.

(2) 제조경비의 분류

(가) 발생형태에 따른 분류

전력비, 가스수도비, 감가상각비, 임차료, 보험료, 세금과공과, 소모품비, 통신비 등

(나) 제품과의 관련성에 따른 분류

① **직접제조경비** : 특정제품제조에 직접적으로 소비되는 특허권사용료, 외주가공비, 설계비 등

② **간접제조경비** : 여러 제품의 제조에 공통적으로 소비되는 대부분의 제조경비를 말한다. (전력비, 가스수도비 등)

(다) 제조원가에 산입하는 방법에 따른 분류

월할제조경비, 측정제조경비, 지급제조경비, 발생제조경비로 분류된다.

02 제조경비의 계산

(1) 월할제조경비 : 월할제조경비란 보험료, 임차료, 감가상각비, 세금과공과, 특허권사용료 등과 같이 1년 또는 일정기간분을 총괄하여 일시에 지급하는 제조경비를 말한다. 월할제조경비는 일괄 지급된 제조경비중 월별 할당액을 계산하고, 이 금액을 소비액으로 계상하여 제조원가에 산입한다.

$$당월소비액 \ = \ 발생금액 \ \div \ 해당개월수$$

(2) 측정제조경비 : 측정제조경비란 전력비, 가스수도비 등과 같이 계량기에 의해 소비액을 측정 할 수 있는 제조경비를 말한다. 측정제조경비는 계량기의 검침일과 지급일, 원가계산일이 다르기 때문에 원가계산 기간에 맞추어 계량기에 의한 당월의 소비액을 계산한다.

$$당월소비액 \ = \ 당월사용량(검침량) \ \times \ 단위당가격$$

(3) **지급제조경비** : 지급제조경비란 수선비, 운반비, 잡비, 외주가공비 등과 같이 매월의 소비액을 그달에 지급하는 제조경비를 말한다. 그러나 때로는 전월 선급액이나 당월 미지급액이 있을수 있는데, 이 때에는 다음의 식을 이용하여 계산한 금액을 당월의 소비액으로 계상하여야 한다.

$$당월 소비액 = 당월지급액 + (전월선급액 + 당월 미지급액)\\ - (당월선급액 + 전월미지급액)$$

(4) **발생제조경비** : 발생제조경비란 재료감모손실 등과 같이 현금의 지출이 없이 발생하는 제조경비를 말한다.

$$재료감모손실 = 재료장부재고액 - 재료실제재고액$$

▶ 재료감모손실이 원가성이 있는 경우는 제조간접비 계정 차변에, 원가성이 없는 경우에는 기타비용으로서 손익 계정 차변에 대체한다.

03 제조경비 소비액의 분개

월할제조경비, 측정제조경비, 지급제조경비, 발생제조경비 등 제조경비의 종류별로 그 소비액을 계산한 다음, 특정 제품에 추적할 수 있는 직접제조경비는 재공품 계정에, 특정 제품에 추적 불가능한 간접제조경비는 제조간접비 계정에 각각 대체한다.

▶ 제조경비 소비액

(차)	재　공　품　××× 제 조 간 접 비　×××	(대)	특 허 권 사 용 료　××× 감 가 상 각 비　××× 전　력　비　××× 가 스 수 도 비　××× 재 료 감 모 손 실　×××

▶ 전체 제조경비 중에서 직접제조경비가 차지하는 비중은 발생횟수나 금액면에서 매우 낮기 때문에 대부분의 제조경비는 간접제조경비이다. 그러므로 제조경비 계정을 별도로 설정하지 않고, 각종 경비항목의 발생액을 바로 재공품, 제조간접비 계정에 대체하여 기장 업무의 단순화를 도모하다.

01 다음 제조경비를 원가에 산입하는 방법에 따라 분류하시오.

(1) 차 량 유 지 비		(2) 전　　력　　비
(3) 특 허 권 사 용 료		(4) 복 리 후 생 비
(5) 가 스 수 도 비		(6) 수　　선　　비
(7) 재 료 감 모 손 실		(8) 외 주 가 공 비
(9) 보　　험　　료		(10) 감 가 상 각 비
(11) 세 금 과 공 과		(12) 잡　　　　　비

월 할 제 조 경 비	
측 정 제 조 경 비	
지 급 제 조 경 비	
발 생 제 조 경 비	

02 희망공업사의 제조경비에 관한 자료는 다음과 같다. 당월의 제조경비 소비액을 계산하시오. 단, 원가계산기간은 1개월이며, 1회계기간은 6개월이다.

(1) 화 재 보 험 료 : 1년분 지급액 ₩600,000
(2) 임　　차　　료 : 6개월간 계약금액 ₩720,000, 당월지급액 ₩360,000
(3) 감 가 상 각 비 : 당 회계연도 계상액 ₩480,000
(4) 전　　력　　비 : 전월검침량　850kwh　　당월검침량　1,250kwh
　　　　　　　　　단위당가격 ₩300
(5) 가 스 수 도 비 : 당월지급액　240,000　　당월측정액 ₩300,000
(6) 외 주 가 공 비 : 당월지급액　500,000　　전월선급액　　40,000
　　　　　　　　　당월선급액　　60,000
(7) 운　　반　　비 : 당월지급액　120,000　　전월미지급액　15,000
　　　　　　　　　당월선급액　　20,000
(8) 재 료 감 모 손 실 : 장부재고액　350,000　　실제재고액　300,000 (정상발생분)

(1)	₩	(2)	₩	(3)	₩	(4)	₩
(5)	₩	(6)	₩	(7)	₩	(8)	₩

03 강원산업(주)의 제조경비에 관한 자료는 다음과 같다. 당월의 제조경비 소비액을 계산하고, 필요한 분개를 하시오. 단, 원가계산 기간은 1개월이며, 특허권사용료, 외주가공비를 제외한 모든 제조경비는 공장에 60%, 본사에 40%의 비율로 할당한다.

(1) 외주가공비 : 당월지급액 ₩200,000　　전월미지급액 ₩50,000　　당월미지급액 ₩30,000
(2) 감가상각비 : 12개월분　　240,000
(3) 전　력　비 : 당월지급액　150,000　　당월측정액　120,000
(4) 운　반　비 : 당월지급액　50,000　　전월미지급액　10,000　　당월선급액　5,000
(5) 특허권사용료 : 1년분지급액　120,000
(6) 재료감모손실 : 장부재고액 ₩100,000, 실지재고액 ₩80,000(정상)

제조 경비 항목	총　　　액	공　　장	본　　사
외 주 가 공 비	₩	₩	₩
감 가 상 각 비			
전　력　비			
운　반　비			
특 허 권 사 용 료			
재 료 감 모 손 실			
총　　　계			

【 합계분개 】

차 변 과 목	금　액	대 변 과 목	금　액

04 다음 제조경비지급표의 (   ) 안에 알맞은 금액을 기입하고, 아래 각 계정에 기입하시오. 단, 외주가공비를 제외한 모든 제조경비는 공장 70%, 본사 30%로 배부한다. 당월 지급액은 현금이며, 제조경비 계정은 설정하지 않는다.

제 조 경 비 지 급 표

경비종류	당월지급액	당월선급액	당월미지급액	전월선급액	전월미지급액	당월소비액
보 관 료	60,000	-	16,000	-	5,000	( )
수 선 비	68,000	( )	-	35,000	-	83,000
복리후생비	76,000	-	( )	5,000	-	118,000
외주가공비	( )	24,000	-	22,000	-	98,000
운 반 비	224,000	19,000	-	( )	-	225,000
잡 비	47,000	-	26,500	-	( )	65,000

보 관 료

수 선 비

복 리 후 생 비

외 주 가 공 비

운 반 비

잡 비

재 　 공 　 품	

월 　 차 　 손 　 익	

제 　 조 　 간 　 접 　 비	

05 소망공업사의 제조경비에 관한 다음 자료를 보고 제조경비소비액을 계산하시오. 단, 1회계 연도는 6개월, 1원가계산기간은 1개월이다.

(1) 임   차   료 : 당 월 지 급 액 ₩ 220,000
　　　　　　　　　　 당월월할액　　 240,000　(제조부 60%, 영업부 40%)
(2) 감가상각비 : 건물취득원가　 3,600,000
　　　　　　　　 내용연수 10년, 잔존가치는 ₩0(정액법) (제조부 90%, 영업부 10%)
(3) 특허권사용료 : 1년분계약분　₩1,800,000　(전액 제조부)
(4) 가스수도비 : 당 월 지 급 액　 180,000　당 월 측 정 액　₩200,000
　　　　　　　　　　　　　　　　　　　　　　 (제조부 80%, 영업부 20%)
(5) 전   력   비 : 당 월 지 급 액　₩ 200,000　당 월 측 정 액　₩170,000
　　　　　　　　　　　　　　　　　　　　　　 (제조부 90%, 영업부 10%)
(6) 외주가공비 : 당 월 지 급 액　₩ 200,000　전 월 미 지 급 액　₩ 30,000
　　　　　　　　 당월미지급액　　 40,000　(전액 제조부)
(7) 보   관   료 : 당 월 지 급 액　₩ 100,000　전 월 선 급 액　₩ 20,000
　　　　　　　　 당월미지급액　　 30,000　(제조부 80%, 영업부 20%)
(8) 잡　　　　비 : 당 월 지 급 액　₩ 30,000　전 월 미 지 급 액　₩ 10,000
　　　　　　　　 당월미지급액　　 20,000　(제조부 50%, 영업부 50%)
(9) 재료감모손실 : 장 부 재 고 액　₩ 840,000　실제재고액　₩800,000 (정상적)

제조 경비 항목	총 액	제 조 부		영 업 부
		직접제조경비	간접제조경비	
임 차 료				
감 가 상 각 비				
특 허 권 사 용 료				
가 스 수 도 비				
전 력 비				
외 주 가 공 비				
보 관 료				
잡 비				
재 료 감 모 손 실				
합 계				

제4장 ...

원가의 배부

01 원가배부의 기초

01 원가배부의 의의

원가배부란 제품의 생산을 위하여 소비된 공통원가를 집계하여 가장 합리적인 배부기준에 따라 제품 또는 제조부문, 보조부문 등의 원가 대상에 배부하는 과정을 말한다.

> 1. 추적가능원가인 직접비는 특정제품에 직접 추적, 집계되므로 원가배부대상이 되는 원가는 추적이 불가능한 제조간접비이다.
> 2. 원가대상 : 원가요소별로 발생한 원가를 집계하여 그 집계된 원가가 흘러가서 원가를 부담하는 객체를 말하며, 제조부문, 보조부문, 전력부문, 수선부문 등이 원가대상(cost object)이다.

02 원가배부의 목적

(1) 경제적 의사결정을 합리적으로 수행
(2) 경영자에 대한 올바른 성과평가와 동기 부여
(3) 외부보고를 위한 재고자산의 평가와 이익의 측정
(4) 계약금액(판매가격) 결정

03 원가배부의 과정

(1) 원가를 배부할 원가배부대상을 선택한다.
(2) 원가를 집계한다.
(3) 원가배부 방법을 선택하여 집계된 원가를 각 원가배부대상에 배부한다.

04 공동원가의 배부기준

공동원가배부기준이란 집계된 공통원가를 각 원가배부대상에 대응시키는 기준을 말한다.

(1) 인과관계기준 : 특정활동과 관련하여 발생한 원가와 원가대상 사이의 인과관계에 입각하여 원가배부를 하는 것으로서 가장 이상적이고, 합리적인 원가배부기준이다. **예** 전력비(결과)의 발생원인은 전력의 사용(원인)이므로 전력비는 전력소비량을 기준으로 배부한다.

(2) 수혜기준(수익자부담기준) : 원가발생액으로 인하여 원가배부 대상이 공통원가로부터 제공받은 경제적 효익의 크기(매출액의 증가분)에 비례하여 원가를 배부하는 기준이다. **예** 회사전체의 광고선전을 통하여 여러 제품들의 매출액이 증가된 경우 특정제품이 광고선전으로 인한 영향을 얼마나 받았는지 정확히 알 수 없으므로 광고전과 광고후의 매출액의 증가분을 기준으로 광고선전비를 각 제품에 배부한다.

(3) **부담능력기준** : 원가발생액과 원가배부대상간의 인과관계를 파악할 수 없는 경우에 하나의 대안으로서 집계된 원가를 배부대상이 부담할 수 있는 능력에 비례하여 원가를 배부하는 기준이다. 일반적으로 부담능력을 평가하는 지표로 매출액이 많이 사용되고 있다. **예** 불우이웃돕기 성금을 각 부서에 부담시키는 경우 수익성(매출액)을 기준으로 배부하는 것

(4) **공정성과 공평성기준(원칙)** : 본 기준은 원가배부기준이라기 보다는 원가배부를 통하여 달성하고자 하는 목표를 나타내는 것으로서 집계된 원가를 여러 원가배부 대상에 배분할 때 그 원가배부는 공정하고 공평하게 이루어져야 한다는 기준이다.

(5) **증분기준** : 이 기준은 최초의 사용자를 주된 사용자로, 두 번째 사용자를 추가적인 사용자로 간주하여 최초의 사용자 혼자만이 사용할 때 발생한 원가를 최초의 사용자에게 배부하고 그 이후 추가적인 사용자로 인하여 증가된 공통원가를 그 추가적인 사용자에게 배부하는 기준으로 추가적인 사용자에게 가장 유리한 배부기준이 된다.

05 **원가동인**(cost drivers)

원가동인이란 원가대상의 총원가에 변화를 일으키는 모든 요소를 말하며, 원가요인 또는 원가유발요인이라고도 한다.

원가대상	원 가 동 인
제 품	생산량, 작업시간, 부품의 수, 작업준비 횟수 등
구 매 부 문	구매주문서의 수, 공급자의 수, 협상시간 등
여 객 수 송	운송수단, 거리, 속도, 교통량, 무게 등
제 품 설 계	부품의 수, 설계변경 요구의 수, 설계시간 등

02 제조간접비의 배부

01 제조간접비 (manufacturing overhead costs)

간접재료비, 간접노무비, 간접제조경비 등과 같이 두 종류이상의 제품을 제조하기 위하여 공통적으로 발생하는 원가요소를 말한다. 제조간접비는 각 제품별로 추적하여 부과할 수 없기 때문에 일정한 배부기준에 따라 집계된 제조간접비를 여러 제품에 배부하여야 한다.

▶ 제조간접비의 배부 목적? : 일반적인 원가배부의 목적인 경영의사결정의 수행, 원가통제 및 가장 중요한 목적인 제품단위당 원가를 결정하는 것이다.

02 제조간접비의 배부 방법

(1) 실제배부법

원가계산 기말에 실제로 발생한 제조간접비를 각 제품에 배부하는 방법

(가) 가액법 : 각 제품 제조에 소비된 직접비를 기준으로 배부하는 방법

① **직접재료비법** : 각 제품에 소비된 직접재료비를 기준으로 배부하는 방법

$$\text{• 제조간접비 배부율} = \frac{\text{1개월간의 제조간접비 총액}}{\text{동 기간의 직접재료비 총액}}$$

• 제조간접비 배부액 = 특정 제품의 직접재료비 × 배부율

② **직접노무비법** : 각 제품에 소비된 직접노무비를 기준으로 배부하는 방법

$$\text{• 제조간접비 배부율} = \frac{\text{1개월간의 제조간접비 총액}}{\text{동 기간의 직접노무비 총액}}$$

• 제조간접비 배부액 = 특정 제품의 직접노무비 × 배부율

③ **직접원가법** : 각 제품에 소비된 직접원가를 기준으로 배부하는 방법

$$\text{• 제조간접비 배부율} = \frac{\text{1개월간의 제조간접비 총액}}{\text{동 기간의 직접원가 총액}}$$

• 제조간접비 배부액 = 특정 제품의 직접비(직접원가) × 배부율

(나) 시간법 : 각 제품의 제조에 소비된 작업시간을 기준으로 배부하는 방법

① **직접노동시간법** : 각 제품 제조에 투입된 직접노동시간을 기준으로 배부하는 방법이다.

- 제조간접비 배부율 = $\dfrac{1개월간의\ 제조간접비\ 총액}{동\ 기간의\ 직접노동\ 총\ 시간수}$
- 제조간접비 배부액 = 특정 제품의 직접노동시간 수 × 배부율

② **기계작업시간법** : 각 제품 제조에 투입된 기계운전시간을 기준으로 배부하는 방법이다.

- 제조간접비 배부율 = $\dfrac{1개월간의\ 제조간접비\ 총액}{동\ 기간의\ 기계작업시간\ 총\ 시간\ 수}$
- 제조간접비 배부액 = 특정 제품의 기계작업시간 수 × 배부율

(2) 예정배부법

계절별로 제품의 생산량에 큰 차이를 보이는 냉·난방기, 청량음료 등의 제품을 제조하는회사에서는 제조간접비의 실제배부법의 적용시 많은 문제점이 있으므로, 연초에 미리 제조간접비 예정배부율을 산정해 두었다가 제품의 완성시 그 제품의 제조에 실제로 발생한 직접재료비나 직접노동시간을 파악하여 이에 예정배부율을 곱함으로써 그 제품에의 제조간접비를 즉시 계산할 수 있다.

- 제조간접비 예정배부율 = $\dfrac{제조간접비\ 연간\ 예상액}{배부기준의\ 연간\ 예상액}$
- 제조간접비 예정배부액
 = 제품별 배부기준의 실제발생액 × 제조간접비 예정배부율

❖ 제조간접비 실제배부법의 문제점

1. 제조간접비의 실제발생총액은 월말에 집계되므로 월중에 제품이 완성되면 월말까지 기다려야만 그 제품의 제조원가를 계산할 수 있어 원가계산 시점이 지연된다.
2. 제조간접비에는 생산량에 관계없이 일정하게 발생하는 고정비(보험료, 임차료 등)가 많기 때문에 계절별로 제품의 생산량이 큰 차이가 있는 회사에서는 제품 단위당 배부액이 엄청난 차이가 생기게 된다.

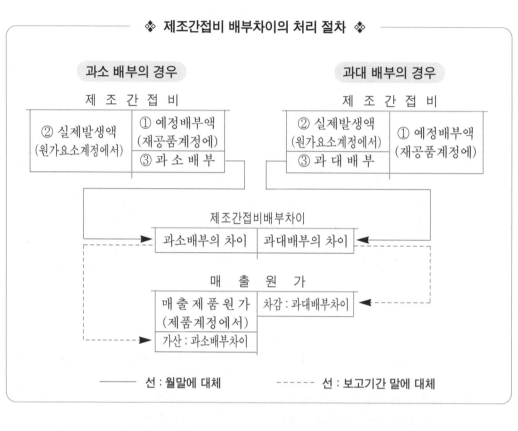

❖ 제조간접비 배부차이의 처리 절차 ❖

과소 배부의 경우

제 조 간 접 비

② 실제발생액 (원가요소계정에서)	① 예정배부액 (재공품계정에)
	③ 과 소 배 부

과대 배부의 경우

제 조 간 접 비

② 실제발생액 (원가요소계정에서)	① 예정배부액 (재공품계정에)
③ 과 대 배 부	

제조간접비배부차이

과소배부의 차이	과대배부의 차이

매 출 원 가

매 출 제 품 원 가 (제품계정에서)	차감 : 과대배부차이
가산 : 과소배부차이	

―――― 선 : 월말에 대체   ------ 선 : 보고기간 말에 대체

(1) 제조간접비 예정 배부 시

(차) 재 공 품	5,000	(대) 제 조 간 접 비	5,000

(2) 제조간접비 실제 발생액

(차) 제 조 간 접 비	5,200	(대)	재 료 비	2,000
			노 무 비	1,800
			제 조 경 비	1,400

(3) 제조간접비 실제 발생액 >예정 배부액 (과소 배부)

(차) 제조간접비배부차이	200	(대) 제 조 간 접 비	200

(4) 제조간접비 실제 발생액 <예정 배부액 (과대 배부)

(차) 제 조 간 접 비	×××	(대) 제조간접비배부차이	×××

01 희망공업사의 다음 자료에 의하여 A제품의 제조간접비 배부액을 직접재료비법으로 계산하시오.

> (1) 1개월간의 제조간접비 총액 : ₩ 240,000
> (2) 동 기간의 직접재료비 총액 : ₩ 800,000
> (3) A 제 품 의 직 접 재 료 비 : ₩ 500,000

① 배부율 계산 : _____
② 배부액 계산 : _____

02 서울공업사의 다음 자료에 의하여 A제품의 제조간접비 배부액을 직접노무비법으로 계산하시오.

> (1) 1개월간의 제조간접비 총액 : ₩ 520,000
> (2) 동 기간의 직접노무비 총액 : ₩ 400,000
> (3) A 제 품 의 직 접 노 무 비 : ₩ 150,000

① 배부율 계산 : _____
② 배부액 계산 : _____

03 한강공업사의 다음 자료로 직접원가법에 의하여 A제품의 제조간접비 배부액과 제조원가를 계산하시오.

> (1) 1개월간의 제조간접비 총액 : ₩ 600,000
> (2) 동 기간의 직접재료비 : ₩ 1,200,000,   직접노무비 : ₩ 800,000
> (3) A 제품의 직접재료비 : ₩ 500,000,   직접노무비 : ₩ 300,000

① 배 부 율 계산 : _____
② 배 부 액 계산 : _____
③ 제조원가 계산 : _____

04 설악공업사의 다음 자료에 의하여 갑제품의 제조간접비 배부액을 직접노동시간법으로 계산하시오.

> (1) 1개월간의 제조간접비 총액 : ₩ 2,000,000
> (2) 동 기간의 직접노동시간 수 : 5,000시간
> (3) 갑제품의 직접노동시간 수 : 2,000시간

① 배부율 계산 : _____
② 배부액 계산 : _____

05 소망공업사의 다음 자료에 의하여 갑제품의 제조간접비 배부액을 기계작업시간법으로 계산하시오.

> (1) 1개월간의 제조간접비 총액 : ₩ 1,000,000
> (2) 동 기간의 기계 작업시간 수 : 4,000시간
> (3) 갑 제품의 기계 작업시간 수 : 1,200시간

① 배부율 계산 : _____
② 배부액 계산 : _____

06 다음 거래를 분개하시오.

(1) 제조간접비 예정배부 합계액은 ₩800,000이다.

(2) 제조간접비의 실제발생액은 다음과 같다.

　　간접재료비 ₩350,000　　　간접노무비 ₩230,000　　　간접제조경비 ₩ 250,000

(3) 제조간접비배부차이를 대체하다.

No.	차 변 과 목	금 액	대 변 과 목	금 액
(1)				
(2)				
(3)				

07 한국공업사의 다음 거래를 분개하여 각 계정에 전기하고 마감하시오.

(1) 당월 제조간접비 예정배부액은 ₩5,000,000이다.

(2) 월말에 집계한 제조간접비 실제발생액은 다음과 같다.
　재 료 비 ₩2,500,000　노 무 비 ₩1,200,000　제 조 경 비 ₩1,280,000

(3) 예정배부액과 실제발생액과의 차이를 제조간접비배부차이 계정에 대체하다.

(4) 제조간접비배부차이를 매출원가 계정에 대체하다.

No.	차 변 과 목	금 액	대 변 과 목	금 액
(1)				
(2)				
(3)				
(4)				

제 조 간 접 비

제조간접비배부차이

매 출 원 가

08 대한공업사의 다음 거래를 분개하여 각 계정에 전기하고 마감하시오.

(1) 당월 제조간접비 예정배부액은 ₩3,000,000이다.

(2) 월말에 집계한 제조간접비 실제발생액은 다음과 같다.
재 료 비 ₩1,300,000   노 무 비 ₩900,000   제조경비 ₩850,000

(3) 예정배부액과 실제발생액과의 차이를 제조간접비배부차이 계정에 대체하다.

(4) 제조간접비배부차이를 매출원가 계정에 대체하다.

No.	차 변 과 목	금 액	대 변 과 목	금 액
(1)				
(2)				
(3)				
(4)				

제 조 간 접 비

제조간접비배부차이

매 출 원 가

제5장 ...

부문별 원가계산

1. 부문별 원가계산

01 부문별 원가계산

01 부문별 원가계산의 기초(departments costing)

(1) 부문별 원가계산의 뜻

부문별원가계산이란 제품의 원가를 산정함에 있어 제조간접비(부문비)를 각 제품에 보다 더 엄격하게 배부하기 위해 우선적으로 그 발생 장소인 부문별로 분류, 집계하는 절차를 말한다.

 ▶ **부문별 원가계산의 장점**
1. 원가의 관리 및 통제에 필요한 자료를 얻는데에서 유용하다.
2. 특정 원가부문에서 불필요한 원가의 낭비나 비능률의 발생을 용이하게 파악할 수 있다.

(2) 원가부문의 설정

원가가 발생하는 장소를 원가부문이라 하며, 원가부문은 제조부문과 보조부문으로 나누어진다.

(가) 제조부문 : 제품의 제조활동을 직접 담당하는 부문으로 제조단계에 따라 절단부문, 조립부문, 또는 선반부문, 주조부문 등이 있다.

(나) 보조부문 : 제품의 제조에는 직접 참여하지 않고, 다만 제조부문의 제조활동을 돕기 위해 여러가지 용역(service)을 제공하는 부문으로 동력부문, 수선부문, 공장사무부문 등이 있다.

02 부문별 원가계산의 절차

제조부문과 보조부문이 있는 제조기업에서 부문별 원가계산을 하는 절차는 다음과 같다.

> ① 제1단계 : 부문개별비를 각 부문에 부과
> ② 제2단계 : 부문공통비를 각 부문에 배부
> ③ 제3단계 : 보조부문비를 제조부문에 배부
> ④ 제4단계 : 제조부문비를 각 제품에 배부

(1) 부문개별비의 부과

특정부문 책임자의 급여와 특정부문에만 사용되는 기계감가상각비등과 같이 특정 부문에 개별적으로 발생하는 원가로서, 그 부문에 직접 부과되는 원가요소이다.

(2) 부문공통비의 배부

공장장의 급여, 여러부문이 공동으로 사용하는 건물감가상각비 등과 같이 각 부문에 직접 추적할 수 없는 제조간접비로서 일정한 기준에 따라 인위적으로 제조부문과 보조부문에 배부하여야 한다.

❖ 부문공통비의 배부기준 ❖

부 문 공 통 비	배 부 기 준
간 접 재 료 비	각 부문의 직접재료비
간 접 노 무 비	각 부문의 직접노무비, 종업원 수, 직접노동시간
감 가 상 각 비	기계 : 기계사용시간, 건물 : 면적
전 력 비	각 부문의 전력소비량 또는 마력 × 운전시간
수 선 비	각 부문의 수선 횟수 또는 시간
가 스 수 도 비	각 부문의 가스 수도 사용량
운 반 비	각 부문의 운반물품의 무게, 운반거리, 운반횟수
복 리 후 생 비	각 부문의 종업원 수
임차료, 재산세, 화재보험료	각 부문의 차지하는 면적 또는 기계의 가격
중 앙 난 방 비	각 부문의 차지하는 면적

원가요소의 부문별 집계

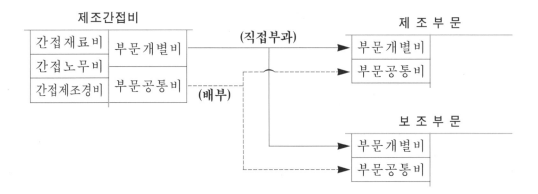

03 보조부문비의 배부

보조부문은 직접제품의 생산활동을 수행하는 것이 아니라, 다만 제조부문의 생산활동을 도와주는 역할을 하기 때문에 제품과의 직접적인 관련성을 확인할 수 없으므로 간접제조원가로 분류하여 제조부문에 배부하여야 한다.

(1) 보조부문비의 배부 이유

① 정확한 원가를 산정하기 위함
② 보조부문에서도 원가가 발생하는 것을 제조부문 경영자에게 인식시키는 것
③ 보조부문에 대한 통제를 통하여 원가절감에 도움

(2) 보조부문비의 배부 목적

① 부문간의 상호통제 및 관리
② 외부보고 목적을 위한 재고자산평가와 매출원가의 결정
③ 경제적 의사결정을 위한 최적의 자원 배분

부문별 원가계산의 절차

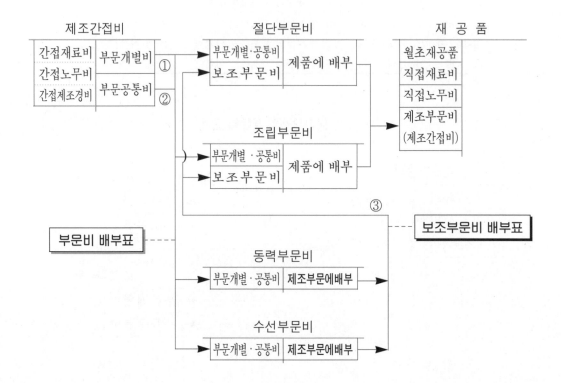

(1) 부문개별비, 부문공통비를 각 부문에 배부 시 분개(부문비 배부표 분개)

(차)	절 단 부 문 비	500	(대)	제 조 간 접 비	1,000
	조 립 부 문 비	300			
	동 력 부 문 비	100			
	수 선 부 문 비	100			

(2) 보조부문비를 제조부문에 배부 시 분개 (보조부문비 배부표 분개)

(차)	절 단 부 문 비	120	(대)	동 력 부 문 비	100
	조 립 부 문 비	80		수 선 부 문 비	100

(3) 제조부문비를 각 제품에 배부 시 분개

(차)	재 공 품	1,000	(대)	절 단 부 문 비	620
				조 립 부 문 비	380

04 보조부문비의 배부 방법

보조부문비를 제조부문에 배부할 때 고려할 점은 보조부문은 주로 제조부문에만 용역을 제공하지만, 때로는 다른 보조부문에도 용역을 제공하기도 한다. 즉, 보조부문 상호간에 보조용역을 주고 받는 경우가 있다.

이러한 보조부문간의 용역제공 비율을 어느 정도 고려하느냐에 따라 직접배부법, 단계배부법, 상호배부법으로 나누어지며, 어느 방법에 의하더라도 배부 전이나 배부 후의 제조간접비 총액은 변함이 없다. 단, 각 제조부문에 집계되는 제조간접비는 달라진다.

(1) 직접배부법

보조부문 상호간에 용역을 주고 받는 관계를 완전히 무시하고, 각 제조부문이 사용한 보조용역의 비율에 따라 보조부문비를 제조부문에만 직접 배부하는 방법으로, 그 배부절차가 매우 간단하며, 보조부문 상호간의 용역수수 정도가 중요하지 않은 경우는 적절한 방법이다.

(2) 단계배부법

보조부문 상호간에 용역수수관계를 부분적으로 인식하여 보조부문들 간에 일정한 배부순서(용역을 제공하는 수 또는 금액이 큰 보조부문)를 정한 후, 그 배부순서에 따라 보조부문비를 단계적으로 다른 보조부문에 배부하는 방법이다.

(3) 상호배부법

보조부문 상호간에 용역수수관계를 완전하게 인식하여 보조부문비를 제조부문뿐만 아니라, 보조부문 상호간에도 배부하는 방법으로 보조부문 상호간의 용역수수를 완전히 인식하는 가장 정확한 방법이다.

▶ 배부 과정

① 특정보조부문비의 총원가를 연립방정식 형태로 표시한다.

> ▶특정보조부문의 총원가 = 자체 발생 보조부문비 + 타 보조부문의 배부액

② 각 보조부문비를 용역제공 비율에 따라 다른 보조부문과 제조부문에 배부한다.

1. 단일배부율법과 이중배부율법

우리가 지금까지 보조부문의 원가를 고정비와 변동비로 구분하지 않고 모든 원가를 하나의 배부기준을 사용하여 제조부문에 배부를 하였는데 이를 단일배부율법이라고 한다. 이중배부율법은 각 제조부문이나 보조부문에서 발생되는 제조간접비를 변동비와 고정비로 구분한 후 이들을 각각 별개의 배부기준을 사용하여 배부하는 것을 말한다. 이중배부율법은 보조부문원가를 제조부문에 배부할 때 고정비는 보조부문이 제공하는 용역의 최대사용가능량을 기준으로 하고 변동비는 각 부문의 실제사용량을 기준으로 배부하는 방법이다.

예를 들어 회계학원을 생각해보면 선생님의 급여는 직접노무비, 전기료는 변동간접비, 임차료나 경비아저씨의 급여는 고정간접비, 강의실은 제조부문, 경비실이나 보일러실은 보조부문이라고 볼 수 있다. 수강생이 향후 많이 올 것으로 가정하고 3개층을 임차하여 실제로는 2개층을 사용하고 있다면 전기료와 같은 변동비는 실제강의시간과 같은 실제용역사용량과 비례하여 발생하므로 실제 사용량을 기준으로 배부하고, 경비아저씨나 보일러공의 급여, 임차료와 같은 고정비는 이들이 제공하는 용역이 최대사용가능량(실제로는 3개층을 다 사용하지 않는다 해도 향후 3개층을 다 사용할 경우에 충분한 용역을 공급할 수 있도록 3개층에 용역을 제공하고 있으므로)과 관계되기 때문에 최대용역사용량을 기준으로 배부하는 것이다.

단일배부율법과 이중배부율법은 둘 다 직접배부법, 단계배부법, 상호배부법을 사용할 수 있다.

2.

【 보조부문비의 배부기준 】

보 조 부 문	배 부 기 준
구 매 부 문	주문 횟수, 주문비용
식 당 부 문	종업원 수
창 고 부 문	재료의 출고청구 건수, 취급품목 수
건물관리부문(청소부문)	점유 면적
수선유지부문	수선유지 횟수, 수선 작업시간
전 력 부 문	전력 소비량(KWh)
공장인사관리부문	종업원 수
자재관리부문	근무시간, 취급품목 수
품질검사부문	검사수량, 검사인원, 검사시간

05 제조부문비의 제품에의 배부

(1) 제조부문비의 배부

각 제조부문에 집계된 제조부문비는 적절한 배부기준(가액법, 시간법)에 따라 당해 제조부문을 통과한 각 제품에 적절히 배부하여야 한다.

(2) 제조부문비의 예정배부

제조부문비를 예정배부하면 제품을 완성하는 즉시 원가를 계산할 수 있을 뿐 아니라, 원가계산을 보다 간편하게 할 수 있다. 먼저 연초에 각 제조부문별로 예정배부율을 산정해 놓고 연중 어느 때든지 제품이 완성될 때 마다 이 예정배부율을 배부기준의 실제발생값에 곱함으로서 그 제품의 제조부문비 배부액을 계산할 수 있다.

$$\bullet \text{제조부문별 예정 배부율} = \frac{\text{제조부문비 연간 총 예상액}}{\text{제조부문별 배부 기준의 연간 예상액}}$$

$$\bullet \text{제조부문비 예정 배부액} = \text{배부 기준의 실제발생 값} \times \text{예정 배부율}$$

(가) 제조부문비 예정배부시 분개

(차)	재 공 품	800	(대)	절 단 부 문 비	500
				조 립 부 문 비	300

(나) 부문비 배부표 분개 (실제발생액)

(차)	절 단 부 문 비	410	(대)	제 조 간 접 비	810
	조 립 부 문 비	300			
	동 력 부 문 비	60			
	수 선 부 문 비	40			

(다) 보조부문비 배부표 분개 (실제발생액)

(차)	절 단 부 문 비	70	(대)	동 력 부 문 비	60
	조 립 부 문 비	30		수 선 부 문 비	40

(라) 부문비배부차이 분개

(차)	절 단 부 문 비	20	(대)	부문비배부차이	20
	부문비배부차이	30		조 립 부 문 비	30

01 다음 (   )안에 알맞은 용어를 써 넣으시오.

(1) 제품의 원가를 보다 정확하게 계산하기 위해서는, 공장 전체를 기준으로 제조 간접비를 배부하기보다는 (   )별로 제조간접비를 배부하는 것이 바람직하다.

(2) 원재료를 직접 가공하여 제품을 생산하는 부문을 제조부문이라 하고, 이러한 제조부문의 제품제조 활동을 지원하는 부문을 (   )이라 한다.

(3) 부문비에는 각 부문에 직접 부과할 수 있는 부문직접비와 각 부문에 공통적으로 발생하여 직접 부과 할 수 없는 (   )가 있다.

(4) 제조간접비를 합리적으로 제품에 부과하기 위해서는, 제조간접비를 부문직접비와 (   )로 구분하여, 1단계로 (   )를 각 부문에 부과하고, 2단계로 부문간접비를 각 부문에 배부하며, 3단계로 (   )를 제조 부문에 배부한 후 제 4단계로 (   )를 각 제품에 배부한다.

02 8월 중에 발생한 다음의 원가자료를 이용하여 부문비배부표를 작성하고, 필요한 분개를 표시하시오.

【자료Ⅰ】 부문개별비

비 목	제 조 부 문		보 조 부 문		
	절단부문	조립부문	동력부문	수선부문	공장사무부문
간 접 재 료 비	₩ 60,000	₩ 56,000	₩ 26,000	₩ 18,000	—
간 접 노 무 비	90,000	60,000	40,000	10,000	₩10,000
기계감가상각비	60,000	30,000	14,000	3,000	—

【자료Ⅱ】 부문공통비

  건 물 감 가 상 각 비   ₩ 50,000   기 계 화 재 보 험 료   ₩ 120,000

【자 료Ⅲ】부문공통비 배부 기준

비 목	배부기준	제 조 부 문		보 조 부 문		
		절단부문	조립부문	동력부문	수선부문	공장사무부문
건물감가상각비	면 적	80평	60평	30평	20평	10평
기계보험료	기 계 가 액	₩700,000	₩800,000	₩500,000	₩400,000	―

부 문 비 배 부 표
20×1년 8월 31일

원가요소	배부기준	제 조 부 문		보 조 부 문			합 계
		절단부문	조립부문	동력부문	수선부문	공장사무부문	
부 문 개 별 비							
간접재료비							
간접노무비							
기계감가상각비							
합 계							
부 문 공 통 비							
건물감가상각비	면 적						
기계보험료	기계가액						
합 계							
총 계							

【 부문비 배부표 분개 】

차 변 과 목	금 액	대 변 과 목	금 액

03 (주)서울공업사의 제조간접비 발생액과 보조부문의 용역제공량은 다음과 같다. 보조부문비 배부표를 직접배부법에 의하여 작성하고, 필요한 분개를 표시하시오.

비 목	제 조 부 문		보 조 부 문		합 계
	절단부문	조립부문	동력부문	수선부문	
자기부문발생액	₩400,000	₩350,000	₩140,000	₩200,000	₩1,090,000
제 공 한 용 역					
동력부문(Kw/h)	5,000	3,000	–	2,000	10,000Kwh
수선부문(시간)	1,600	1,600	800	–	4,000시간

보 조 부 문 비 배 부 표

비 목	배부기준	금 액	제 조 부 문		보 조 부 문	
			절단부문	조립부문	동력부문	수선부문
자 기 부 문 발 생 액						
보 조 부 문 비 배 부						
동 력 부 문 비	Kw/h					
수 선 부 문 비	시 간					
보조부문비배부액						
제조부문비합계						

【 보조부문비 배부 분개 】

차 변 과 목	금 액	대 변 과 목	금 액

04 (문제3)의 자료에 의하여 보조부문비배부표를 단계배부법에 의하여 작성하고 필요한 분개를 하시오. 단, 동력부문비를 먼저 배부하는 것으로 한다.

보 조 부 문 비 배 부 표

비 목	배부기준	제 조 부 문		보 조 부 문	
		절단부문	조립부문	수선부문	동력부문
자기부문발생액					
보조부문비배부					
동 력 부 문 비					
수 선 부 문 비					
제조부문비합계					

【 보조부문비 배부 분개 】

차 변 과 목	금 액	대 변 과 목	금 액

05 (문제3)의 자료에 의하여 보조부문비배부표를 상호배부법에 의하여 작성하고 필요한 분개를 하시오.

보 조 부 문 비 배 부 표

비 목	제 조 부 문		보 조 부 문	
	절단부문	조립부문	동력부문	수선부문
자기부문발생액				
보조부문비배부				
동 력 부 문 비				
수 선 부 문 비				
제조부문비합계				

【 보조부문비 배부 분개 】

차 변 과 목	금 액	대 변 과 목	금 액

06 다음 부문비 예정배부에 관한 자료에 의하여 필요한 분개를 하시오.

(1)

제 조 부 문 비 예 정 배 부 표

월일	제조지시 서번호	A 제 조 부 문 비			B 제 조 부 문 비		
		예정배부율	배부기준	예정배부액	예정배부율	배부기준	예정배부액
		200	5,000	1,000,000	200	4,000	800,000

(2) 부문비배부액은 다음과 같다.

부 문 비 배 부 표

적 요	제 조 부 문		보 조 부 문		
	A제조부문	B제조부문	동력부문	수선부문	운반부문
부 문 개 별 비 부 문 공 통 비					
	700,000	800,000	100,000	40,000	60,000

(3) 보조부문비배부표의 내역은 다음과 같다.

부 문 별	금 액	A제조부문비	B제조부문비
동 력 부 문 비	100,000	60,000	40,000
수 선 부 문 비	40,000	20,000	20,000
운 반 부 문 비	60,000	40,000	20,000
합 계	200,000	120,000	80,000

(4) 각 제조부문의 예정배부액과 실제발생액과의 차이를 부문비배부차이 계정에 대체하다.

(1) 부문비 예정 배부

(차)		(대)	

(2) 제조간접비를 각 부문에 배부

(차)		(대)	

(3) 보조부문비 배부

(차)		(대)	

(4) 부문비 배부 차이

(차)		(대)	

07 다음 자료에 의하여 보조부문비 배부표를 직접배부법에 의하여 완성하고, 해당 계정에 전기하시오.

【 자료 】 제조부문비의 예정배부에 관한 자료

부 문	작업시간	예정배부율
절 단 부 문	1,000시간	@₩ 80
조 립 부 문	500시간	@₩100

보 조 부 문 비 배 부 표

비목	배부기준	금 액	제 조 부 문		보 조 부 문		
			절단부문	조립부문	동력부문	수선부문	공장사무부문
자기부문발생액		131,000	55,000	31,000	20,000	13,000	12,000
동력부문비	마력×시간						
수선부문비	수선횟수						
공장사무부문비	공 원 수						
배 부 액 합 계							
제조부문비합계							

【 보조부문비 배부 기준 】

구 분	수선횟수	작업시간	마 력 수	공 원 수
절 단 부 문	7	600시간	2마력	5명
조 립 부 문	3	400시간	2마력	5명

절 단 부 문 비

조 립 부 문 비

동 력 부 문 비

부 문 비 배 부 차 이

제6장...

개별원가계산

01 개별원가계산

01 개별원가계산(job-order costing)의 뜻

(1) 개별원가계산의 뜻

성능, 규격, 품질 등이 서로 다른 여러 종류의 제품을 주로 고객의 특별주문에 의하여 소량씩 개별적으로 생산하는 건설업, 항공기제조업, 가구 및 기계제작업 등에서 각 개별, 제품(작업)별로 원가를 집계하여 제품별 원가계산을 하는 방법으로 회계법인, 법무법인 등 작업내용을 명확히 구분할 수 있는 서비스업에도 적용할 수 있다.

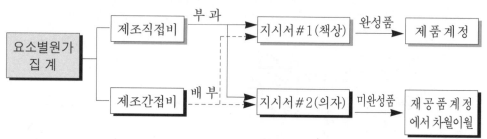

개별원가계산의 절차

(2) 개별원가계산의 특징

① 언제라도 원가계산을 할 수 있다.
② 제조직접비와 제조간접비의 구분이 중요한 의미를 갖는다.
③ 인위적인 월말재공품의 평가문제가 생기지 않는다.
④ 특정제조지시서에 따라 원가계산표가 작성된다.

02 제조지시서와 원가계산표

(1) 제조지시서(production order 또는 job order)

고객이 주문한 특정제품의 규격, 수량, 인도기일 등을 작업 현장에 지시하는 문서를 말한다.

(가) 특정 제조지시서 : 개별제품 또는 개별작업에 대해 개별적으로 발행되는 지시서로 지시된 특정제품의 생산이 완료되면 그 효력이 상실된다.

(나) 계속 제조지시서 : 한 종류의 제품을 대량으로 계속 생산하는 경우에 발행되는 지시서로 그 효력이 일정 기간 지속되며 제조수량을 기재하지 않는 것이 관례이다.

제조지시서의 발행절차

고객 → (주문) → 영업부 → (제조요구) → 제조부(생산부) → (제조지시서) → (원본) 작업현장 / (사본) 원가계산부서

(2) 원가계산표(cost sheet)와 원가원장(cost ledger)

(가) 원가계산표

각 제품의 제조과정에서 발생하는 제조원가를 집계하기 위한 명세서로서 직접재료비, 직접노무비, 제조간접비가 상세히 기록되며, 각 제조지시서마다 한장씩 작성되기 때문에, 지시서별 원가계산표라고도 한다.

(나) 원가원장

제조과정에 있는 각 제조지시서별 원가계산표를 철해놓은 장부를 말하는 것으로서 특정시점에서 제조기업의 원가원장을 보면, 그 시점의 재공품 내역을 각 제품별로 상세히 알 수 있다.(재공품 계정에 대한 보조원장)

03 개별원가계산의 원가 흐름과 절차

(1) 직접재료비 - 재료출고 청구서로 파악

① 재료 매입 시

(차) 원　재　료	×××	(대) 외상매입금	×××

② 재료출고 소비 시

(차) 재　공　품	×××	(대) 원　재　료	×××
제조간접비	×××		

(2) 직접노무비 - 작업시간 보고서로 파악

① 노무비 발생 시

(차) 노　무　비	×××	(대) 현　　　금	×××
		미지급노무비	×××

② 노무비 소비 시

(차) 재　공　품	×××	(대) 노　무　비	×××
제조간접비	×××		

(3) 제조간접비 - 제조간접비 배부율을 이용하여 배부

　　제조간접비는 직접재료비나 직접노무비와 달리 특정작업과의 관계가 불확실하므로 논리적으로 타당하고 인과관계가 있으며, 쉽게 적용할 수 있는 배부기준을 선택하여 제조간접비 배부율에 의하여 개별제품에 배부하여야 한다.

$$제조간접비\ 배부율\ \ =\ \ \frac{실제제조간접비\ 발생액}{배부기준(실제조업도)}$$

① 제조간접비 발생 시

(차) 임　차　료	×××	(대) 현　　　금	×××
수　선　비	×××	미지급수선비	×××

② 제조간접비 소비 시

(차) 제 조 간 접 비	×××	(대) 임　차　료	×××
		수　선　비	×××

(4) 공장전체와 부문별배부율에 의한 제조간접비 배부

　　제조기업이 2개 이상의 제조부문이 있을 경우 제조간접비를 제품에 배부하는 방법은 다음의 두가지가 있다.

① 공장전체 제조간접비배부율

　　공장 내의 모든 제조부문에 동일한 제조간접비배부율을 적용하여 제조간접비를 배부하는 방법이다.

$$공장전체\ 제조간접비\ 배부율\ \ =\ \ \frac{공장전체\ 제조간접비}{공장전체\ 배부기준\ 합계}$$

② 부문별 제조간접비배부율

　　각 제조부문별로 서로 다른 부문별 제조간접비배부율을 적용하여 개별적인 배부율에 의하여 제조간접비를 배부하는 방법이다.

$$부문별\ 제조간접비배부율\ \ =\ \ \frac{제조부문별\ 제조간접비}{제조부문별\ 배부기준\ 합계}$$

(5) 당기제품제조원가

특정 제품이 제조과정을 통하여 완성되면 재공품 계정에서 제품 계정으로 대체된다. 제품 계정에 대체되는 당기제품제조원가는 다음과 같이 계산된다.

> 당기 제품 제조원가 = 기초재공품원가 + 당기총제조비용(직접재료비
> + 직접노무비 + 제조간접비) - 기말재공품원가

▶ 제품의 완성

| (차) 제　품 ××× | (대) 재 공 품 ××× |

(6) 매출원가

당기에 판매된 제품의 원가 즉, 매출원가를 제품 계정에서 매출원가 계정으로 대체한다.

> 매출원가 = 기초제품재고액 + 당기제품제조원가 - 기말제품재고액

▶ 제품의 판매

| (차) 외 상 매 출 금 ××× | (대) 매　출 ××× |
| 매 출 원 가 ××× | 제　품 ××× |

(7) 개별원가계산의 절차

① 원가를 개별제품 작업별로 재료비, 노무비, 제조경비의 요소별로 집계한다.
② 제조직접비와 제조간접비를 분류하여 제조직접비부터 개별작업에 부과한다.
③ 제조간접비의 배부율을 계산하여 개별작업에 배부한다.
④ 공장별 혹은 부문별로 제조간접비를 집계한다.
⑤ 제조간접비의 배부기준을 설정한다.
⑥ 원가계산표를 마감하여 재공품, 제품, 매출원가 계정에 기입한다.

04 개별원가계산의 방법

(1) 실제 개별원가계산

실제개별원가계산에서는 실제직접재료비, 실제직접노무비, 실제제조간접비를 바탕으로 제품원가를 계산하는 방법이다.

$$제조간접비\ 실제배부율\ =\ \frac{제조간접비\ 실제발생액}{실제\ 배부기준}$$

(2) 예정 개별원가계산(정상개별원가계산, 평준화원가계산)

예정개별원가계산은 직접재료비와 직접노무비는 실제원가를 바탕으로 원가계산을 하고, 제조간접비는 예정배부액을 사용하여 제품원가를 계산하는 방법이다.

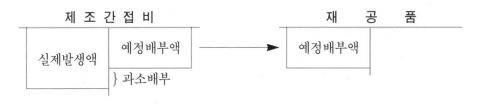

① 제조간접비 예정배부율 $= \dfrac{\text{제조간접비 연간 예상액}}{\text{연간 예정배부기준}}$

② 제조간접비 예정배부액 $=$ 제품별 실제 배부기준 $\times$ 예정배부율

(3) 제조간접비 배부차이의 회계처리

① 과소배부가 발생하는 경우

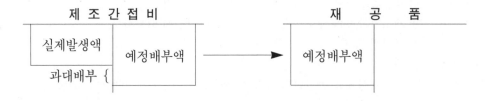

② 과대배부가 발생하는 경우

③ 배부차이의 회계처리는 제4장 제조간접비 배부를 참고할 것

➡➡➡➡➡ ◑ 제조간접비배부차이의 조정

제조간접비 배부차이를 재조정하는 이유는 외부에 보고할 목적의 재무제표에는 모든 제조원가가 예정액이 아니라 실제원가로 표시되어야 하기 때문이다. 따라서 예정배부된 재공품, 제품, 매출제품원가를 실제원가에 근접하게 일치시키기 위한 방법으로는 여러 가지가 있으나, 여기서는 매출원가 조정법과 원가요소별 비례배부법을 학습하기로 한다.

(1) 매출원가 조정법

이 방법은 제조간접비 배부차이를 전액 매출원가에 가감시키는 방법으로 과소배부액은 매출원가에 가산하고, 과대배부액은 매출원가에서 차감한다.

(가) 과소배부 조정 시

(차) 매 출 원 가 　×××　　　(대) 제조간접비배부차이 　×××

(나) 과대배부 조정 시

(차) 제조간접비배부차이 　×××　　　(대) 매 출 원 가 　×××

(2) 원가요소별 비례배부법

(가) 과소배부액의 조정

(차) { 재 공 품 　×××
제 　 품 　×××　　　(대) 제조간접비배부차이 　×××
매 출 원 가 　××× }

(나) 과대배부의 조정

(차) 제조간접비배부차이 　×××　　　(대) { 재 공 품 　×××
제 　 품 　×××
매 출 원 가 　××× }

02 작업폐물과 공손품

01 작업폐물(scraps)

(1) 작업폐물의 뜻

작업폐물이란 제품의 제조과정에서 발생하는 원재료의 부스러기를 말한다. 예를들면 가구제조업의 나무토막이나 톱밥, 기계제작업에서의 철판조각이나 쇳가루, 의류제조업의 천조각 등이 이에 속한다.

(2) 작업폐물의 회계처리

작업폐물이 제품 제조과정에서 발생한 경우에는 작업폐물의 평가액만큼 제조원가에서 차감해야 하는데, 그 발생액이 큰 경우와 적은 경우에 따라 아래와 같이 회계처리한다.

(가) 작업폐물의 금액이 큰 경우

① 특정제품의 제조과정에서 발생한 경우

(차) 작 업 폐 물	10,000	(대) 재 공 품	10,000

② 여러제품의 제조과정에서 발생한 경우

(차) 작 업 폐 물	10,000	(대) 제 조 간 접 비	10,000

③ 현금받고 처분한 경우

(차) 현 금	12,000	(대) 작 업 폐 물 작업폐물처분이익	10,000 2,000

(나) 작업폐물의 금액이 적은 경우

작업폐물의 평가액이 적은 경우에는 발생 시 아무런 회계처리를 하지 않고 있다가 매각처분하는 경우 잡이익으로 처리한다.

① 제조과정에서 소액발생한 경우

분개하지 않음	

② 현금받고 처분한 경우

(차) 현 금	3,000	(대) 잡 이 익	3,000

1. 감손 : 제품의 제조과정 중에 원재료의 증발, 기화 등으로 투입된 원재료의 일부분이 감소되어 완성품이 되지 못한 것을 말하며 감손은 물리적 실체가 없는 증발을 의미하므로 처분가치가 없다.

2. 수율(yield) : 원재료의 투입량과 완성된 산출량의 비율이다. 예를들어 큰 콩(大豆) 1,000 kg을 투입하여 식용유 900kg를 완성한 경우 산출량 900 / 투입량 1,000 = 90%가 수율이라고 한다.

02 공손품(spoiled units)

(1) 공손품의 뜻

공손품이란 제품을 제조하는 과정에서 작업자의 부주의, 원재료의 불량, 기계설비의 결함 등으로 인하여 품질 및 규격이 표준에 미달한 불합격품을 말한다.

(2) 정상공손과 비정상공손

일반적으로 제조기업에서는 공손품의 발생한도 허용범위를 정해두고 있으며 양질의 제품을 얻기 위하여 제조과정에서 불가피하게 발생하는 공손은 정상공손(normal spoilage)이라 하고 그 발생원가를 재공품이나 완성품에 포함시켜야 한다. 이와 반대로 비정상공손(abnormal spoilage)은 효율적인 작업환경하에서는 발생하지 않는 공손으로 작업자의 부주의, 생산계획의 미비, 기계설비의 결함 등의 이유로 발생하며 이는 작업환경과 제조활동을 효율적으로 수행하면 예방할 수 있는 공손으로 제품이나 재공품의 원가가 아닌 기간비용인 기타(영업외)비용으로 처리한다.

(3) 공손비

공손품이 발생하면 공손정도에 따라 그 정도가 적으면 추가로 가공하여 합격품으로 완성하거나 그 정도가 큰 경우에는 대체품을 제조하기도 하는데 이 때 추가로 발생하는 원가를 공손비라 한다.

▶ 공손비는 다음에 따라 계산하여 당해 제품의 제조원가에 부과하거나 원가발생부문의 간접비용으로 한다. 다만, 비정상적인 공손비는 기타비용으로 한다.

1. 공손이 보수에 의하여 회복될 경우 공손비는 그 보수비용으로 한다.
2. 공손이 보수로서 회복되지 않고 그 전부를 다시 생산할 경우 공손비는 기발생된 공손품 제조원가에서 공손품의 평가액을 차감한 가액으로 한다.
3. 공손이 보수로서 완전 회복되지 않고 그 일부를 다시 생산할 경우 공손비는 추가적으로 발생하는 제조원가에서 공손품의 평가액을 차감한 금액으로 한다.

(4) 공손비의 회계처리

(가) 당월 제조과정에서 공손품이 발생하여 재료비 ₩15,000과 노무비 ₩10,000을 투입하여 완성하다.

(차) 공　손　비	25,000	(대)	재　료　비	15,000
			노　무　비	10,000

(나) 위 공손비 중 ₩20,000은 정상공손으로 처리하기로 하다.

① 특정 개별작업과 관련이 있는 경우

(차) 재　공　품	20,000	(대) 공　손　비	20,000

② 여러 제품의 작업과 관련이 있는 경우

(차) 제 조 간 접 비	20,000	(대) 공　손　비	20,000

(다) 나머지는 비정상공손이므로 손익 계정에 대체하다.

(차) 손　　　익	5,000	(대) 공　손　비	5,000

▶ 원가계산준칙에서 규정하고 있는 작업폐물과 공손품의 평가는 다음과 같다. (부산물 평가 포함)

1. 그대로 외부에 매각할 수 있는 경우 – 추정매각가격에서 판매비와관리비 및 정상이윤을 차감한 금액으로 한다.
2. 추가 가공후 매각하는 경우 – 가공제품의 추정 매각가격에서 추가가공비와 판매비와 관리비 및 정상이윤을 차감한 금액으로 한다.
3. 그대로 자가 소비하는 경우 – 그 추정매입가격으로 한다.
4. 추가 가공후 자가소비하는 경우 – 그 추정매입가격에서 추가가공비를 차감한 금액으로 한다.

01 다음 원가계산표에 의하여 재공품 계정과 제품 계정에 기입하시오. 단, 제조지시서 #1, #2, #3은 완성품이고, 제조지시서 #4는 미완성이다.

원 가 계 산 표

비 목	제조지시서#1	제조지시서#2	제조지시서#3	제조지시서#4
월 초 재 공 품	48,000	36,000	24,000	—
직 접 재 료 비	252,000	238,000	216,000	152,000
직 접 노 무 비	180,000	150,000	120,000	80,000
제 조 간 접 비	90,000	75,000	60,000	40,000
합 계	570,000	499,000	420,000	272,000

재 공 품

제 품

전 월 이 월	200,000		
		차 월 이 월	350,000

02 다음 원가자료에 의하여 원가계산표를 작성하고 재공품 계정과 제품 계정에 기입마감하시오.
단, 제조지시서 #3, #4는 미완성이다.

(1) 월초재공품　　지시서 #1　₩30,000　　　지시서 #2　₩40,000
　　　　　　　　　지시서 #3　₩50,000

(2) 직접재료비 내용
　　　　　　　제조지시서 #1　₩420,000　　　제조지시서#2　₩250,000
　　　　　　　제조지시서 #3　₩200,000　　　제조지시서#4　₩180,000

(3) 직접노무비 내용
　　　　　　　제조지시서 #1　₩350,000　　　제조지시서#2　₩200,000
　　　　　　　제조지시서 #3　₩150,000　　　제조지시서#4　₩100,000

(4) 제조간접비 당월 발생액 ₩240,000은 직접노무비법에 의하여 각 제조지시서에 배부
한다.

원 가 계 산 표

비　　　목	제조지시서#1	제조지시서#2	제조지시서#3	제조지시서#4
월 초 재 공 품				
직 접 재 료 비				
직 접 노 무 비				
제 조 간 접 비				
합　　　　계				

재　　공　　품

제　　　　품

전 월 이 월	150,000		
		차 월 이 월	300,000

03 부산공업사의 10월 중 제조원가에 관한 자료에 따라 원가계산표를 완성하고, 아래 계정에 기입하시오. 단, 제조간접비의 배부는 직접재료비법에 따르고, 당월 완성제품은 #1이며, #2는 미완성이다.

(1) 재료비   전 월 이 월 액   ₩ 80,000   ※재료 소비액 중
           당월외상매입액   840,000   ┌ 제조지시서 #1   ₩ 400,000
           월 말 재 고 액   370,000   └ 제조지시서 #2   100,000

(2) 노무비   전 월 미 지 급 액   ₩ 60,000   ※노무비 소비액 중
           당월현금지급액   720,000   ┌ 제조지시서 #1   ₩ 500,000
           당 월 미 지 급 액   48,000   └ 제조지시서 #2   178,000

(3) 제조경비   전 월 선 급 액   ₩ 10,000   ※제조경비 소비액 중
           당월현금지급액   150,000   ┌ 제조지시서 #1   ₩ 30,000
           당 월 선 급 액   60,000   └ 나머지는 간접비임

원 가 계 산 표

비 목	제조지시서#1	제조지시서#2	합 계
직 접 재 료 비			
직 접 노 무 비			
직 접 제 조 경 비			
제 조 간 접 비			
합 계			

재 료

노 무 비

제 조 경 비

재 공 품

 04 다음 자료에 의하여 원가계산표를 작성하고 아래 계정에 기입하시오. 단, 제조지시서 #3, #4는 미완성이다.

(1) 월초재공품

제조지시서	직접재료비	직접노무비	제조간접비
# 1	₩80,000	₩40,000	₩20,000
# 2	30,000	20,000	10,000

(2) 직접재료비 내용

구분 \ 제조지시서	# 1	# 2	# 3	# 4
소 비 수 량	400개	300개	200개	140개
소 비 단 가	@₩400	@₩400	@₩400	@₩400

(3) 직접노무비 내용

구분 \ 제조지시서	# 1	# 2	# 3	# 4
직접노동시간	320시간	300시간	150시간	100시간
시간당임률	@₩500	@₩400	@₩400	@₩300

(4) 제조간접비는 직접노동시간을 기준으로 예정배부한다.

    (가) 당년도(1년)의 제조간접비 예정액 ₩1,800,000

    (나) 당년도(1년)의 예정직접노동시간 30,000시간

    (다) 당 원가계산 기간의 제조간접비 실제발생액은 다음과 같다.

        재 료 비   ₩ 25,000
        노 무 비   ₩ 15,200
        제 조 경 비   ₩ 15,000

<u>원 가 계 산 표</u>

비 목	제조지시서#1	제조지시서#2	제조지시서#3	제조지시서#4
월 초 재 공 품				
직 접 재 료 비				
직 접 노 무 비				
제 조 간 접 비				
합 계				

재　공　품

제 조 간 접 비

제조간접비배부차이

05 서울공업사는 개별원가제도를 채택하고 제조지시서 #1, #2, #3, #4의 제품을 주문생산하고 있다. 원가계산표를 작성하고, 재공품 계정과 제품 계정에 기입하시오. 단, 제조지시서 #1, #2는 완성되어 주문처에 인도하였으며, 제조지시서 #3, #4는 제조중이다.

(1) 월초재공품

제조지시서	직접재료비	직접노무비	제조간접비
#1	₩ 24,000	₩ 36,000	₩ 15,000
#2	10,000	12,000	8,000
#3	8,000	6,000	6,000

(2) 직접재료비 부과표(약식)

제조지시서 #1	제조지시서 #2	제조지시서 #3	제조지시서 #4
₩ 80,000	₩ 30,000	₩ 44,000	₩ 35,000

(3) 직접노무비 부과표(약식)

제조지시서 #1	제조지시서 #2	제조지시서 #3	제조지시서 #4
₩ 60,000	₩ 18,000	₩ 48,000	₩ 20,000

(4) 당월 제조간접비

제조간접비는 부문별계산을 하며, 직접작업시간법으로 배부한다.

부문별	제조부문비	직 접 작 업 시 간			
		제조지시서 #1	제조지시서 #2	제조지시서 #3	제조지시서 #4
절단부문비	₩ 45,000	300시간	250시간	200시간	150시간
조립부문비	₩ 36,000	200시간	200시간	100시간	100시간
계	₩ 81,000	500시간	450시간	300시간	250시간

원 가 계 산 표

비 목	제조지시서#1	제조지시서#2	제조지시서#3	제조지시서#4
월 초 재 공 품				
직 접 재 료 비				
직 접 노 무 비				
제 조 간 접 비				
절 단 부 문 비				
조 립 부 문 비				
합　　　　계				

재 공 품

제 품

06 다음 자료를 이용하여 제조지시서 #1, #2, #3의 원가계산표를 작성하고, 아래 계정에 기입하시오. 단, 제조지시서 #3은 미완성이다.

(1) 제조부문별 작업시간 및 예정배부율

부 문	제조지시서 #1	제조지시서 #2	제조지시서 #3	예정배부율
절단부문	150시간	100시간	80시간	@₩150
조립부문	120시간	100시간	50시간	@₩120

(2) 월중 직접재료비 및 직접노무비 발생액

구 분	직접재료비	직접노무비
제조지시서 #1	₩ 90,000	₩ 120,000
제조지시서 #2	65,000	85,000
제조지시서 #3	40,000	50,000

(3) 월중 제조간접비 실제발생액

재료비 ₩9,000 　　　　노무비 ₩27,000 　　　　제조경비 ₩45,000

(4) 부문비배부표에 기록된 제조간접비 실제배부액

제조부문 : 절단부문 ₩36,000 　　　조립부문 ₩30,000
보조부문 : 동력부문 　9,000 　　　수선부문 　6,000

(5) 보조부문비의 제조부문에의 배부액(보조부문비 배부표)

절단부문 : ₩10,500 　　　　　　조립부문 : ₩4,500

원 가 계 산 표

비 목	제조지시서#1	제조지시서#2	제조지시서#3
직 접 재 료 비			
직 접 노 무 비			
제 조 간 접 비			
절 단 부 문 비			
조 립 부 문 비			
합 계			

제 조 간 접 비

재 공 품

절 단 부 문 비

동 력 부 문 비

부 문 비 배 부 차 이

07 (주)백양공업사의 다음 원가계산표와 제계정의 (   )안에 알맞은 금액을 써 넣으시오. 단, 제조지시서 #3, #4는 미완성이고, 제조간접비 합계는 ₩240,000이며, 직접재료비법에 의하여 배부한다.

원 가 계 산 표

비　　　목	제조지시서#1	제조지시서#2	제조지시서#3	제조지시서#4
월 초 재 공 품	45,000	30,000	–	–
직 접 재 료 비	120,000	70,000	(　　　)	80,000
직 접 노 무 비	50,000	(　　　)	90,000	(　　　)
제 조 간 접 비	(　　　)	(　　　)	(　　　)	(　　　)
합　　　　계	(　　　)	(　　　)	(　　　)	(　　　)

재　　　　료

전 월 이 월	80,000	재　료　비	370,000
외상매입금	(　　　)	차 월 이 월	90,000
	(　　　)		460,000

재　　　료　　　비

(　　　)	(　　　)	(　　　)	(　　　)

재　　　공　　　품

전 월 이 월	(　　　)	제　　품	(　　　)
재　료　비	300,000	차 월 이 월	340,000
노　무　비	300,000		
제조간접비	(　　　)		
	(　　　)		(　　　)

노　　　무　　　비

현　　　금	310,000	전 월 이 월	20,000
차 월 이 월	85,000	제　　좌	(　　　)
	(　　　)		(　　　)

제　　　　품

전 월 이 월	40,000	매 출 원 가	(　　　)
(　　　)	(　　　)	차 월 이 월	35,000
	(　　　)		(　　　)

제7장 ...

종합원가계산

01 종합원가계산의 기초

01 종합원가계산의 의의

(1) 종합원가계산의 뜻

　서로 다른 제품을 주문에 의하여 생산하는 경우에는 개별 제품별로 원가를 계산하는 개별원가계산을 사용해야 한다. 그러나 정유업, 제분업, 제지업 등과 같이 성능, 규격 등이 동일한 종류의 제품을 연속적으로 대량생산하는 경우에는 원가계산의 대상이 되는 제품이 한 종류이므로 종합원가계산을 사용하는 것이다.

(2) 개별원가계산과 종합원가계산의 원가분류

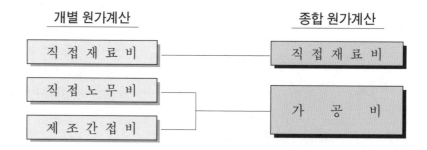

02 종합원가계산의 절차

(1) 일정기간 동안 발생한 총제조 비용을 집계한다.

(2) 당월 총제조 비용에 월초재공품원가를 가산하고, 이 합계액에서 월말재공품 원가를 차감하여 당월 제품제조원가를 산출한다.

　　당월제품제조원가 = (당월 총제조비용 + 월초재공품원가) − 월말재공품원가

(3) 당월제품제조원가를 당월 완성품수량으로 나누어 제품의 단위당원가를 계산한다.

$$제품의\ 단위당원가\ =\ \frac{당월제품제조원가}{당월완성품수량}$$

03 개별원가계산과 종합원가계산의 비교

구 분	개별원가계산	종합원가계산
① 생산형태	개별제품의 주문생산	동종제품의 연속대량생산
② 적용대상산업	건설업, 조선업, 항공업, 기계공업, 주문인쇄업, 주문가구제작업	정유업, 제분업, 철강업, 식품가공업, 제지업, 제화업, 화학공업, 양조업
③ 생산수량	주문에 의한 소량생산	생산계획에 따른 연속대량생산
④ 제조지시서 종류	특정제조지시서	계속제조지시서
⑤ 원가의 분류	직접비와 간접비의 구분이 중요하다.	직접재료비와 가공비의 구분이 중요하다.
⑥ 기말재공품의 평가	미완성된 작업의 작업원가표에 집계된 원가로 자동계산됨.	완성품과 기말재공품에 배분하는 절차가 필요하다.
⑦ 단위당 원가계산	완성된 작업의 작업원가표에 집계된 원가를 완성수량으로 나누어 계산한다.	일정기간(보통 1개월)동안의 완성품 제조원가를 완성품수량으로 나누어 계산한다.

04 개별원가계산과 종합원가계산의 장점과 단점

구 분	개별원가계산	종합원가계산
장 점	• 보다 정확한 원가계산이 가능 • 제품별로 손익분석 및 계산이 용이하다. • 제품별 작업원가표에 의해 효율성을 통제할 수 있고, 미래작업을 평가할 수 있다.	• 원가기록업무가 비교적 단순하여 경제적이다. • 전체적인 원가통제와 책임회계의 적용이 용이하다. • 제품별 회계기록에 소요되는 비용이 비교적 적다.
단 점	• 상세한 기록이 필요하므로 시간과 비용이 많이 소요된다. • 작업원가의 기록이 복잡하므로 오류가 발생할 가능성이 있다.	• 원가가 비교적 부정확하다. • 제품별로 손익비교가 어렵다. • 제품별로 제공하는 정보량이 적다.

05 완성품환산량(equiv alent units)

(1) **완 성 도** : 완성도란 공정에 투입되어 현재 생산 진행 중에 있는 제품이 어느 정도 완성되었는가를 나타내는 수치로서 50% 또는 80%와 같은 형태로 표현된다.

(2) **완성품 환산량** : 완성품 환산량이란 생산 활동에 투입한 모든 노력을 제품을 완성하는 데에만 투입하였더라면 완성되었을 완성품 수량으로 환산한 것을 말한다. 즉, 각 공정이나 부문에서 수행한 작업량을 기준으로 변형한 가상적인 수치를 말한다.

$$월초재공품\ 완성품환산량 = 월초재공품수량 \times 완성도$$
$$월말재공품\ 완성품환산량 = 월말재공품수량 \times 완성도$$

 ▶ 당월 중 처음으로 생산을 시작한 (주)설악의 다음 자료로 완성품 환산수량을 계산하시오.

    1. 당월 제조착수 수량　10,000개　　2. 당월 완성품 수량　8,000개
    3. 월말재공품 수량 2,000개(완성도 : 직접재료비 100%, 가공비 60%)

【 해설 】　(1) 직접재료비 완성품환산수량 : 8,000 + (2,000×100%) = 10,000개
　　　　　　(2) 가공비 완성품환산수량 : 8,000 + (2,000×60%) = 9,200개

06 월말재공품의 평가 방법

(1) **선입선출법**(first-in first-out method, FIFO) : 당월 이전에 이미 착수되어 가공중인 월초재공품을 당월 착수량보다 먼저 가공하여 완성시킨 후 당월 착수량을 가공하여 일부를 완성하고 나머지 일부는 월말재공품으로 만든다는 방법이다. 즉, 월초재공품원가와 당월 발생원가를 명확히 구분하여 당월완성품원가는 월초재공품원가 전부와 당월발생원가 중 일부로 구성되고 월말재공품원가는 당월발생원가로만 구성되어 있다고 가정하는 방법이다.

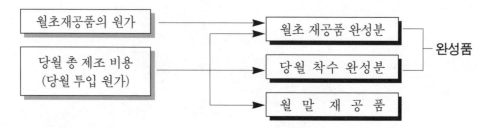

▶ 당월 완성품환산량
: 당월 완성품수량 − 월초재공품의 완성품환산량 + 월말재공품의 완성품환산량

※ 선입선출법을 사용하여 월말재공품 원가를 구하는 등식은 다음과 같다.

월말재공품 원가 = 월말재공품 직접재료비 ① + 월말재공품 가공비 ②

(가) 직접재료비의 완성품 환산량 단위당 원가 $= \dfrac{\text{당월 투입 직접 재료비}}{\text{직접재료비의 당월 완성품환산량}}$

(나) 가공비의 완성품 환산량 단위당 원가 $= \dfrac{\text{당월 투입 가공비}}{\text{가공비의 당월 완성품 환산량}}$

① 월말재공품 직접재료비 = 월말재공품의 직접재료비 완성품 환산량
      × 직접재료비의 완성품 환산량 단위당 원가

② 월말재공품 가공비 = 월말재공품의 가공비 완성품 환산량
      × 가공비의 완성품 환산량 단위당 원가

(2) **평균법**(average method) : 월초재공품이 당월 이전에 이미 가공 중임에도 불구하고 당월에 착수한 것으로 가정하는 것으로 월초재공품의 완성도를 무시하고 당월에 착수된 물량과 동일하게 간주하는 방법이다. 따라서 완성품환산량의 계산은 월초재공품수량과 당기 착수수량을 별도로 구분하지 않고 동일하게 취급하여 합하므로 이에 따른 월초재공품원가와 당월발생원가가 합계하여 완성품환산량 단위당 원가를 구하는 방법이다.

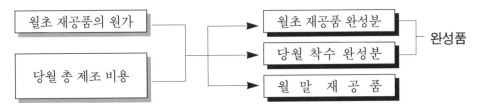

▶ 완성품 환산량 : 당월 완성품수량 + 월말재공품 완성품환산량

※ 평균법을 사용하여 월말재공품 원가를 구하는 등식은 다음과 같다.

$$월말재공품\ 원가 = 월말재공품\ 직접재료비\ ① + 월말재공품\ 가공비\ ②$$

(가) 직접재료비의 완성품 환산량 단위당 원가

$$= \frac{월초재공품\ 직접재료비\ +\ 당월\ 직접재료비\ 투입액}{직접재료비의\ 완성품\ 환산량}$$

(나) 가공비의 완성품 환산량 단위당 원가

$$= \frac{월초재공품\ 가공비\ +\ 당월\ 가공비\ 투입액}{가공비의\ 완성품\ 환산량}$$

① 월말재공품 직접재료비 = 월말재공품의 직접재료비 완성품 환산량
　　　　　　　　　　　　　 × 직접재료비의 완성품 환산량 단위당 원가

② 월말재공품 가공비 = 월말재공품의 가공비 완성품 환산량
　　　　　　　　　　　　 × 가공비의 완성품 환산량 단위당 원가

(3) 선입선출법과 평균법의 비교

구 분	선 입 선 출 법	평 균 법
원가계산 목적상	• 월초재공품과 당월 투입량을 명확하게 구분한다.	• 월초재공품을 당월 초에 투입한 것으로 인식한다.
완성품 환산수량	• 당월 완성품수량 　-월초재공품 완성품환산량 　+월말재공품 완성품환산량	• 당월 완성품수량 　+ 월말재공품 완성품환산량
원가배분대상	• 월초재공품원가는 전액 완성품원가에 포함되므로 당월 투입원가를 배분한다.	• 월초재공품과 당월 투입원가를 합한 총원가를 배분한다.
월말재공품의 구성	• 당월 투입원가로만 구성	• 당월총원가 중 일부로 구성

플러스Tip

▶ 월초재공품이 없다면 평균법과 선입선출법의 완성품환산량은 같지만, 월초재공품이 있다면 평균법에 의한 완성품환산량은 선입선출법에 의한 완성품환산량보다 월초재공품의 환산량만큼 항상 크다.

 ▶ 다음 자료에 의하여 선입선출법 및 평균법에 의하여 월말재공품 원가를 계산하시오. 단, 재료는 제조착수시에 전부 투입되고, 가공비는 제조진행에 따라 발생한다.

(1) 월 초 재 공 품
수량 3,000개(완성도 20%)
원가 ₩242,400(직접 재료비 ₩192,000, 가공비 ₩50,400)

(2) 당월 제조비용
직접 재료비 ₩720,000, 노무비 ₩872,000, 제조경비₩352,000

(3) 당월 작업보고 내용
완성품 수량 10,000개, 월말 재공품 수량 2,000개(완성도 40%)

선입선출법

(1) 완성품 환산량의 계산
① 직접재료비 : 10,000 − (3,000×100%) + (2,000개×100%) = 9,000개
② 가 공 비 : 10,000 − (3,000×20%) + (2,000개×40%) = 10,200개

(2) 완성품 환산량 단위당 원가

① 직접 재료비 : $\dfrac{720,000}{9,000개}$ = ₩80,   ② 가공비 : $\dfrac{1,224,000}{10,200개}$ = ₩120

(3) 월말 재공품 원가의 계산 (160,000 + 96,000 = 256,000)
① 직접재료비 : 2,000개 × 80 = 160,000
② 가 공 비 : 800개 × 120 = 96,000

평 균 법

(1) 완성품 환산량의 계산
① 직접재료비 : 10,000개 + (2,000×100%) = 12,000개
② 가 공 비 : 10,000개 + (2,000× 40%) = 10,800개

(2) 완성품 환산량 단위당 원가

① 직접 재료비 : $\dfrac{192,000+720,000}{12,000개}$ = ₩76,   ② 가공비 : $\dfrac{50,400+1,224,000}{10,800개}$ = ₩118

(3) 월말 재공품 원가의 계산 (152,000 + 94,400 = 246,400)
① 직접재료비 : 2,000개 × 76 = 152,000
② 가 공 비 : 800개 × 118 = 94,400

01 다음 (   ) 안에 알맞은 용어를 써 넣으시오.

(1) 한 종류의 제품을 대량 생산하는 기업에서 단위당 원가를 계산하기 위하여 사용하는 원가계산방법을 (   )이라 한다.

(2) 공정에 투입되어 현재 생산 진행중에 있는 제품의 완성 정도를 나타내는 수치를 (   )라 하며, 이는 원가 요소별로 (   )와 (   )로 나누어 파악한다.

(3) 완성품(   )이란 생산활동에 투입한 모든 노력을 제품을 완성하는 데에만 투입하였더라면 완성 가능한 완성품 수량으로 환산한 것이다.

(4) (   )은 먼저 제조에 착수된 것이 먼저 완성된다는 가정하에 월말재공품의 원가와 제품의 원가를 계산하는 방법이다.

(5) (   )은 당월 중에 완성된 제품은 그것이 월초재공품 완성분이든 당월 착수 완성분이든 구분하지 않고, 모두 당월에 착수되어 당월에 완성된 것으로 가정하여 원가계산을 하는 방법이다.

02 서울공업사의 다음 자료에 의하여 물음에 답하시오. 단, 선입선출법에 의하며, 직접재료비는 제조착수 시 전부 투입되고, 가공비는 제조진행에 따라 소비된다.

(1) 월 초 재 공 품 : 직접재료비   ₩ 180,000   가 공 비 ₩68,000
                  : 수량 600개(완성도 20%)
(2) 당월완성품수량 : 3,100개
(3) 월말재공품수량 : 500개(완성도 40%)
(4) 당 월 제 조 비 용 : 직접재료비 ₩ 1,050,000   가 공 비 ₩1,590,000

구 분		계 산 과 정	답 란
완성품환산량 의 계 산	직접재료비		개
	가 공 비		개
완성품환산량 단위원가계산	직접재료비		@₩
	가 공 비		@₩
월 말 재 공 품 원 가 의 계 산	직접재료비		₩
	가 공 비		₩
	합 계		₩
완 성 품 원 가			₩

03 다음 자료에 의하여 월말재공품원가를 평균법에 의하여 계산하시오. 단, 직접재료비는 제조착수 시에 전부 투입되고, 가공비는 제조진행에 따라 균등하게 소비된다.

(1) 월 초 재 공 품 : 직접재료비 ₩ 72,000　　　가 공 비 ₩ 48,000
(2) 당 월 소 비 액 : 직접재료비 288,000　　　가 공 비 240,000
(3) 당월완성품 수량 : 3,000개
(4) 월말재공품 수량 : 1,000개(완성도 60%)

구　　분		계　산　과　정	답　란
완성품환산량	직접재료비		개
의　계　산	가 공 비		개
완성품환산량	직접재료비		@₩
단위원가계산	가 공 비		@₩
월 말 재 공 품 원 가 의 계 산	직접재료비		₩
	가 공 비		₩
	합　　계		₩
완 성 품 원 가			₩
단 위 당 원 가			@₩

플러스Tip

1. 선입선출법은 월초재공품원가와 당월발생원가, 월초재공품환산량과 당월착수분환산량을 따로 구분하여 계산하므로 계산과정이 평균법보다 복잡하지만, 전월의 환산량단위당원가와 당월의 환산량 단위당원가가 서로 구분되므로 전월과 당월의 성과 평가시 유용한 정보를 제공하고 실제물량흐름과도 일치한다.
2. 평균법은 월초재공품원가와 당월발생원가를 따로 구분하지 않고 합산해 버리므로 선입선출법보다 계산은 간편하나 전월과 당월의 원가와 환산량을 혼합해 버리므로 원가계산의 정확성이 떨어지고 실제 물량흐름과도 다르다.
3. 이론적으로는 선입선출법이 평균법보다 우수한 방법이라고 할 수 있다.

02 단일종합원가계산

01 단일종합원가계산(single process costing)

얼음제조업, 소금제조업, 기와제조업 등과 같이 단 하나의 제조공정만을 가지고 있는 기업에서 사용하는 원가계산 방법이다.

02 단일종합원가계산의 절차

(1) 일정 기간동안 발생한 원가 총액을 집계한다.

(2) 당월 총 제조비용에 월초재공품원가를 가산하고, 이 합계액에서 월말재공품원가를 차감하여 당월 제품제조원가를 산출한다.

(3) 당월 제품 제조원가를 당월 완성품 수량으로 나누어 제품의 단위당 원가를 계산한다.

> (당월 총제조비용 + 월초재공품 원가) − 월말재공품 원가 = 당월 제품제조원가
> 당월 제품제조원가 ÷ 당월 완성품 수량 = 제품의 단위당 원가

03 단일종합원가계산의 기장 방법

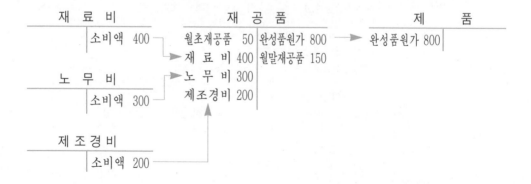

01 다음 원가자료에 의하여 단일종합원가계산표를 작성하고 아래의 계산 과정을 표시하시오.

【 원가자료 】

(1) 당월완성품 수량 : 800개
(2) 월말재공품 수량 : 400개(완성도 50%)
(3) 직접재료비는 제조착수시에 전부 투입되며 가공비는 제조진행에 따라 소비된다.
(4) 월말재공품의 평가는 평균법에 의한다.

단 일 종 합 원 가 계 산 표

적 요	직 접 재 료 비	가 공 비	합 계
재 료 비	2,150,000		( )
노 무 비		1,200,000	( )
제 조 경 비		365,000	( )
당 월 총 제 조 비 용	( )	( )	( )
월 초 재 공 품 원 가	250,000	130,000	380,000
합 계	( )	( )	( )
월 말 재 공 품 원 가	( )	( )	( )
당 월 제 품 제 조 원 가	( )	( )	( )
당 월 완 성 품 수 량	개	개	개
단 위 당 원 가	@₩	@₩	@₩

구 분		계 산 과 정	답 란
완 성 품 환 산	직접재료비		개
량 의 계 산	가 공 비		개
완성품환산량	직접재료비		@₩
단위원가계산	가 공 비		@₩
월 말 재 공 품	직접재료비		₩
	가 공 비		₩
원 가 의 계 산	합 계		₩

02 다음 원가자료에 의하여 단일종합원가계산표를 작성하시오.

【원가자료】

(1) 월초재공품 수량 : 1,000개(완성도 40%)
(2) 월말재공품 수량 :   500개(완성도 40%)
(3) 월말재공품의 평가는 선입선출법에 의하며, 직접재료비는 제조착수시에 전부 투입된다.

단 일 종 합 원 가 계 산 표

적 요	직접재료비	가 공 비	합 계
재 료 비	1,400,000		( )
노 무 비		491,000	( )
제 조 경 비		1,105,000	( )
당 월 총 제 조 비 용	( )	( )	( )
월 초 재 공 품 원 가	120,000	80,000	200,000
합 계	( )	( )	( )
월 말 재 공 품 원 가	( )	( )	( )
당 월 제 품 제 조 원 가	( )	( )	( )
당 월 완 성 품 수 량	4,000개	4,000개	4,000개
단위당원가 { 월 초 분	@₩ ( )	@₩ ( )	@₩ ( )
단위당원가 { 당월착수분	@₩ ( )	@₩ ( )	@₩ ( )

구 분		계 산 과 정	답 란
완 성 품 환 산	직접재료비		개
량 의 계 산	가 공 비		개
완성품환산량	직접재료비		@₩
단위원가계산	가 공 비		@₩
월 말 재 공 품 원 가 의 계 산	직접재료비		₩
월 말 재 공 품 원 가 의 계 산	가 공 비		₩
월 말 재 공 품 원 가 의 계 산	합 계		₩
완 성 품 원 가			₩
단 위 당 원 가	월 초 분		@₩
단 위 당 원 가	당월착수분		@₩

03 인천공업사의 다음 자료에 의하여 단일 종합원가계산표를 작성하고, 재공품 계정을 완성하시오. 단, 재료는 제조착수 시에 전부 투입되었으며, 월말재공품의 평가는 평균법에 의한다.

【 자료 】

(1) 월초재공품 중 직접재료비 ₩ 64,000
(2) 당월 제품 작업 보고
　　① 월초재공품 수량 : 800개
　　② 당월 착수 수량 : 10,000개
　　③ 월말 재공품 수량(각자 계산, 완성도 60%)

재 　 공 　 품

전 월 이 월	91,000	제　　품	(　　)
재 　 료 　 비	800,000	차 월 이 월	(　　)
노 　 무 　 비	(　　)		
제 조 경 비	250,000		
	(　　)		(　　)

단 일 종 합 원 가 계 산 표

적　　요	직 접 재 료 비	가 공 비	합　　계
월 초 재 공 품 원 가	(　　)	(　　)	(　　)
당 월 제 조 비 용	(　　)	493,000	(　　)
합　　　계	(　　)	(　　)	(　　)
월 말 재 공 품 원 가	(　　)	(　　)	(　　)
당 월 제 품 제 조 원 가	(　　)	(　　)	(　　)
당 월 완 성 품 수 량	9,800개	9,800개	9,800개
단 위 당 원 가	@₩	@₩	@₩

03 공정별 종합원가계산

01 **공정별 종합원가계산**(sequential process costing)

　　화학공업, 제지공업, 제당공업 등과 같이 여러 단계의 제조공정을 가지고 있는 기업에서 각 공정별로 종합원가계산을 하는데, 이러한 방법을 공정별 종합원가계산이라고 한다.

02 **공정별 종합원가계산의 절차**

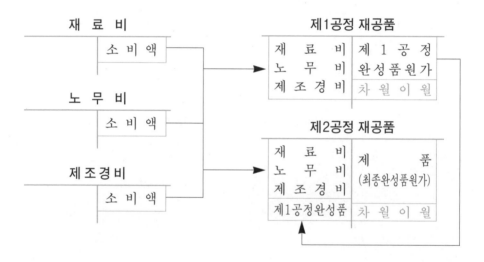

(1) 제1공정 완성품 원가

(차)	제2공정재공품	×××	(대)	제1공정재공품	×××

(2) 제2공정(최종공정) 완성품원가

(차)	제　　　품	×××	(대)	제2공정재공품	×××

03 반제품이 있는 경우의 기장

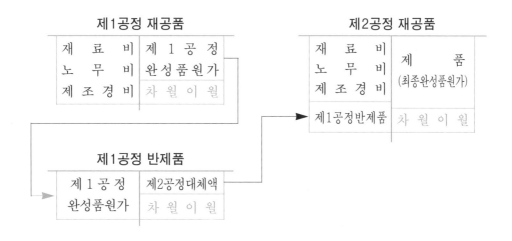

(1) 제1공정완성품을 제1공정반제품 계정에 대체

(차)	제1공정반제품	×××	(대)	제1공정재공품	×××

(2) 제1공정반제품 중 일부를 제2공정에 대체

(차)	제2공정재공품	×××	(대)	제1공정반제품	×××

(3) 제2공정완성품을 제품 계정에 대체

(차)	제품	×××	(대)	제2공정재공품	×××

01 다음 자료에 의하여 공정별 종합원가계산표를 완성하고, 계정에 전기하시오. 단, 제1공정 완성품은 전부 제2공정에 대체하며 제2공정이 최종 공정이다.

【자 료】

원가요소 \ 공정별	제 1 공 정	제 2 공 정
당 월 재 료 비	₩ 250,000	₩ 340,000
당 월 가 공 비	150,000	250,000
월 초 재 공 품	30,000	30,000
월 말 재 공 품	50,000	100,000
완 성 품 수 량	1,900개	1,500개

공 정 별 종 합 원 가 계 산 표

적 요	제 1 공 정	제 2 공 정	합 계
재 료 비			
가 공 비			
전 공 정 비			
당 월 총 제 조 비 용			
월 초 재 공 품 원 가			
합 계			
월 말 재 공 품 원 가			
당 월 제 품 제 조 원 가			
당 월 완 성 품 수 량	개	개	
단 위 당 원 가	@₩	@₩	

【완성품 원가분개】

(1) 제1공정 완성품 원가

(차)		(대)	

(2) 제2공정완성품원가

(차)		(대)	

제 1 공 정 재 공 품

제 2 공 정 재 공 품

 다음 자료에 의하여 공정별 종합원가계산표를 작성하시오. 단, 재공품 평가는 평균법에 의하고, 모든 원가요소는 제조진행에 따라 소비된다.

(1) 당월의 작업 상황

적 요	제 1 공 정	제 2 공 정
직 접 재 료 비	₩ 175,000	₩ 235,000
가 공 비	90,000	115,000
완 성 품 수 량	800개	1,000개
월말재공품 수량 및 원가	400개	75,000
완 성 도	50%	

(2) 월초재공품

적 요	제 1 공 정	제 2 공 정
직 접 재 료 비	₩ 30,000	₩ 25,000
가 공 비	10,000	17,500
전 공 정 비	―	20,000

(3) 제1공정 완성품은 즉시 제 2공정에 대체한다.

공 정 별 종 합 원 가 계 산 표

적 요	제 1 공 정	제 2 공 정	합 계
당 월 재 료 비			
당 월 가 공 비			
전 공 정 비			
당 월 총 제 조 비 용			
월 초 재 공 품 원 가			
합 계			
월 말 재 공 품 원 가			
당 월 제 품 제 조 원 가			
당 월 완 성 품 수 량	개	개	
단 위 당 원 가	@₩	@₩	

03 다음 자료에 의하여 공정별 종합원가계산표를 작성하시오. 단, 월말재공품의 평가는 평균법에 의하고, 원재료는 각 공정 제조 착수 시에 전부 투입된다.

(1) 당월의 작업 상황

적 요	제 1 공 정	제 2 공 정
직 접 재 료 비	₩ 122,400	₩ 140,000
가 공 비	104,000	152,000
완 성 품 수 량	3,600개	4,000개
월 말 재 공 품 수 량	800개	1,000개
완 성 도	50%	60%

(2) 월초재공품

적 요	제 1 공 정	제 2 공 정
직 접 재 료 비	₩ 9,600	₩ 20,000
가 공 비	16,000	32,000
전 공 정 비	—	24,000

플러스**Tip**

1. 본 문제는 차공정에 대체된 생산품의 원가계산에 대한 연습이다.
2. 전공정비는 공정 착수 시점에 전부 투입되는 직접재료비와 동일하게 인식하여 계산한다.

공 정 별 종 합 원 가 계 산 표

적 요	제 1 공 정	제 2 공 정	합 계
재 료 비			
가 공 비			
전 공 정 비			
당 월 총 제 조 비 용			
월 초 재 공 품 원 가			
합 계			
월 말 재 공 품 원 가			
당 월 제 품 제 조 원 가			
당 월 완 성 품 수 량	개	개	
단 위 당 원 가	@₩	@₩	

04 조별 종합원가계산

01 조별종합원가계산 (class costing)

식료품 제조업, 제과업, 통조림 제조업, 직물업 등과 같이 종류가 다른 제품을 연속적으로 대량생산하는 기업에서는 제품의 종류별로 조 또는 반을 설정하여 각 조별로 종합원가계산을 하는데, 이러한 방법을 조별(반별, 제품별)종합원가계산이라고 한다.

02 조별 종합원가계산의 절차

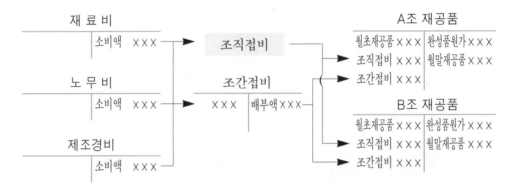

(1) 조간접비의 배부

(차)	A 조 재 공 품 B 조 재 공 품	××× ×××	(대)	조 간 접 비	×××

(2) 각 조의 제품이 완성되면

(차)	A 조 제 품 B 조 제 품	××× ×××	(대)	A 조 재 공 품 B 조 재 공 품	××× ×××

01 다음 자료에 의하여 조별종합원가계산표를 완성하시오.

【 자 료 】

(1) 조직접비

원 가 요 소	A 조	B 조	합 계
직 접 재 료 비	₩ 500,000	₩ 300,000	₩ 800,000
가 공 비	850,000	500,000	1,350,000

(2) 조간접비는 ₩400,000이며, 직접재료비법으로 배부한다.

(3) 월초재공품 : A조 ₩ 150,000　　　B조 ₩ 80,000

(4) 월말재공품 : A조　 180,000　　　B조　 130,000

(5) 완성품수량 : A조　 1,000개　　　B조　　 900개

조 별 종 합 원 가 계 산 표

적 요	A 조	B 조	합 계
조 직 접 비			
직 접 재 료 비			
가 공 비			
조 간 접 비 배 부 액			
당 월 총 제 조 비 용			
월 초 재 공 품 원 가			
합 계			
월 말 재 공 품 원 가			
당 월 제 품 제 조 원 가			
당 월 완 성 품 수 량	개	개	
단 위 당 원 가	@₩	@₩	

02 다음 원가자료에 의하여 조별종합원가계산표를 작성하고, 아래 계정에 기입한 후 완성품 분개를 하시오. 단, 조간접비는 ₩1,200,000으로 직접재료비를 기준으로 배부하며, 재공품의 평가는 평균법에 의한다.

【자료】

적　　　　요	A 조	B 조
조　직　접　비		
직　접　재　료　비	₩ 1,050,000	₩ 1,350,000
가　　공　　비	375,000	330,000
월　초　재　공　품　원　가		
직　접　재　료　비	₩ 255,000	₩ 210,000
가　　공　　비	195,000	195,000
월　말　재　공　품　원　가		
직　접　재　료　비	₩ 231,000	₩ 236,000
수　　　　　량	1,200개	1,000개
완　　성　　도	50%	50%
완　성　품　수　량	5,400개	3,500개

조 별 종 합 원 가 계 산 표

적　요	A 조	B 조	합　　계
조　직　접　비			
재　　료　　비	(　　　　)	(　　　　)	(　　　　)
가　　공　　비	(　　　　)	(　　　　)	(　　　　)
조 간 접 비 배 부 액	(　　　　)	(　　　　)	(　　　　)
당 월 총 제 조 비 용	(　　　　)	(　　　　)	(　　　　)
월　초　재　공　품			
재　　료　　비	(　　　　)	(　　　　)	(　　　　)
가　　공　　비	(　　　　)	(　　　　)	(　　　　)
합　　　　계	(　　　　)	(　　　　)	(　　　　)
월　말　재　공　품			
재　　료　　비	(　　　　)	(　　　　)	(　　　　)
가　　공　　비	(　　　　)	(　　　　)	(　　　　)
당 월 제 품 제 조 원 가	(　　　　)	(　　　　)	(　　　　)
당 월 완 성 품 수 량	개	개	
단　위　당　원　가	@₩	@₩	

A 조 재 공 품

A 조 제 품

B 조 재 공 품

B 조 제 품

【 완성품 원가분개 】

(차)		(대)	

05 등급별 종합원가계산

01 등급별 종합원가계산(grade costing)

제분업, 제화업, 양조업, 화학약품업 등과 같이 동일한 공정에서 동일한 재료를 사용하여 계속적으로 생산되는 동일한 종류의 제품으로 품질, 모양, 크기, 무게 등이 서로 다른 제품(등급품)을 생산하는 기업에서 등급품별로 종합원가계산을 하는데, 이러한 방법을 등급별 종합원가계산이라 한다.

02 등급별 종합원가계산의 절차

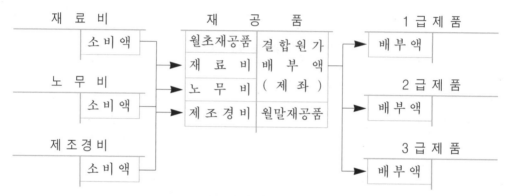

(1) 완성품 전체의 제조원가를 계산, 집계한다.
(2) 등가계수를 결정한다.
(3) 각 등급품의 완성품환산량을 계산하여 등가계수를 곱한다.
(4) 각 등급품의 제조원가와 단위당 제조원가를 계산한다.

03 결합 원가 배부 시

(차)	1 급 제 품	×××	(대) 재 공 품 ×××
	2 급 제 품	×××	
	3 급 제 품	×××	

▶ 등급품 중에서 생산량이나 가치면에서 다른 제품들에 비하여 중요성이 크게 떨어지는 제품이 있을 수 있는데, 이러한 제품을 부산물(By-Product)이라고 하고, 중요성이 큰 제품들을 주산물(Main Products)이라 한다. 예를 들어 정미업의 경우 쌀이 주산물이고, 쌀겨는 부산물이다. 부산물은 부차적으로 생산된다는 점에서 작업폐물과 유사하지만, 작업폐물은 원재료와 동질적인 파생물인데 비하여, 부산물은 이질적인 파생물이라는 점이 다르다. 부산물의 평가는 본서 p.102 '플러스 Tip'을 참고할 것.

01 다음 자료를 이용하여 판매가치법에 의한 등급별종합원가계산표를 작성하시오. 단, 등급품의 결합원가는 ₩5,200,000이다.

제 품 명	생 산 량	판매단가	합 계
1 급 제 품	2,000개	₩2,000	
2 급 제 품	1,000개	₩1,500	₩5,200,000
3 급 제 품	1,000개	₩1,000	

등 급 별 종 합 원 가 계 산 표

등 급	판매단가	생산량	총판매가치	배부율	결합원가배부액	단위당원가
1급 제품						@₩
2급 제품						@₩
3급 제품						@₩

재　　공　　품

전 월 이 월	300,000	[　　　　] (　　　　)	
재 료 비	2,500,000	차 월 이 월 (　　　　)	
노 무 비	1,500,000		
제 조 경 비	1,250,000		
(　　　　)		(　　　　)	

1 급 제 품

[　　　　] (　　　　)

2 급 제 품

[　　　　] (　　　　)

3 급 제 품

[　　　　] (　　　　)

02 다음 등급별 종합원가계산표와 각 계정을 완성하시오.

등 급 별 종 합 원 가 계 산 표

등 급	판매단가	생산량	총판매가치	배부율	결합원가배부액	단위당원가
A급제품	@₩200	300개	( )	( )	( )	( )
B급제품	( )	400개	64,000	( )	( )	( )
C급제품	120	( )	( )	( )	36,000	@₩180
			( )		( )	

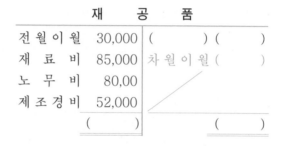

재 공 품

전 월 이 월	30,000	( )	( )
재 료 비	85,000	차 월 이 월 ( )	
노 무 비	80,00		
제 조 경 비	52,000		
	( )		( )

A 급 제 품

전 월 이 월	30,000	( )	( )
( )	( )	차 월 이 월	25,000
	( )		( )

03 다음 등급별 종합원가계산표를 완성하시오.

등 급 별 종 합 원 가 계 산 표

등 급	판매단가	생산량	총판매가치	배부율	결합원가배부액	단위당원가
1급제품	@₩2,400	200개	( )	( )	( )	( )
2급제품	( )	( )	480,000	( )	360,000	@₩1,200
3급제품	800	500개	( )	( )	( )	( )
			( )		( )	

06 결합(연산품)원가계산

01 결합(연산품)원가계산의 개념

(1) 동일한 공정에서 동일한 재료를 사용하여 두 종류 이상의 서로 다른 제품을 생산하는 경우에 이들 제품을 총칭하여 연산품 또는 결합제품이라 한다. 연산품의 예로는 정유업에서의 휘발유, 등유, 경유 등과 정육업에서의 뼈와 고기, 가죽 등이다.

(2) 연산품 중에서 생산량이나 가치면에서 중요성이 큰 제품은 주산물이라 하고, 중요성이 낮은 제품은 부산물이라 하는데, 정미업의 경우 쌀이 주산물이고, 쌀겨는 부산물이다. 부산물은 순실현가치(판매가격-추가가공원가)로 평가하여 주산물제조원가에서 차감할 수 있다.

(3) 연산품은 일정한 생산 단계에 도달하기 전에는 개별제품으로 식별되지 않으며, 분리점(split-off point)이후에야 비로소 개별제품으로 식별할 수 있다.

(4) 분리점에 도달하기 전까지 연산품을 생산하는 과정에서 발생한 모든 원가를 결합원가(joint costs)라 하며, 분리점 이후의 추가 가공과정에서 발생하는 원가를 추가가공비 또는 분리원가라 한다.

02 결합원가의 배부

개별제품의 원가를 계산하여 재고자산 금액을 결정하고, 제품별 성과평가도 하며 이를 외부에 보고하기 위한 목적으로 개별제품으로 분리되기 전까지의 결합원가를 집계하여 인위적인 방법인 판매가치법과 물량기준법에 의하여 결합원가를 배부한다.

(1) 판매가치법

연산품의 분리점에서의 판매가치를 기준으로 결합원가를 배부하는 방법이다.

① 상대적 판매가치법 : 분리점에서 판매가치를 알 수 있는 경우는 분리점에서 개별 연산품을 판매할 수 있으므로 단위당 판매가치를 신뢰성있게 측정 가능하므로 단위당 판매가격에 생산수량을 곱한 것이 배부기준이 된다.

② 순실현가치법 : 분리점 이후에 추가가공을 해야만 하는 연산품인 경우(즉, 분리점에서 판매가치를 모르는 경우)에는 판매가치를 추정하여야 하는데 이 때 추정판매가치는 순실현가능치라 하고, 이것은 개별제품의 최종판매가치에서 추가가공원가와 판매비를 차감한 금액을 결합원가의 배부기준으로 사용한다.

(2) 물량기준법

연산품의 분리점에서의 수량, 중량, 부피, 크기, 면적 등을 기준으로 결합원가를 배부하는 방법이다.

01 다음은 SK정유회사의 연산품에 관한 자료이다. 연산품원가계산표를 작성하시오.

연 산 품 원 가 계 산 표

등 급	판매단가	생산량	총판매가치	배부율	결합원가배부액	단위당원가
휘 발 유	200	3,000 ℓ				@₩
등 유	120	4,000				@₩
경 유	80	5,000				@₩
					1,184,000	

02 다음은 연산품 A. B. C를 생산하는 희망제약회사의 원가자료이다. 판매가치법에 의하여 연산품원가계산표를 작성하시오. 단, 연산품의 결합원가는 ₩1,250,0000이다.

제 품	생 산 량	추가가공후 최종판매단가	추가가공비
A 제 품	3,000개	₩400	₩240,000
B 제 품	4,000개	₩210	₩200,000
C 제 품	5,000개	₩110	₩150,000

연 산 품 원 가 계 산 표

제 품	추가 가공 후 최종판매가치 ①	추가가공비 ②	분리점에서의 판매가치 추정값 ③ = ① − ②	배부율 ④
제 품 A				
제 품 B				
제 품 C				
합 계				

결합원가 배부액 ⑤ = ₩1,250,000×④	총제조원가 ⑥ = ⑤ + ②	생 산 량 ⑦	단위당원가 ⑧ = ⑥ ÷ ⑦
			@₩
			@₩
			@₩

제8장...

재무제표

1. 재무제표

01 재무제표

01 재무제표(financial statement)

제조기업의 재무제표에는 상기업과 다를 바 없이 ① 재무상태표, ② 포괄손익계산서, ③ 현금흐름표, ④ 자본변동표, ⑤ 주석이 있으며, 다만 다른 점은 제조과정의 기록때문에 포괄손익계산서의 부속명세서로서 제조원가명세서가 있다.

02 제조원가명세서(statement of cost of goods manufactured)

제조원가명세서는 완성된 제품의 제조원가를 상세히 나타내기 위한 포괄손익계산서의 부속명세서로서, 재무상태표와 포괄손익계산서의 작성에 필요한 원가정보를 제공한다. 즉, 제조원가명세서는 포괄손익계산서에 표시되는 매출원가와 재무상태표에 표시되는 재료, 재공품, 제품 등의 재고자산 금액을 결정하기 위한 원가정보를 제공한다.

03 제조원가명세서 양식

제 조 원 가 명 세 서

과 목	금	액
재 료 비		
기 초 재 료 재 고 액	1,000	
당 기 재 료 매 입 액	5,000	
계	6,000	
기 말 재 료 재 고 액	1,500	4,500
노 무 비		
종 업 원 급 여	2,000	
퇴 직 급 여 원 가	1,000	3,000
경 비		
전 력 비	500	
가 스 수 도 비	800	
감 가 상 각 비	700	
수 선 비	400	
보 험 료	1,100	3,500
당 기 총 제 조 비 용		11,000
기 초 재 공 품 원 가		1,500
합 계		12,500
기 말 재 공 품 원 가		2,000
당 기 제 품 제 조 원 가		10,500

04 제조원가명세서 작성 시 주의사항

(1) 개별원가계산 제도를 채택하는 경우에 당기 총제조비용은 직접재료비, 직접노무비, 제조간접비로 구분하여 기입할 수 있다.

(2) 종업원급여에는 임금, 급료, 상여수당 등의 제조부에 속하는 금액을 합산하여 기입한다.

(3) 제조경비는 제조원가명세서에 경비의 항목으로 표시하고, 그 세부항목을 기재한다.

05 재무상태표 (statement of financial position)

상기업의 재무상태표에는 재고자산은 상품이지만, 제조기업의 경우에는 재료, 재공품, 제품 등 다양한 형태의 재고자산이 존재하며, 그 금액도 원가계산을 통하여 계산된다.

06 포괄손익계산서 (statement of comprehensive income)

포괄손익계산서를 작성하는 경우에 상기업의 매출원가는 외부에서 매입한 상품의 매입원가에서 계산되지만, 제조기업의 매출원가는 제품의 제조원가에서 산출된다. 또 상기업에서 상품, 당기상품매입액 등의 용어는 각각 제품, 당기제품제조원가 등으로 용어상의 차이가 있다.

상기업과 제조기업의 포괄손익계산서(기능별) 1구분 비교

포괄손익계산서	금	액 (상기업)	포괄손익계산서	금	액 (제조기업)
과 목	금	액	과 목	금	액
매 출 액		6,000	매 출 액		6,000
매 출 원 가		(3,500)	매 출 원 가		(3,500)
기초상품재고액	1,000		기초제품재고액	1,000	
당 기 매 입 액	4,000		당기제품제조원가	4,000	
기말상품재고액	(1,500)		기말제품재고액	(1,500)	
매 출 총 이 익		2,500	매 출 총 이 익		2,500

01 희망공업사의 다음 자료에 의하여 제조원가명세서를 작성하시오.

【자료】

(1) 재　　료 : 기초재료재고액　₩150,000　　당기재료매입액　₩1,500,000
　　　　　　　기말재료재고액　200,000

(2) 노 무 비 : 임금 및 제수당　650,000
　　　　　　　급　　　　료　200,000　(전액 제조부)
　　　　　　　퇴직급여원가　170,000　(전액 제조부)

(3) 제조경비 : 전　력　비　　80,000　　감 가 상 각 비　60,000
　　　　　　　수　선　비　　50,000　　보　험　료　70,000
　　　　　　　가 스 수 도 비　30,000　　외 주 가 공 비　130,000

(4) 재 공 품 : 기 초 재 고 액　250,000　　기 말 재 고 액　350,000

제 조 원 가 명 세 서

과　　　　목	금	액
재　　　　료　　비		
기 초 재 료 재 고 액		
당 기 재 료 매 입 액		
계		
기 말 재 료 재 고 액	(　　　　)	
노　　　　무　　비		
종 업 원 급 여		
퇴 직 급 여 원 가		
경　　　　비		
[　　　　]		
[　　　　]		
[　　　　]		
[　　　　]		
[　　　　]		
[　　　　]		
당 기 총 제 조 비 용		
기 초 재 공 품 원 가		
합　　계		
기 말 재 공 품 원 가	(　　　　)	
당 기 제 품 제 조 원 가		

 다음 서울공업사의 일부 계정잔액과 자료에 의하여 제조원가명세서와 (기능별)포괄손익계산서를 작성하시오.

잔 액 시 산 표

현 금	408,000	외상매입금	390,000
외상매출금	120,000	자 본 금	1,000,000
재 료	344,000	매 출	1,400,000
재 공 품	128,000	잡 이 익	100,000
제 품	150,000		
기 계 장 치	770,000		
종업원급여	460,000		
복리후생비	510,000		
	2,890,000		2,890,000

【 원가자료 】

(1) 기초재료재고액 : ₩ 120,000
(2) 기말재고액
   – 재 료 ₩ 150,000
   – 재 공 품 180,000
   – 제 품 160,000
(3) 기계장치 감가상각비 취득원가의 10%

(4) 비용의 기능별 분류

구 분	제조활동	판매관리활동	기 타
종 업 원 급 여	80%	20%	—
감 가 상 각 비	100%	—	—
복 리 후 생 비	20%	70%	10%

제 조 원 가 명 세 서

과 목	금 액

포 괄 손 익 계 산 서

과 목	금 액
매 출 액	
매 출 원 가	( )
기 초 제 품 재 고 액	
당 기 제 품 제 조 원 가	
기 말 제 품 재 고 액	( )
매 출 총 이 익	
판 매 비 와 관 리 비	( )
[　　　　]	
[　　　　]	
영 업 이 익	
기 타 수 익	
(　　　　)	
기 타 비 용	( )
[　　　　]	
당 기 순 이 익	

03 대한공업사의 다음 자료에 의하여 제조원가명세서, 포괄손익계산서(계정식 2구분), 재무상태표를 작성하시오. 단, 재료의 당기 매입액은 ₩380,000이다.

잔 액 시 산 표

차변	금액	대변	금액
현 금	650,000	외 상 매 입 금	450,000
당 좌 예 금	600,000	지 급 어 음	450,000
외 상 매 출 금	750,000	확 정 급 여 채 무	300,000
재 료	500,000	대 손 충 당 금	10,000
재 공 품	350,000	건물감가상각누계액	50,000
제 품	250,000	기계장치감가상각누계액	100,000
건 물	500,000	자 본 금	1,945,000
기 계 장 치	600,000	이 익 준 비 금	135,000
개 발 비	300,000	매 출	1,500,000
종 업 원 급 여	350,000	이 자 수 익	20,000
보 험 료	25,000	잡 이 익	10,000
전 력 비	15,000		
가 스 수 도 비	5,000		
수 선 비	20,000		
광 고 선 전 비	40,000		
이 자 비 용	15,000		
	4,970,000		4,970,000

【 기말정리사항 】

(1) 기말재고액 : 재료 ₩ 80,000 재공품 ₩250,000 제 품 ₩150,000
(2) 급 여 내 역 : 임금 ₩200,000 급 료 ₩120,000 상여수당 ₩ 30,000
(3) 대손충당금은 외상매출금 잔액의 2% 설정
(4) 감가상각비 계상(정률법) : 건물 5%, 기계장치 10%
(5) 확정급여채무 설정액 : ₩50,000
(6) 보험료 미경과액 : ₩5,000
(7) 전력비 미지급액 : ₩3,000
(8) 개발비 상각액 : ₩100,000
(9) 원가 배부율

비 목	제 조 활 동	판매 및 관리활동
급료, 보험료, 건물감가상각비	50%	50%
퇴직급여, 상여수당	70%	30%
전력비, 수선비, 가스수도비	80%	20%

제조원가명세서

과 목	금 액

포괄손익계산서

재 무 상 태 표

자 산	금 액	부 채 · 자 본	금 액

 한국공업사의 다음 자료에 의하여 제조원가명세서와 포괄손익계산서(2구분)를 작성하시오.

【자료 1】 당기 작업 현황

(1) 기초 및 기말 재고액

구 분	기 초	기 말
재 료	₩ 140,000	₩ 100,000
재 공 품	200,000	수량 400개(완성도 50%)
제 품	240,000	₩ 250,000

(2) 당기 완성품 수량 800개

(3) 기말재공품의 평가는 평균법에 의하고, 모든 원가요소는 제조진행에 따라 소비된다.

【자료 2】 당기 중 거래 내역

제 품 매 출 액 ₩1,300,000	재 료 매 입 액 ₩400,000	임 금 지 급 액 ₩240,000
제 조 경 비 60,000	판매비와관리비 300,000	배 당 금 수 익 120,000
이 자 비 용 15,000	기 부 금 5,000	유형자산처분손실 10,000
당기임금미지급액 65,000	제조경비선급액 5,000	

제 조 원 가 명 세 서

과 목	금 액

포 괄 손 익 계 산 서

제9장...

영역별 객관식 문제

※ 영역별 객관식 문제
※ 직업기초능력평가 문제

【 출제 빈도 표시 기호 】

★ ·· 1회 출제
★★ ·· 2회 출제
★★★ ······································· 3회이상 출제

　각 영역별로 가장 기본적인 객관식 문제를 구성하였다. 최근 기출문제(2000년부터 2022년 상시 검정까지) 중 출제 가능성이 있는 문제만을 엄선하여 수록하였다.
　각 영역의 심화문제는 단원별(8절) 원가회계와 모의고사 문제집에서 보충하면 되리라 본다.

01 원가회계와 관리회계의 비교

1장 · 원가의 기초

1. 원가회계를 설명한 것으로 가장 옳은 것은? ★

① 상기업과 제조기업에서 일어나는 모든 거래를 회계처리하는 것
② 제품 또는 용역을 생산하기 위하여 소비된 원가를 기록, 계산, 집계하여 원가에 대한 정보를 제공하는 것
③ 재료와 제경비를 투자하여 생산된 제품을 판매하는 과정을 회계처리하는 것
④ 판매한 상품의 매출총이익을 계산하는 과정

2. 원가회계의 주요 목적으로 가장 거리가 먼 것은? ★★★

① 재무제표 작성에 필요한 제품제조원가의 계산
② 원가절감에 대한 유용한 정보 제공
③ 투자자에게 합리적인 의사결정에 유용한 정보의 제공
④ 경영자들의 각종 의사결정과 계획수립 및 통제에 필요한 자료의 제공

3. 원가회계의 특징은? ★★

① 보고 기간은 보통 1년 또는 6개월이다.
② 수익창출을 위하여 소비되는 경제가치는 비용으로 계상된다.
③ 원가계산과 관련된 집합계정이 많이 설정된다.
④ 결산 이외에는 대체 기입이 거의 없다.

4. 원가관리회계에 관한 설명 중 가장 거리가 먼 항목은? ★

① 제품원가계산을 위한 원가정보를 제공한다.
② 경영계획수립과 통제를 위한 원가정보를 제공한다.
③ 예산과 실제 간의 차이분석을 위한 원가정보를 제공한다.
④ 외부 이해관계자들에게 기업분석을 위한 원가정보를 제공한다.

5. 원가회계의 목적으로 적합하지 않은 것은? ★★

① 재고자산의 평가   ② 매출원가의 계산
③ 제품원가의 통제   ④ 매출액의 계산

6. 원가회계의 목적으로 옳지 않은 것은? ★★★

① 성과의 측정과 평가를 위한 정보의 제공
② 원가의 관리와 통제의 목적
③ 기업회계의 장부기장의 목적
④ 제품원가의 계산

7. 경영자가 조직의 희소한 자원을 효율적으로 활용하기 위하여 계획수립, 집행,
감독, 통제 등의 기능을 수행하는데 필요한 정보를 제공하고 있는 회계분야는?
★★

① 회계원리   ② 세무회계
③ 관리회계   ④ 재무회계

8. 원가회계의 역할이 제품 가격결정을 위한 기초자료를 제공하는데 있다는 해석
은 누구의 정보수요를 충족시키는 것이 주된 목적인가? ★★★

① 주주   ② 규제기관
③ 외부이용자   ④ 내부이용자

9. 재무회계와 관리회계와의 차이점에 관한 내용들이다. 그 내용이 맞지 않은 것
은? ★★

① 재무회계는 목적적합성을 강조하고, 관리회계는 검증가능성을 강조한다.
② 재무회계는 외부보고 목적을 강조한 반면, 관리회계는 내부 보고 목적을
  강조한다.
③ 재무회계는 기업 전반에 초점을 맞춘 반면, 관리회계는 조직의 부문에 초
  점을둔다.
④ 재무회계는 과거지향적이며, 관리회계는 미래지향적이다.

10. 다음 표의 (가)~(라)에 들어갈 내용으로 옳은 것은? ★

구분	(가)	(나)
목적	외부보고 목적	내부관리목적
정보전달수단	재무제표 (일정기준 있음)	특수목적보고서 (일정기준 없음)
원가회계와의 관련성	(다)	(라)

① (가) 재무회계   (나) 관리회계   (다) 원가계산   (라) 계획, 통제
② (가) 재무회계   (나) 관리회계   (다) 계획, 통제   (라) 원가계산
③ (가) 관리회계   (나) 재무회계   (다) 원가계산   (라) 계획, 통제
④ (가) 관리회계   (나) 재무회계   (다) 계획, 통제   (라) 원가계산

11. 원가회계에서 구매과정에 해당하는 것으로 옳은 것은? ★

① 제품 ₩80,000을 현금을 받고 매출하다.
② 제품제조를 위하여 재료 ₩20,000을 공장에 출고하다.
③ 외상으로 매출한 제품 ₩1,000이 반품되어 오다.
④ 종업원임금 ₩60,000을 현금으로 지급하다.

12. 원가회계의 목적으로 볼 수 없는 것은? ★★

① 고객의 욕구 파악
② 제조원가의 통제
③ 제품의 판매가격 결정
④ 정확한 기간손익의 파악

13. 기업 내부에서의 거래에 속하는 것은?

① 재료 ₩200,000을 제조공장에 출고하다.
② 재료 ₩30,000을 외상으로 구입하다.
③ 매입재료 중 ₩10,000을 매입처에 반품하다.
④ 제품 ₩50,000을 판매하다.

14. 경영진은 실제로 발생한 원가와 생산하기 전 예정원가와 비교함으로써 절약과 낭비, 능률과 비능률이 어느 부서에서 발생하였는지 알게 되고 나아갈 개선책을 마련한다. 이와 가장 밀접한 관계가 있는 것은? ★★

① 원가통제
② 포괄손익계산서 작성
③ 재무상태표 작성
④ 신용의사 결정

02 원가의 개념과 분류

1. 원가(cost)의 특성에 대한 설명이다. 잘못된 것은? ★★★

① 원가는 그 발생한 기간에 비용화한다.
② 원가는 급부창출 과정에서 발생하는 경제적 가치의 소비이다.
③ 원가는 정상적인 경영활동을 전제로 한다.
④ 원가는 과거뿐만 아니라 미래를 대상으로도 계산할 수 있다.

2. 원가의 개념에 대한 설명 중 틀린 것은? ★★★

① 원가란 재화나 용역을 생산하는 과정에서 소비되는 모든 경제적 가치를 말한다.
② 특정제품 또는 특정부문에 직접적으로 추적 가능한 원가를 직접비라 하고, 추적 불가능한 원가를 간접비라 한다.
③ 재공품이란 제조과정 중에 있는 미완성제품을 말한다.
④ 가공비란 직접재료비와 직접노무비를 합계한 원가를 말한다.

3. 원가의 특성이라고 볼 수 없는 것은? ★

① 제조과정에서 소비된 것 중 경제적 가치가 있는 요소만이 원가가 될 수 있다.
② 경영 목적인 제품의 제조 및 판매와 직접 관련되어 발생한 것이어야 원가가 될 수 있다.
③ 제조과정에서 정상적으로 발생한 재료 감모손실이나 공장경비원의 급여 등도 원가에 포함된다.
④ 기업의 수익획득 활동에 필요한 공장용 토지나 서비스를 단순히 구입하는 것만으로 원가가 된다.

4. 제조원가에 속하지 않는 항목이 포함된 것은? ★★★

① 공장 일용근로자 인건비, 공장 감독자에 대한 급여
② 재료비, 기계감가상각비
③ 전기 사용료, 공장 소모품비, 공장근로자의 국민연금 회사부담분
④ 광고선전비, 사장에게 지급되는 급여, 공장장의 접대비

5. 원가항목이 아닌 것은? ★★★

① 파업기간의 임금　　　　② 재료비
③ 공장소모품비　　　　　　④ 공장경비원 임금

6. 원가항목에 속하는 것은?

① 파업기간의 임금　　　　② 화재로 인한 제품손실
③ 차입금에 대한 이자　　　④ 기계감가상각비

7. 원가발생형태에 따른 원가의 3요소가 아닌 것은? ★★★

① 노무비　　　　　　　　　② 재료비
③ 제조경비　　　　　　　　④ 고정비

8. 기본원가(기초원가)에 대한 설명으로 맞는 것은? ★★★

① 제품생산에 발생한 모든 제조원가
② 직접재료비와 직접노무비를 제외한 모든 제조원가
③ 직접제조원가와 간접제조원가의 합계
④ 직접재료비와 직접노무비의 합계

9. 가공비(전환원가)에 대한 설명 중 가장 올바른 것은? ★★

① 직접원가를 제외한 모든 원가
② 직접노무비와 제조간접비 합계를 말한다.
③ 직접재료비와 제조간접비 합계를 말한다.
④ 제품의 판매에 대한 원가를 말한다.

10. 기본원가와 가공비에 공통적으로 속하는 항목은? ★

① 직접재료비　　　　　　　② 직접노무비
③ 변동제조간접비　　　　　④ 고정제조간접비

11. 다음과 같은 원가에 대한 설명 중 밑줄 친 부분에 대한 원가분류에 해당하는 것을 <보기>에서 있는 대로 고른 것은? ★★

<원 가>
제조기업이 재화나 용역을 생산하기 위해서 투입하여 소비되는 일체의 경제적 가치, 즉 제품을 생산하는 데 사용된 <u>원재료, 노동력,</u> 기계나 건물 등의 생산설비 및 용역 등의 소비액 전부를 말한다.

<보 기>
가. 재료비　　　　나. 노무비　　　　다. 고정비　　　　라. 경비

① 가, 나　　　　② 가, 나, 다　　　　③ 가, 다　　　　④ 나, 다, 라

12. 다음 자료에서 기초원가와 가공비(가공원가) 양쪽 모두에 해당하는 금액은 얼마인가? ★★★

| • 직접재료비 | 300,000원 | • 직접노무비 | 400,000원 |
| • 변동제조간접비 | 200,000원 | • 고정제조간접비 | 150,000원 |

① 350,000원　　　② 400,000원　　　③ 450,000원　　　④ 500,000원

13. 원가의 분류 중 옳지 않은 것은? ★★

① 원가의 형태별 분류 : 재료비, 노무비, 제조경비
② 원가의 행태별 분류 : 변동비, 고정비
③ 원가의 추적가능성에 따른 분류 : 통제가능원가, 통제불능원가
④ 원가의 자산화에 따른 분류 : 제품원가(재고가능원가), 기간원가(비용)

14. 미소멸원가에 해당하지 않은 것은? ★★★

① 기말재공품에 포함된 노무비　　　② 원재료 미사용액
③ 재고자산으로 남아 있는 제품　　　④ 제품 매출에 따른 매출원가

15. 장난감 제조회사의 판매 부서에서 사용하고 있는 컴퓨터에 대한 감가상각비의 분류 방법으로 타당한 것은? ★★★

① 고정비이며 제품 원가
② 고정비이며 기간 비용
③ 컴퓨터를 교환할 때를 대비하여 자금을 모아두는 자산 계정
④ 컴퓨터를 교환할 때 이루어질 자금 지출을 대비한 부채 계정

16. 원가를 역사적 원가와 예정 원가로 분류하는 기준으로 옳은 것은?

① 발생시점에 따른 분류
② 소멸여부에 따른 분류
③ 원가행태에 따른 분류
④ 통제가능 여부에 따른 분류

17. 다음과 같은 특징을 갖는 원가의 분류에 해당하는 항목으로 옳은 것은? ★

> • 재무상태표에 자산으로 표시된다.
> • 미소멸원가에 해당한다.
> • 미래의 수익 창출을 위해 사용될 원가이다.

① 원재료
② 보조재료비
③ 공장감독자급여
④ 임차료

18. 다음 원가에 대한 설명 중 옳은 것을 모두 고른 것은? ★★

> 가. 혼합원가는 직접원가와 간접원가가 혼합된 형태의 원가이다.
> 나. 고정원가는 관련범위내 조업도가 증가할 때 증가하지 않는다.
> 다. 기본원가는 직접재료비와 직접노무비를 말한다.
> 라. 가공원가는 직접노무비와 간접노무비를 말한다.

① 가, 다
② 나, 라
③ 가, 라
④ 나, 다

19. 고정비에 관한 설명이 옳지 않은 것은?

① 생산량이 증가하면 제품의 단위당 고정비는 점점 작아진다.
② 고정비의 비율이 큰 기업은 대량생산을 통해 많은 이익을 얻게 된다.
③ 조업도의 증감에 따라 총액이 증감하는 원가이다.
④ 공장건물의 감가상각비, 재산세, 임차료등이 이에 속한다.

20. 변동비에 대한 설명으로 옳은 것은?

① 제품생산에 발생하는 모든 원가
② 특정계층의 경영자가 주의를 기울인 정도에 따라 발생하는 원가
③ 생산설비 이용도가 조금만 변화해도 그 총액이 항상 즉각적으로 변동하
   는 모든 원가
④ 특정기간 및 관련범위 내에서 총액은 변동하지 않으나 조업도의 증감에
   따라 단위당 원가는 점차 감소하는 원가

21. 변동원가로 분류되지 않는 항목은? ★★

① 직접재료비   ② 직접노무비
③ 기본원가   ④ 전환원가

22. 변동비에 해당하지 않는 것은? ★★★

① 직접재료비   ② 직접노무비
③ 동력비 및 소모품비   ④ 정액법을 이용한 기계감가상각비

23. 조업도가 증가함에 따라 변동원가와 고정원가의 형태를 바르게 나타낸 항
목은? ★★★

		단위당원가	총원가
①	변동원가	불 변	증 가
②	변동원가	감 소	불 변
③	고정원가	불 변	불 변
④	고정원가	불 변	감 소

24. 변동원가에 대한 설명으로 틀린 것은? ★★

① 조업도가 증가해도 단위당 원가는 변함이 없다.
② 직접재료비는 대표적인 변동원가이다.
③ 변동원가는 일반적으로 단위당 변동원가에 조업도를 곱하여 계산한다.
④ 조업도가 증가하면 총원가는 일정하다.

25. 원가회계에 있어 고정비와 변동비에 대한 설명 중 옳은 것은? ★★★

① 고정비는 관련범위 내에서 조업도가 증가하면 증가한다.
② 변동비는 관련범위 내에서 조업도가 증가하면 일정하다.
③ 고정비는 관련범위 내에서 조업도가 증가하면 단위당 고정비가 감소한다.
④ 변동비는 관련범위 내에서 조업도가 증가하면 단위당 변동비가 증가한다.

26. 고정비에 해당하는 것은? ★

① 동력비   ② 시간급임금
③ 공장건물 임차료   ④ 부재료비

27. 조업도의 증감에 관계없이 일정한 범위의 조업도 내에서 그 총액이 항상 일정하게 발생하는 원가요소는? ★

① 수도광열비   ② 전력비
③ 동력비   ④ 화재보험료

28. 원가를 통제가능성에 따라 분류하는 경우 통제가능원가에 직접적으로 영향을 미치는 요인은?

① 특정계층의 경영진   ② 생산량
③ 경영활동의 변화   ④ 판매실적

29. 단기적인 관점에서 통제가능원가에 속하는 것은? ★★★

① 공장건물의 임차료   ② 직접재료 소비액
③ 기계장치 감가상각비   ④ 공장건물의 보험료

30. 원가는 통제가능성에 따라 통제가능원가와 통제불가능원가로 분류한다. 옳지 않은 것은?　★★

① 통제가능하다고 하는 것은 경영자가 원가 발생액을 통제할 수 있는 재량권을 갖고 있음을 의미한다.
② 관리계층에 따라 동일한 원가에 대한 통제가능성이 달라지지는 않는다.
③ 특정 과거에 이루어 진 의사결정에 의해서 발생하는 감가상각비와 같은 비용은 이미 정해져 있거나, 이미 발생한 원가로서 경영자가 이를 통제할 수 없으므로 통제 불가능한 원가이다.
④ 특정 부문 내에서 발생하는 원가를 통제가능원가와 통제불가능원가로 분류하여 통제가능원가를 기준으로 특정 부문 경영자의 성과를 평가하여야 한다.

31. 다음은 서울회사의 1월 중 발생한 원가에 대한 자료이다. 이 자료를 이용하여 1월 중의 직접원가와 총제조원가를 계산하면?　★★★

직 접 재 료 비	₩60,000	기계장치감가상각비	₩30,000
직 접 노 무 비	20,000	공장건물감가상각비	15,000
공 장 감 독 자 급 료	30,000	공장건물화재보험료	5,000
판　　매　　비	10,000		

① 직접원가 ₩80,000　총제조원가 ₩170,000
② 직접원가 ₩80,000　총제조원가 ₩ 80,000
③ 직접원가 ₩90,000　총제조원가 ₩ 80,000
④ 직접원가 ₩80,000　총제조원가 ₩160,000

32. (주)대한공업의 다음 자료에 의하여 가공원가와 판매가격을 계산한 것으로 옳은 것은?　★★★

| 가. 직접재료원가 : ₩200,000 |
| 나. 직접노무원가 : ₩500,000 |
| 다. 제조간접원가 : 변동제조간접원가 ₩250,000 |
| 　　　　　　　　　고동제조간접원가 ₩100,000 |
| 라. 본사 건물 임차료 ₩50,000 |
| 마. 기대 이익은 판매원가의 30%이다. |

	가공원가	판매가격		가공원가	판매가격
①	₩700,000	₩1,235,000	②	₩850,000	₩1,365,000
③	₩850,000	₩1,430,000	④	₩950,000	₩1,430,000

33. 다음 중 판매원가에 대한 설명으로 옳은 것은? ★

① 제품생산을 위하여 발생된 모든 원가를 말한다.
② 직접노무비와 제조간접비를 합계한 원가이다.
③ 직접재료비와 직접노무비를 합계한 원가이다.
④ 제조원가와 판매비 및 관리비를 모두 합계한 원가이다.

34. 다음에서 설명하고 있는 원가행태는 무엇인가? ★

> 전력비의 원가행태는 사용량과 무관하게 납부하는 기본요금과 조업
> 도(사용량)가 증가함에따라 납부해야 할 금액이 비례적으로 증가하는
> 추가요금으로 구성되어 있다.

① 변동비(변동원가)　　　　② 고정비(고정원가)
③ 준변동비(준변동원가)　　④ 준고정비(준고정원가)

35. 판매(총)원가에 속하지 않는 것은 무엇인가? ★★★

① 제조원가　　　　　　　② 판매원의 급여
③ 포장 및 운반비　　　　④ 판매이익

36. 원가분류 중 수익과 대응되는 발생시점을 기준으로 한 분류로 옳은 것은? ★

① 재고가능원가와 기간원가　　② 직접원가와 간접원가
③ 역사적원가와 예정원가　　　④ 기초원가와 전환원가

37. 제조활동과의 관련성에 따른 원가의 분류로 옳지 않은 것은? ★★

① 판매비와 관리비는 비제조원가이다.
② 제품의 생산과 관련된 원가는 제조원가이다.
③ 직접재료비와 직접노무비를 제외한 제조원가는 제조간접비이다.
④ 제조간접비는 간접노무비와 기타 제조원가로 구성된다.

38. 판매가격에는 판매이익이 총원가의 30%가 포함되어 있고, 판매비와관리비가 제조원가의 20%라면, 제조원가는 얼마인가? ★

판매비와 관리비	판 매 이 익	판 매 가 격
제 조 원 가	판 매 원 가	₩1,014,000

① ₩780,000   ② ₩845,000

③ ₩650,000   ④ ₩704,000

39. 다음의 자료에서 제조간접비는 얼마인가? ★★★

- 직접재료비   ₩300,000
- 직접노무비   ₩200,000
- 제조간접비   ₩ ?
- 제조원가는 직접재료비, 직접노무비, 제조간접비로 구성되어 있다.
- 판매비와관리비는 제조원가의 20%이다.
- 판매이익은 판매원가의 20%이다.
- 판매가격은 ₩1,152,000이다.

① ₩960,000   ② ₩800,000

③ ₩300,000   ④ ₩460,000

40. 다음 그래프는 원가와 조업도와의 관계를 나타낸 것이다. 이에 해당하는 발생 원가로 옳은 것은? ★★★

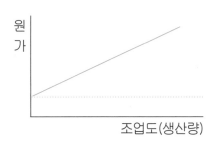

① 직접노무비   ② 공정 건물 임차료

③ 전기, 가스, 수도료   ④ 기계장치 감가상각비

41. 원가에 대한 설명 중 틀린 것은? ★★★

① 기발생원가(매몰원가)는 의사결정시점 이전에 이미 발생된 원가로서 비관련원가이다.
② 제조원가의 형태별 분류에서 직접노무비는 기본원가와 전환원가에 포함된다.
③ 모든 현금지출액은 관련원가이다.
④ 변동비는 조업도의 증감에 따라 총액이 비례적으로 발생하는 원가를 말한다.

42. 제품(제조)원가에 대한 설명 중 옳은 것은? ★★★

① 제품원가는 생산이 완료되었을 때 수익으로부터 차감된다.
② 제품원가는 생산요소에 대한 지출이 이루어진 때 수익으로부터 차감된다.
③ 판매되지 않은 완성품과 재공품 관련 제품원가는 재무상태표에 자산으로 기록된다.
④ 제품원가는 제품이 판매되어야 재무제표상에 기록된다.

43. 미래에 경제적 효익을 창출할 것으로 기대되는 자원을 자산이라고 한다. 재무상태표 상에 자산으로 계상되는 원가를 무엇이라고 하는가? ★★★

① 관리가능원가   ② 현금지출원가
③ 미소멸원가   ④ 기초원가

44. 기초원가(prime cost)는 ₩100,000, 가공원가(conversion cost)는 ₩80,0000이다. 직접재료비가 ₩40,000이라면, 제조간접비는 얼마인가? ★★

① ₩60,000   ② ₩40,000
③ ₩30,000   ④ ₩20,000

45. 혼합원가 또는 준변동원가에 대한 설명으로 틀린 것은? ★

① 직접원가와 간접원가가 혼합된 형태의 원가이다.
② 조업도가 증가할 때 혼합원가의 총원가는 증가한다.
③ 조업도가 증가할 때 혼합원가의 단위당 원가는 감소한다.
④ 전기요금은 일반적으로 기본요금과 사용량에 따른 요금으로 구성되므로 혼합원가에 속한다.

46. 공장에 설치하여 사용하던 기계가 고장이 나서 처분하려고 한다. 취득원가는 1,000,000원이며 고장시점까지의 감가상각누계액은 200,000원이다. 동 기계를 바로 처분하는 경우 500,000원을 받을 수 있으며 100,000원의 수리비를 들여 수리하는 경우 700,000원을 받을 수 있다. 이때 매몰원가는 얼마인가? ★★

① ₩100,000   ② ₩800,000

③ ₩700,000   ④ ₩500,000

47. 준고정(계단)원가에 대한 설명으로 옳은 것은? 단, 조업도 이외의 다른 조건은 일정하다고 가정한다.

① 조업도와 관계없이 단위당 원가는 항상 일정하다.

② 일정 조업도 범위 내에서는 조업도의 변동에 정비례하여 총원가가 변동한다.

③ 일정 조업도 범위 내에서는 총원가가 일정하지만, 일정 조업도 범위를 초과하면 총원가가 일정액만큼 증가한다.

④ 일정 조업도 범위 내에서는 조업도의 변동에 관계없이 총원가가 일정하므로, 단위당 원가는 조업도의 증가에 따라 증가한다.

48. 다음과 같은 원가에 산입되는 것만을 보기에서 있는 대로 고른 것은? ★★

〈 원 가 〉

제품이 제조되어 판매 가능한 상태에 이르기까지 일체의 원가요소가 포함된 것으로 제품의 판매가격을 결정하는 기초자료가 되며, 판매원가라고도 한다.

〈 보 기 〉

가. 재료 ₩1,000을 분실하다.

나. 보험료 선급액 ₩1,000을 계상하다.

다. 공장 사무원의 출장 여비 ₩1,000을 현금으로 지급하다.

라. 종업원의 이달 분 급여 ₩1,000을 현금으로 지급하다.

① 가, 나   ② 나, 다

③ 다, 라   ④ 가, 라

49. 원가에 대한 설명 중 틀린 것은?

① 직접재료비, 직접노무비는 기초원가에 해당한다.
② 제품생산량이 증가함에 따라 단위당 고정비는 감소한다.
③ 변동비총액은 조업도에 비례하여 증가하게 된다.
④ 매몰원가는 현재의 의사결정에 반드시 고려되어야 한다.

50. 직접노무비는 어느 원가에 해당하는가?

	기본원가	가공비	제품원가	기간비용
①	예	예	예	아니오
②	예	아니오	예	아니오
③	예	아니오	예	예
④	아니오	예	예	아니오

51. 경영자의 의사결정을 위한 원가분류이다. 성격이 다른 하나는? ★★

① 관련원가   ② 회피가능원가
③ 기회원가   ④ 제품원가

52. 원가의 개념에 대한 설명으로 가장 틀린 것은?

① 매몰원가는 과거에 발생한 원가로서 의사결정에 고려되지 않는 원가를 말한다.
② 기회원가는 여러 대안에 대한 의사결정을 하였을 때, 선택하지 않은 대안 중 차선의 대안에 대한 기대치이다.
③ 비관련원가는 의사결정과 관련이 없는 원가로서 여러 대안 간에 금액의 차이가 없는 미래원가를 말한다.
④ 특정 제품에만 투입되는 원재료의 원가는 직접원가에 해당한다.

53. 원가와 의사결정과의 관련성에 대한 설명으로 적절하지 않은 것은? ★

① 과거에 발생한 원가도 미래의 의사결정 과정에 고려할 필요가 있다.
② 매몰원가는 과거의 의사결정으로 인하여 발생한 원가로서 대안간의 차이가 발생하지 않는 원가를 말한다.
③ 기회원가는 자원을 현재의 용도에 사용함으로써 얻을 수 있는 순현금유입과 차선의 대체안에 사용할 때 얻을 수 있는 순현금유입의 차액이 아니라, 차선의 대체안으로부터의 순현금유입 그 자체이다.
④ 관련원가에는 여러 가지 대체안들과 실제 선택된 의사결정 대안 간에서 발생하는 원가의 차이인 차액원가가 있다.

54. 원가에 관한 설명이다. 그 내용이 옳지 않은 것은? ★★★

① 관련원가(relevant cost)는 고려중인 대체안 간에 차이가 있는 미래의 원가로서 특정 의사결정과 관련된 원가를 의미한다.

② 비관련원가(irrelevant cost)는 대체안 간에 차이가 없는 원가이거나 과거의 원가로서 특정 의사결정과 관련이 없는 원가를 의미한다.

③ 기회원가(opportunity cost)는 자원을 현재 사용하는 용도가 아닌 대체적인 다른 용도에 사용하였을 때 실현할 수 있는 최대금액 또는 차선의 대체안을 포기함으로써 상실한 효익을 의미한다.

④ 매몰원가(sunk cost)는 기발생원가라고도 하며 과거 의사결정의 결과 이미 발생한 원가로 미래의 의사결정과 밀접하게 관련되는 원가이다.

55. 다음은 관련범위 내의 조업도에 따른 원가이다. 원가행태에 따른 분류로 알맞은 것은? ★

생 산 량	200개	400개	600개
총 원 가	900,000원	900,000원	900,000원
단위원가	4,500원	2,250원	1,500원

① 변동비   ② 고정비   ③ 준변동비   ④ 준고정비

56. (주)서울은 기계장치 1대를 매월 100,000원에 임차하여 사용하고 있으며, 기계장치의 월 최대 생산량은 1,000단위이다. 당월 수주물량이 1,500단위여서 추가로 1대의 기계장치를 임차하기로 하였다. 이 기계장치에 대한 임차료의 원가행태는 무엇인가? ★

① 고정원가   ② 준고정원가   ③ 변동원가   ④ 준변동원가

57. 다음은 (주)상공의 20×1년 제조원가 자료이다. 직접노무비를 계산하면 얼마인가? ★

> 가. 직접재료비 : ₩400,000
> 나. 제조간접비
>   – 변동비 : ₩80,000   – 고정비 : ₩50,000
> 다. 기본원가 : ₩900,000
> 라. 가공원가 : ₩630,000

① ₩130,000   ② ₩270,000   ③ ₩500,000   ④ ₩530,000

58. 원가에 대한 설명이다. 옳지 않은 것은? ★

① 기간비용은 특정제품과의 직접대응관계를 측정하는 것이 불가능하기 때문에 발생과 동시에 비용으로 계상된다.

② 직접원가는 컴퓨터의 하드디스크(Hard Disk), 선박의 엔진 등 과 같이 특정 원가대상에 직접관련 시킬 수 있는 원가이다.

③ 제조와 관련된 기계장치, 공구와 기구는 소멸되지 않으므로 원가로 구성될 수 없다.

④ 원가의 분류상 기초원가(기본원가)에도 포함되고 전환원가(가공원가)에도 포함되는 원가는 직접노무비이다.

59. 다음의 그래프가 나타내는 원가에 대한 설명으로 틀린 것은? ★★

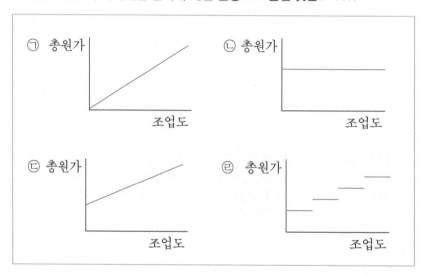

① ㉠은 조업도의 변동에 따라 원가총액이 비례적으로 변화하는 변동비에 대한 그래프이다.

② ㉡은 단위당 원가가 일정한 고정비에 대한 그래프이다.

③ ㉢은 변동원가와 고정원가가 혼합된 준변동원가에 대한 그래프이다.

④ ㉣은 일정한 범위의 조업도 내에서는 일정한 금액이 발생하지만 그 범위를 벗어나면 원가발생액이 달라지는 준고정비를 나타낸다.

60. 각 사업부의 성과를 평가하고 그 결과에 따른 보상 제도를 실시하려고 할 경우 고려해야 할 적절한 평가는 무엇인가?

① 고정원가   ② 매몰원가
③ 통제가능원가   ④ 기회원가

61. 다음 자료에 의한 제조간접비는 얼마인가? ★★

직접재료비	₩ 250,000	직접노무비(15,000/h)	₩ 480,000
기계감가상각비	15,000	공장임차료	300,000
사무실임차료	200,000	판매수수료	50,000
공장전력비	120,000		

① ₩1,215,000   ② ₩1,165,000
③ ₩ 685,000   ④ ₩ 435,000

62. 다음 중 과거 의사 결정의 결과로 이미 발생된 원가로서 현재 또는 미래의 의사 결정에 아무런 영향을 미치지 못하는 원가는 무엇인가? ★

① 관련원가   ② 기회원가
③ 매몰원가   ④ 직접원가

63. 다음 표에 보이는 원가행태와 관련한 설명으로 잘못된 것은? ★

조업도(시간)	10	20	30
총원가(원)	100,000	100,000	100,000

① 조업도 수준에 관계없이 관련범위 내에서 원가총액은 항상 일정하다.
② 생산량이 증가할수록 단위당 원가부담액은 감소한다.
③ 상기와 같은 원가행태에 속하는 예로는 전력비나 임차료가 있다.
④ 제품 제조과정에서 가공비로 분류된다.

64. 다음의 원가자료에서 '기초원가 - 가공원가 - (당기총)제조원가'의 금액의 순으로 올바르게 연결된 항목은? ★

• 원 재 료 매 입 액 350,000원	• 직 접 재 료 비 400,000원
• 간 접 재 료 비 50,000원	• 직 접 노 무 비 250,000원
• 공 장 전 력 비 150,000원	• 공장건물임차료 50,000원

① 400,000원 - 250,000원 - 900,000원
② 400,000원 - 500,000원 - 900,000원
③ 650,000원 - 500,000원 - 900,000원
④ 650,000원 - 500,000원 - 1,250,000원

65. (주)세창의 당기 직접재료비는 50,000원이고, 제조간접비는 45,000원이다. (주)세창의 직접노무비는 가공비의 20%에 해당하는 경우, 당기의 직접노무비는 얼마인가?

① 9,000원   ② 10,000원   ③ 11,250원   ④ 12,500원

66. 다음은 원가개념에 대한 설명이다. 물리치료사 수험서 구입비 25,000원은 어떤 원가를 의미하는가?

물리치료사 자격시험을 위해 관련수험서를 25,000원에 구입하여 공부하다가 진로를 세무회계 분야로 변경하면서 전산세무·회계 자격증 대비 P사 출간 수험서를 새로 구입하였다.

① 대체원가   ② 매몰원가   ③ 통제불능원가   ④ 전환원가

67. (주)상공은 제품A를 생산 판매하고 있다. 20×1년 1월의 생산 활동은 다음과 같다. 1월의 생산량이 10개였는데, 2월에는 20개로 추정된다. 2월의 제품단위당 원가는 얼마로 예상되는가? 단, 생산량 10개와 20개는 관련 범위 내에 있으며, 재공품은 없다. ★★

가. 생 산 량 10개	나. 변동제조간접비 ₩ 3,000
다. 직 접 재 료 비 ₩10,000	라. 고정제조간접비 6,000
마. 직 접 노 무 비 5,000	

① ₩2,000   ② ₩2,100   ③ ₩2,200   ④ ₩2,300

01 원가의 흐름과 기장

1. 다음 계정의 기입 내용이 옳지 않은 것은?

①

재 료	
월 초 재 료 재 고 액	당 월 재 료 출 고 액
당 월 재 료 매 입 액	월 말 재 료 재 고 액

②

노 무 비	
당 월 노 무 비 지 급 액	전 월 노 무 비 미 지 급 액
당 월 노 무 비 미 지 급 액	당 월 노 무 비 소 비 액

③

제 조 경 비	
전 월 경 비 미 지 급 액	당 월 경 비 소 비 액
당 월 경 비 지 급 액	당 월 경 비 선 급 액

④

제 품	
월 초 제 품 재 고 액	당 월 제 품 매 출 원 가
당 월 제 품 제 조 원 가	월 말 제 품 재 고 액

2. 제품의 완성과 관련된 기장으로 옳은 것은? ★★

① 제품 계정의 대변에 기입된다.
② 재공품 계정의 대변에 기입된다.
③ 제조간접비 계정의 대변에 기입된다.
④ 제조경비 계정의 대변에 기입된다.

3. 다음 중 재공품 계정 차변에 기입되지 않은 것은? ★★★

① 직접재료비   ② 제조간접비 배부액
③ 재공품 전기이월액   ④ 당월 제품제조원가

4. 재공품 중에서 당기에 완성된 부분의 원가를 무엇이라고 하는가? ★★

　① 제조간접비　　　　　　　　② 당기 총 제조비용
　③ 당기제품제조원가　　　　　④ 매출원가

5. 재공품 계정에서 제품 계정으로 대체되는 금액은 무엇을 의미하는가? ★★★

　① 당기에 투입된 모든 작업의 원가
　② 당기에 지급된 모든 작업의 원가
　③ 당기에 완성된 모든 작업의 원가
　④ 당기에 완성되어 판매된 모든 작업의 원가

6. 제조와 관련된 재고자산 계정으로 가장 일반적인 세 가지 계정은 무엇인가? ★★★

　① 상품, 제품, 소모품　　　　② 상품, 재공품 , 제품
　③ 원재료, 상품, 제품　　　　④ 원재료, 제품, 재공품

7. 생산요소가 산출물로 전환되는 것이 기록되는 곳은?

　① 재공품 계정　　　　　　　② 완제품 계정
　③ 원재료 계정　　　　　　　④ 재공품과 완제품 계정

8. 다음과 같이 원가를 파악할 수 있는 계정과목으로 옳은 것은? ★

> • 당월에 완성된 제품의 제조원가와 월말재공품원가를 파악할 수 있는 계정
> 이다.
> • 월초재공품원가와 당월 재료비, 노무비, 경비를 파악할 수 있는 계정이다.

　① 재료비 계정　　　　　　　② 노무비 계정
　③ 경비 계정　　　　　　　　④ 재공품 계정

9. 당월의 제조간접비 ₩200,000을 제품 제조에 배부하는 분개로 옳은 것은?

① (차) 재 공 품 200,000   (대) 제조간접비 200,000
② (차) 매 출 원 가 200,000   (대) 제조간접비 200,000
③ (차) 제   품 200,000   (대) 제조간접비 200,000
④ (차) 제 조 간 접 비 200,000   (대) 재 공 품 200,000

10. 제조원가 ₩520,000의 제품을 ₩680,000에 외상으로 매출한 거래의 분개로 가장 알맞은 것은 어느 것인가?

① (차) { 제   품 520,000   (대) { 재 공 품 520,000
        외상매출금 680,000   제   품 680,000

② (차) { 제   품 520,000   (대) { 매 출 원 가 520,000
        매   출 680,000   외 상 매 출 금 680,000

③ (차) { 매 출 원 가 520,000   (대) { 제   품 520,000
        외 상 매 출 금 680,000   매   출 680,000

④ (차) { 제   품 520,000   (대) { 매 출 원 가 520,000
        외 상 매 출 금 680,000   매   출 680,000

11. 계속기록법에서 현금 매출시 2개의 분개가 이루어진다. 하나는 차변에 현금, 대변에 매출이 기록된다. 그리고, 또 다른 분개는? ★★★

① 차변에 재공품, 대변에 제품
② 차변에 제품, 대변에 매출원가
③ 차변에 매출원가, 대변에 제품
④ 차변에 제품, 대변에 재공품

12. 원가의 집계를 위한 원가흐름이 옳은 것은? ★★★

① 재료비 – 재공품 – 제품 – 매출원가
② 재료비 – 재공품 – 매출원가 – 제품
③ 노무비 – 제품 – 재공품 – 매출원가
④ 재료비 – 제품 – 재공품 – 매출원가

13. 다음 계산식 중 틀린 것은?

① 당월 재료소비액 = 월초 재료재고액 + 당월 재료매입액
                        − 월말 재료 재고액
② 당월 노무비소비액 = 당월 지급액 + 전월 미급액 − 당월 미지급액
③ 당월 경비소비액 = 당월 지급액 + 전월 선급액 − 당월 선급액
④ 매출원가 = 월초제품재고액 + 당월 완성제품원가 − 월말제품재고액

14. 다음 자료에 의하여 원재료 소비액은 얼마인가? ★★

㉠ 월초 원재료재고액	₩ 20,000
㉡ 월말 원재료재고액	40,000
㉢ 당월 원재료매입액	420,000

① ₩440,000   ② ₩460,000
③ ₩400,000   ④ ₩480,000

15. 다음 자료에 의하여 노무비 소비액은 얼마인가?

㉠ 노무비 전월 미지급액	₩ 80,000
㉡ 노무비 당월 지급액	620,000
㉢ 노무비 당월 미지급액	105,000

① ₩645,000   ② ₩595,000
③ ₩725,000   ④ ₩700,000

16. 다음은 4월 말 경비에 대한 자료이다. 제조비용에 포함될 4월의 경비 소비
액은 얼마인가? ★

㉠ 전월 선급액	₩ 30,000	㉡ 당월 지급액	₩ 270,000
㉢ 당월 선급액	50,000		

① ₩320,000   ② ₩300,000
③ ₩290,000   ④ ₩250,000

17. 다음은 이번 달의 재공품 계정에 관한 자료이다. 이 달의 제품 제조 원가는 얼마인가? ★★★

직 접 재 료 비	₩ 50,000	직 접 노 무 비	₩ 12,000
제 조 간 접 비	18,000	기 초 재 공 품	16,000
기 말 재 공 품	24,000		

① ₩96,000   ② ₩80,000
③ ₩88,000   ④ ₩72,000

18. 다음 자료를 이용하여 매출원가를 구하면 얼마인가? ★★★

기초재공품원가	₩ 20,000	기말재공품원가	₩ 21,000
기초제품재고액	30,000	기말제품재고액	25,000
당기총제조비용	100,000		

① ₩104,000   ② ₩ 99,000
③ ₩ 94,000   ④ ₩124,000

19. 제조원가에 대한 설명으로 옳지 않은 것은? ★

① 제조원가는 제품의 생산과 관련하여 소비된 경제적 자원의 가치만을 포함하며, 비정상적으로 발생한 경제적 자원의 소비는 제조원가에 포함하지 아니한다.
② 제조원가요소는 재료비, 노무비 및 경비로 분류하거나, 회사가 채택하고 있는 원가계산방법에 따라 직접재료비, 직접노무비 및 제조간접비 등으로 분류할 수 있다.
③ 제조원가요소와 판매관리비요소는 구분하여 집계한다. 다만, 그 구분이 명확하지 아니한 경우에는 발생원가를 비목별로 집계한 후, 일정한 기준에 따라 제조원가와 판매관리비로 구분하여 배부할 수 있다.
④ 제품제조와 관련된 제조간접원가는 원가발생시점에 비용화하며, 제품제조와 관련 없는 판매관리비는 제품판매시점에 비용화한다.

20. (주)경기의 20×1년 12월 31일로 종료되는 회계연도의 제조원가와 관련된 자료는 다음과 같다. 당기의 기말재공품 재고액은 얼마인가? ★★★

직 접 재 료 비	₩ 1,200	직 접 노 무 비	₩ 1,400
제 조 간 접 비	( )	당기총제조비용	4,000
기초재공품재고액	2,200	당기제품제조원가	5,000

① ₩11,200　　　　　　　② ₩1,600
③ ₩ 3,200　　　　　　　④ ₩1,200

21. (주)한탄강의 20×1년 12월 31일로 종료되는 회계연도의 제조원가와 관련된 자료는 다음과 같다. 기초재공품은 얼마인가? ★

직 접 재 료 비	₩　2,880,000
직 접 노 무 비	1,792,000
제 조 간 접 비	2,400,000
기 말 재 공 품	1,472,000
제품제조원가	7,200,000

① ₩4,000,000　　　　　② ₩　128,000
③ ₩1,600,000　　　　　④ ₩1,344,000

22. (주)경북의 제조원가와 관련된 자료는 아래와 같다. (주)경북은 원가를 직접재료비, 직접노무비, 제조간접비로 분류하고 있다. 아래 자료에 의할 때 당월에 발생한 제조간접비는 얼마인가? ★★

월초재공품원가 ₩10,000	월말재공품원가 ₩12,000
당월의 제품제조원가 ₩90,000	
당월의 발생원가 : 직접재료비 당월사용액	₩50,000
직접노무비 당월발생액	₩30,000

① ₩12,000　　　　　　　② ₩ 8,000
③ ₩10,000　　　　　　　④ ₩32,000

23. (주) 대한은 20X1년 중 ₩100,000의 직접재료를 구입하였다. 직접재료의 20X1년 초 재고가 ₩30,000이었고, 20X1년 말 재고가 ₩20,000이었다. 20X1년 중 직접노무비는 ₩100,000이었고 당기총제조원가는 ₩300,000이었다면 20X1년 중 제조간접비는 얼마인가? ★

① ₩90,000　　　　　　② ₩100,000
③ ₩110,000　　　　　 ④ ₩120,000

24. 여범제조(주)의 기말재공품계정은 기초재공품에 비하여 400,000원 증가하였다. 또한, 재공품 공정에 투입한 직접재료비와 직접노무비, 제조간접비의 비율이 1:2:3이었다. 여범제조(주)의 당기제품제조원가가 800,000원이라면 재공품에 투입한 직접노무비는 얼마인가? ★

① 100,000원　　　　　 ② 200,000원
③ 400,000원　　　　　 ④ 600,000원

25. 당기에는 재료와 재공품의 기초재고액과 기말재고액이 동일했으나, 기초제품재고액은 ₩5,000이었으며, 기말제품재고액은 기초제품재고액보다 ₩2,000이 증가하였다. 당기총제조비용이 ₩100,000이었다면, 판매(매출)가능제품은 얼마인가? ★★★

① ₩105,000　　　　　 ② ₩102,000
③ ₩107,000　　　　　 ④ ₩103,000

26. 광주공업사의 당기 매출총이익률은 20%이다. 당기총제조비용은 ₩60,000이며, 기말재공품원가는 기초재공품원가보다 ₩5,000 증가했고, 기말제품원가는 기초제품원가보다 ₩3,000감소했다. 당기의 매출액은 얼마인가? ★★★

① ₩68,500　　　　　　② ₩72,500
③ ₩78,000　　　　　　④ ₩81,500

27. (주)경북의 기초 및 기말 재고자산은 다음과 같다.

	기 초 재 고	기 말 재 고
직접재료	₩ 550	₩ 650
재 공 품	960	800
제 품	500	850

당기에 발생한 원가는 다음과 같다.
직접재료매입액	₩ 4,000
직접노무원가	2,200
제조간접원가	3,300

(주)경북의 당기 완성품원가는 얼마인가? ★★★

① ₩9,210   ② ₩9,560
③ ₩9,960   ④ ₩9,790

28. 다음 자료를 이용하여 매출원가를 구하면 얼마인가? ★★★

구 분	기초재고	기말재고
재 료	₩12,000	₩14,000
재 공 품	₩24,000	₩21,000
제 품	₩46,000	₩32,000

당기 중 원가관련 자료
재료 구입액 ₩55,000, 직접노무비 ₩21,000
공장건물감가상각비 ₩11,000 본사 판매원 급여 ₩27,000
재료사용액은 전부 직접재료비이다.

① ₩129,000   ② ₩102,000
③ ₩ 85,000   ④ ₩ 71,000

29. 월초재공품 수량 350개, 당월착수 수량 ₩1,200개, 월말재공품 수량 250개인 경우 당월 완성품 수량은 몇 개인가? ★

① 1,200개   ② 1,100개
③ 1,350개   ④ 1,300개

30. 다음 자료에 의하여 월말제품재고액은 얼마인가? 단, 동 기간에 생산된 제품은 1,000개 이며 이 중 700개는 판매되고, 나머지는 재고로 남아 있다.

> 1개월 동안 발생한 원가소비액
> • 재 료 비 ₩ 450,000 • 노 무 비 ₩ 500,000
> • 제 조 경 비 ₩ 300,000

① ₩320,000 ② ₩300,000
③ ₩350,000 ④ ₩375,000

31. 다음 자료에 의하여 당월 완성 제품의 제조단가를 계산하면 얼마인가? ★

> ㉠ 당월의 총제조비용은 ₩184,000이다.
> ㉡ 월초재공품 원가는 ₩25,600이고, 수량은 40개이다.
> ㉢ 월말재공품 원가는 ₩32,000이고, 수량은 50개이다.
> ㉣ 당월 제품제조 착수 수량은 130개이다.

① @₩1,480 ② @₩1,380
③ @₩1,400 ④ @₩2,200

32. 다음 자료를 이용하여 당월에 완성된 제품의 단위당 원가를 구하면 얼마인가? ★★★

재 공 품			
월 초 재 고	20,000	( )	( )
당월총제조비용	( )	월 말 재 고	30,000
	120,000		( )

> 자료 : ㉠ 월초 제품수량 120개   ㉡ 월말 제품수량 100개
> ㉢ 당월 제품 판매수량 620개

① ₩150 ② ₩600
③ ₩200 ④ ₩750

33. 기초재공품재고액과 기말재공품재고액이 동일한 금액이고, 또한 기초제품재고액과 기말제품재고액이 동일한 금액이라고 가정할 때 다음 중 맞지 않는 것은? ★

① 당기총제조원가와 당기매출액은 동일하지 않다.
② 당기제품제조원가와 당기매출원가는 동일하다.
③ 당기총제조원가와 당기매출원가는 동일하지 않다.
④ 당기총제조원가, 당기제품제조원가, 매출원가가 모두 동일하다.

34. (주)대한은 기초와 기말의 제품재고는 없었으며, 당기 완성품 전부를 그 제조원가에 20%의 이익을 가산하여 판매하였다. 다음의 자료로 기초재공품의 원가를 구하면 얼마인가? ★★★

직접재료비	₩ 50,000	제조간접비	₩ 20,000
매 출 액	300,000	직접노무비	30,000
기말재공품원가	10,000		

① ₩100,000　　② ₩120,000　　③ ₩140,000　　④ ₩160,000

35. 다음은 지난 3월 인천공업(주)에서 발생한 원가 및 매출액에 관한 자료이다. 3월의 기말재공품원가는 얼마인가? ★

가. 매출액　₩ 25,000

나.

	직접재료	재공품	제 품
3월 1일	₩1,800	₩2,600	₩3,500
3월 31일	₩1,600	(?)	₩4,500

다. 직접재료 당기매입액　₩7,200
라. 직접노무비　₩8,200
마. 제조간접비　₩6,900
바. 매출총이익률　20%

① ₩2,500　　② ₩3,100　　③ ₩3,800　　④ ₩4,100

36. 당기총제조원가를 구성하지 않는 것은? ★

① 직접재료비   ② 직접노무비

③ 제조간접비   ④ 기초재공품

37. 다음의 자료를 근거로 당기 총제조원가를 계산하면 얼마인가? ★

기초재공품재고액	₩ 20,000	기초제품재고액	₩ 50,000
매 출 원 가	500,000	기말재공품재고액	35,000
기말제품재고액	40,000		

① ₩475,000   ② ₩490,000

③ ₩505,000   ④ ₩510,000

38. 당기제품제조원가는 ₩850,000이다. 다음 주어진 자료에 의하여 기말재공품원가를 계산하면 얼마인가? ★

직 접 재 료 비	₩ 200,000	직 접 노 무 비	₩ 300,000
변동제조간접비	300,000	고정제조간접비	100,000
기 초 재 공 품	250,000	기 말 재 공 품	?
기 초 제 품	500,000	기 말 제 품	400,000

① ₩300,000   ② ₩350,000

③ ₩400,000   ④ ₩450,000

39. 다음 주어진 자료를 이용하여 제조간접비를 계산하면 얼마인가? ★

기초재공품재고액	1,000,000원	기말원재료재고액	500,000원
기말재공품재고액	2,000,000원	당기제품제조원가	10,000,000원
당기기초(기본)원가	7,000,000원		

① 1,000,000원   ② 4,000,000원

③ 4,500,000원   ④ 1,500,000원

01 재료비

1. 재료비에 관한 설명 중 알맞은 것은?

① 출고된 재료의 소비된 내용을 기입하는 보조부를 재료비 계정이라 한다.
② 출고된 재료 중 제조지시서 번호가 매겨져 있는 것은 제조간접비 계정에 기입하고, 그렇지 않은 것은 재공품 계정에 기입한다.
③ 재료의 소비액은 재료비 계정 차변에 기입한다.
④ 재료의 소비액 중 직접재료비는 재공품 계정에, 간접재료비는 제조간접비 계정에 기입한다.

2. 제과회사의 밀가루, 제지회사의 펄프 등과 같이 제품의 주요 구성부분이 되는 물품을 소비함으로써 발생하는 원가요소는?

① 보조재료비   ② 주요재료비
③ 부품비   ④ 소모공구기구비품비

3. 재료비를 제조활동에 사용되는 형태에 따라 분류할 때 가구제조회사의 장식품, 거울 등과 같이 제품에 그대로 부착하여 그 제품의 구성부분이 되는 재료를 무엇이라 하는가?

① 주요재료비   ② 보조재료비
③ 부품비   ④ 소모공구기구비품비

4. 가구제조회사의 못, 의복제조회사의 실이나, 단추 등과 같이 제품의 주요부분을 구성하지 않는 재료를 무엇이라 하는가?

① 주요재료비   ② 부품비
③ 보조재료비   ④ 소모공구기구비품비

5. 재료에 관한 설명이다. 옳지 않은 것은? ★

① 재료는 주요재료, 부품, 보조재료 등으로 분류한다.
② 재료 구입 시 발생한 운임은 재료의 원가에 포함하며, 재료는 재고자산에 속한다.
③ 제품 제조를 위하여 소비된 재료는 제품 계정 차변에 기장한다.
④ 재료가 공장으로 입고되면 재료 계정 대변과 재료비 계정 차변에 기장한다.

6. 재료 ₩380,000을 제품 제조를 위해 소비하다. 단, 소비액 중 ₩250,000은 제조지시서 #5용인 경우의 아래의 분개 중 알맞은 것은? ★★★

① (차) 제   품   380,000   (대) 재   료   380,000
② (차) 재 료 비   380,000   (대) 재   료   380,000
③ (차) { 재 공 품   250,000
         제조간접비 130,000 }   (대) 재 료 비   380,000
④ (차) 재   료   380,000   (대) { 재 공 품   250,000
                                    제조간접비 130,000 }

7. 다음 분개에 대한 추정으로 올바른 것은? ★

(차) 재 료 10,000	(대) 재 공 품 10,000

① 간접재료 ₩10,000을 생산과정에 투입하다.
② 직접재료 ₩10,000을 생산과정에 투입하다.
③ 재료소비액 ₩10,000을 제조간접비 계정으로 대체하다.
④ 생산과정 투입을 위해 출고된 직접재료 ₩10,000이 되돌아오다.

8. 재료의 평가손실 계산방법으로 옳은 것은?

① [장부상 재료수량 – 실제 재료수량] × 재료단위당 원가
② [장부상 재료수량 – 실제 재료수량] × 재료단위당 시가
③ [재료단위당 원가 – 재료단위당 현행 대체원가] × 장부상 재료수량
④ [재료단위당 원가 – 재료단위당 현행 대체원가] × 실제 재료수량

9. (주)대한의 3월 중 재료에 관한 자료는 다음과 같다. 3월 중 재료소비액은 얼마인가? ★★★

월초재료재고액 ₩ 100,000	월말 재료 재고액 ₩ 50,000
당월 총 매입액 70,000	매입환출및에누리 10,000

① ₩ 90,000　　　　　　　　② ₩110,000
③ ₩150,000　　　　　　　　④ ₩170,000

10. (주)한국의 20×1년 3월 직접재료사용액은 ₩13,000이다. 3월 말 직접재료는 월초에 비해 ₩2,000이 감소하였다. (주)한국의 3월 중 직접재료구입액은 얼마인가? ★

① ₩10,000　　　　　　　　② ₩11,000
③ ₩12,000　　　　　　　　④ ₩13,000

11. 직접재료의 당기 매입액이 9천만 원이고 기말금액이 기초금액보다 1천만 원 증가하였다면 당기의 생산에 투입된 직접재료원가는 얼마인가? ★
① 7천만 원　　　　　　　　② 8천만 원
③ 9천만 원　　　　　　　　④ 1억 원

12. 다음은 (주)대한의 원재료와 관련된 내용들이다. (주)대한은 원재료의 구입이나 원재료 외상대금에 대한 결제를 현금으로만 지급하며, 약속어음은 발행하지 않는다. 기말에 재고자산을 보유하지 않는 정책을 취하고 있다고 할 때 제품에 포함될 재료원가는 얼마인가? ★★

- 원재료에 대한 외상매입금의 기초잔액은 ₩5,000,000, 기말잔액은 ₩7,000,000이다.
- 당기 원재료에 대한 현금지급액은 ₩50,000,000이다.

① ₩48,000,000　　　　　　② ₩50,000,000
③ ₩52,000,000　　　　　　④ 이 자료로는 알 수 없다.

13. 당기 재료소비액이 일부 누락된 경우 당기에 미치는 영향으로 틀린 것은? 단, 재공품과 제품계정의 기말재고금액에는 영향을 미치지 않는다.

① 당기총제조원가 감소　　　　② 당기제품제조원가 감소
③ 당기순이익 감소　　　　　　④ 제품매출원가 감소

14. 재료의 소비단가를 결정하는 방법 중 과거에 매입한 재료부터 출고되는 것으로 가정하여, 재료의 기말재고액이 과거의 가격이 아닌 최근의 시가로 평가되는 것은?

① 선입선출법　　　　　　　　② 후입선출법
③ 총 평 균 법　　　　　　　　④ 이동평균법

15. 계속기록법에 의하여 재료의 소비단가를 결정하는 경우 가장 최근에 매입한 단가로 소비액을 계산하는 방법은?

① 총평균법　　　　　　　　　② 후입선출법
③ 이동평균법　　　　　　　　④ 선입선출법

16. 다음의 자료를 이용하여 선입선출법의 가정하에서 계속기록법으로 7월의 재료소비액을 계산하면? ★★★

7 / 1	전월이월	A재료	200개	@₩200	₩40,000
4	입　고	A재료	300개	@₩200	₩60,000
7	출　고	A재료	400개		
17	입　고	A재료	300개	@₩220	₩66,000
25	출　고	A재료	200개		

① ₩100,000　　　　　　　　② ₩122,000
③ ₩120,000　　　　　　　　④ ₩132,000

17. 다음 자료에 대하여 후입선출법과 계속기록법을 적용하면 당기재료사용액은 얼마인가?

• 기 초 재 료 재 고		500개	@₩5
• 당 기 재 료 매 입	10일 – 1,000개		@₩6
	15일 – 1,000개		@₩7
• 당 기 재 료 사 용	10일 – 1,300개		
	20일 – 500개		

① ₩11,200 ② ₩10,600
③ ₩11,300 ④ ₩11,000

18. 갑재료에 관한 다음 자료에 의하여 11월 7일의 재료소비액을 이동평균법으로 계산하면 얼마인가?

11 / 4	전월이월	50개	@₩1,800	₩ 90,000
4	입 고	150개	@₩2,000	₩300,000
7	출 고	120개		

① ₩234,000 ② ₩ 90,000
③ ₩160,000 ④ ₩150,000

19. 다음은 (주)대한산업의 5월 중 재료의 입고와 출고에 대한 내역이다. 총평균법을 이용하는 경우, 재료의 5월 말 재고액은 얼마인가? ★★★

1일 : 전월이월액은 ₩80,000(수량 100개, 단가 ₩800)이다.	
18일 : 40개를 소비하다.	
10일 : 100개를 단가 ₩830에 구입하다.	
18일 : 80개를 소비하다.	
25일 : 50개를 단가 ₩850에 구입하다.	
30일 : 80개를 소비하다.	

① ₩41,100 ② ₩42,500
③ ₩45,500 ④ ₩49,320

20. 당월분 재료감모손실 ₩120,000 중 ₩85,000은 정상감모손실로 판단되고, 나머지는 비정상감모손실로 판단된다. 아래의 분개 중 알맞은 것은?

① (차) $\begin{cases} 제조간접비 & 85,000 \\ 손\quad\quad익 & 35,000 \end{cases}$ (대) 재 료 비 120,000

② (차) $\begin{cases} 제조간접비 & 35,000 \\ 손\quad\quad익 & 85,000 \end{cases}$ (대) 재료감모손실 120,000

③ (차) $\begin{cases} 제조간접비 & 85,000 \\ 손\quad\quad익 & 35,000 \end{cases}$ (대) 재료감모손실 120,000

④ (차) $\begin{cases} 제조간접비 & 35,000 \\ 손\quad\quad익 & 85,000 \end{cases}$ (대) 재 료 비 120,000

21. (주)한양공업은 제품 생산에 투입된 취득원가 ₩200,000의 원재료와 제조원가 ₩240,000의 제품 재고를 보유하고 있다. 원재료의 현행대체원가가 ₩180,000이고, 제품의 순실현가능가치가 ₩270,000일 때 저가법에 의한 재고자산평가손실은 얼마인가?

① ₩30,000　　　　　　② ₩20,000
③ ₩10,000　　　　　　④ ₩0

22. 다음 자료로 실제 재고 조사법에 의하여 당월 재료소비량을 계산하면 몇 개인가?

㉠ 전 월 재 료 이 월 량	:	250개
㉡ 당 월 재 료 매 입 량	:	1,100개
㉢ 공 장 출 고 수 량	:	950개
㉣ 당 월 말 장 부 재 고 량	:	1,100개
㉤ 당 월 말 실 제 재 고 량	:	370개

① 1,100개　　　　　　② 950개
③ 980개　　　　　　④ 700개

23. 다음 자료로 계속기록법에 의하여 당월 재료 소비량을 계산하면 몇 개인가?

㉠ 전 월 재 료 이 월 량	:	250개	
㉡ 당 월 재 료 매 입 량	:	1,100개	
㉢ 당 월 말 장 부 재 고 량	:	400개	
㉣ 당 월 말 실 제 재 고 량	:	370개	

① 1,100개   ② 950개
③   980개   ④ 700개

24. 재료의 소비량을 파악하는 방법에는 계속기록법과 실지재고조사법이 있다.
다음 중 재료의 감모수량을 파악할 수 있는 방법은? ★★★

① 실지재고조사법과 계속기록법을 병행할 경우
② 계속기록법
③ 실지재고조사법
④ 실지재고조사법과 계속기록법 각각에서 모두 파악할 수 있다.

25. 재료비 계산 시 계속기록법에만 적용할 수 있고 실지재고조사법에는 적용
할 수 없는 단가 결정 방법은 어느 것인가? ★

① 선입선출법   ② 후입선출법
③ 이동평균법   ④ 총평균법

26. 재료의 감모손실이 없는 경우, 재료비 계산에 있어 실지재고조사법을 적용
하거나 계속기록법을 적용하여도 그 계산의 결과가 동일한 방법은? ★★★

① 총평균법   ② 이동선출법
③ 선입선출법   ④ 후입선출법

27. 재료소비량을 파악하는 방법 중 실지재고조사법을 설명하는 것으로 옳지 못한 것은? ★★

① 재료의 출고시마다 장부를 기록해야 하는 번거로움을 피할 수 있다.
② 재료의 보관 중에 발생한 감모량도 제품의 제조에 사용된 것으로 간주된다.
③ 제품의 제조원가가 보관 중에 발생한 감모량만큼 과대 계상된다.
④ 재료의 종류가 적고 출고의 빈도가 적은 재료의 소비량을 파악하는데 알맞다.

28. 재료비계산을 위한 실지재고조사법의 특징으로 옳지 않은 것은? ★

① 총평균법은 적용할 수 있으나, 이동평균법은 적용할 수 없다.
② 재료의 기말재고량을 정확히 파악할 수 있다.
③ 재료감모손실을 계산할 수 있다.
④ 재료의 입고와 출고가 빈번한 경우에 그 효익이 크다.

29. 원재료의 소비단가를 결정하는 방법이다. 이 중 수익·비용의 대응에 있어서 가장 정확한 방법은 무엇인가? ★

① 후입선출법   ② 개별법
③ 이동평균법   ④ 선입선출법

30. 부산공업사는 직접재료를 전액 외상으로 매입하고 있다. 다음 자료를 이용하여 계산한 당기의 직접재료비는 얼마인가? ★★

• 외상매입금 전기이월액	₩ 9,300
• 외상매입금 차기이월액	8,500
• 외상매입금 지급액	47,500
단, 직접재료 차기이월액은 전기이월액 + ₩5,250	

① ₩46,700   ② ₩51,950
③ ₩52,350   ④ ₩41,450

02 노 무 비

1. 노무비를 지급형태에 따라 분류할 때 작업현장에 직접 종사하는 생산직 근로자에게 지급하는 보수는 어떻게 분류되는가?

① 급료   ② 임금
③ 잡급   ④ 종업원상여수당

2. 당월 노무비 소비액 ₩100,000 중 ₩70,000은 A제품 조립공의 임금이며, ₩30,000은 공장 전체의 기계장치를 수리하는 수선공의 임금이다. 원가를 추적가능성(제품과의 관련성)에 따라 분류할 때, 기계장치 수선공의 임금은 어떤 원가로 분류될 수 있는가? ★★★

① 직접원가   ② 가공원가
③ 기초원가   ④ 간접원가

3. 어떠한 성격을 갖는 공장에서 직접노무원가의 중요도가 가장 높겠는가?

① 기계와 설비 등에 집중 투자를 한 공장
② 자동화가 거의 이루어지지 않은 공장
③ 고객서비스를 중시하는 공장
④ 생산 제품의 종류가 매우 다양한 공장

4. 전주공업은 지나달 정규작업시간은 300시간이었으나 몇 번의 정전사고가 있어 실제작업시간은 280시간이었다. 시간당 임금이 ₩500이라 할 때 노무비에 대한 회계처리가 옳은 것은? ★

① (차) 재 공 품 150,000   (대) 노 무 비 150,000

② (차) { 재 공 품 140,000 / 제조간접비 10,000 }   (대) 노 무 비 150,000

③ (차) 재 공 품 140,000   (대) 노 무 비 140,000

④ (차) { 재 공 품 150,000 / 제조간접비 10,000 }   (대) 노 무 비 160,000

5. 생산부장의 급여와 인사부장의 급여에 관한 설명 중 가장 옳은 것은? ★★★

① 생산부장의 급여는 제조원가이고, 인사부장의 급여는 판매(물류)관리비이다.
② 생산부장의 급여는 직접노무비이고, 인사부장의 급여는 간접노무비이다.
③ 생산부장의 급여는 기초원가이고, 인사부장의 급여는 가공비이다.
④ 생산부장의 급여는 제조원가이고, 인사부장의 급여는 기타비용이다.

6. 특정 부문 또는 특정 작업별로 원가계산기간의 임금 총액을 동기간의 총 작업시간으로 나눈 것을 무엇이라 하는가?

① 개별임률　　　　　　　　　　② 평균임률
③ 실제임률　　　　　　　　　　④ 예정임률

7. 9월 중의 총 임금지급액이 ₩120,000이고, 총 작업시간수는 3,000시간이다. 제품A를 제조하는데 400시간을 사용하였다면 제품A에 부과되는 노무비는 얼마인가?

① ₩12,000　　　　　　　　　　② ₩14,000
③ ₩ 9,000　　　　　　　　　　④ ₩16,000

8. 금월 중의 총임금지급액이 ₩240,000이고, 금월 중 총생산량이 30,000개이나, 이 중에서 A제품 생산량이 10,000개 일때, 제품 A에 부과하여야 할 노무비는 얼마인가? (임률은 총 임금지급액을 총 생산량으로 나눈 평균 임률에 따라서 계산한다.) ★★★

① ₩40,000　　　　　　　　　　② ₩ 80,000
③ ₩20,000　　　　　　　　　　④ ₩100,000

9. (주)대한에 근무하는 나성공씨는 8월 첫째 주 동안 48시간의 작업을 하였다. (주)대한은 주당 40시간을 초과하는 작업시간에 대해서 정상임금의 1.5배를 지급하고 있다. (주)대한의 시간당 정상임률은 ₩5,000이다. 8월 첫째주 나성공씨와 관련하여 발생한 총노무비는 얼마인가? ★

① ₩240,000　　　　　　　　　　② ₩260,000
③ ₩300,000　　　　　　　　　　④ ₩360,000

10. 임금지급 시에 차감한 종업원의 건강보험료 ₩80,000과 종업원에 대한 사업주 부담의 건강보험료 ₩80,000을 거래처 발행의 당좌수표로 지급한 분개로서 맞는 것은?

① (차) 건강보험료예수금 160,000   (대) 당 좌 예 금 160,000

② (차) 보 험 료 160,000   (대) 현 금 160,000

③ (차) { 건강보험료예수금 80,000
　　　　제 조 간 접 비 80,000 }   (대) 현 금 160,000

④ (차) 제 조 간 접 비 160,000   (대) 당 좌 예 금 160,000

11. 다음 자료에 의하여 당월 노무비 소비액을 계산하면 얼마인가? ★★★

㉠ 임금 전월 미지급액	₩　50,000
㉡ 임금 당월 지급액	585,000
㉢ 임금 당월 미지급액	70,000

① ₩565,000　　　　　② ₩605,000

③ ₩705,000　　　　　④ ₩465,000

12. 다음은 미래공업사의 자료에 의하여 당월 노무비소비액 중 재공품 계정으로 직접 대체되는 금액은 얼마인가? ★

가. 전월 노무비 미지급액	₩150,000
나. 당월 노무비 지급액	₩1,450,000
다. 당월 노무비 미지급액	₩200,000
라. 당월 노무비 소비액 중 70%는 직접소비액이며, 나머지는 간접소비액이다.	

① ₩450,000　　　　　② ₩980,000

③ ₩1,050,000　　　　④ ₩1,260,000

13. 다음 종업원임금 계정의 기입면에 대한 설명 중 올바른 것은? ★

종 업 원 임 금

ⓛ 제 좌	580,000	㉠ 전월이월	45,000
ⓒ 차 월 이 월	60,000	㉣ 노 무 비	595,000

① 전월미지급액이 당월미지급액보다 ₩15,000이 많다.
② 임금의 당월지급총액은 ₩595,000이다.
③ 당월소비액이 당월지급액보다 ₩15,000이 많다.
④ 임금의 당월미지급액은 ₩45,000이다.

14. 당월의 노무비 발생액은 ₩180,000이었다. 이중 직접비는 ₩120,000이고, 간접비는 ₩60,000일 때, 적절한 분개는? ★

① (차) { 재 공 품 120,000 / 제 조 간 접 비 60,000 }　　(대) 노 무 비　180,000

② (차) { 재 공 품 60,000 / 제 조 간 접 비 120,000 }　　(대) 노 무 비　180,000

③ (차) 재 공 품　180,000　　(대) 노 무 비　180,000

④ (차) 제 조 간 접 비　180,000　　(대) 노 무 비　180,000

15. 지급임률과 소비임률과의 차이를 설명한 것으로 옳지 않은 것은? ★

① 소비임률은 주로 기본임금액을 계산하기 위한 임률이지만, 지급임률은 기본임률에 가지급금, 제수당 등이 포함되어 계산된 임률이다.

② 지급임률은 일상업무와 잔업의 구별에 따라 달리 책정되는 것이 일반적이며, 소비임률은 항상 그들을 평균한 개념이 된다.

③ 지급임률은 각 종업원의 실제작업시간에 곱해져서 지급액이 계산되지만, 소비임률은 각 종업원이 특정한 제조작업에 직접 종사한 노동시간에 곱해져서 임금액이 산출된다.

④ 지급임률은 각 종업원의 성별, 연령, 능력, 근속년수 등에 따라 차이가 있으나, 소비임률은 그들을 전혀 고려하지 않고 평균적인 개념으로서 사용된다.

16. 다음 자료를 이용하여 당월의 노무비 지급액을 구하면 얼마인가? ★★★

• 전월말 노무비 미지급액	₩ 10,000
• 당월말 노무비 미지급액	12,000
• 당월 노무비 발생액	110,000

① ₩108,000　　　　　　　　② ₩120,000
③ ₩102,000　　　　　　　　④ ₩112,000

17. 다음 자료에 의하여 전월분 임금 미지급액을 추정하여 계산하면 얼마인가? ★

당월임금지급액	₩ 90,000	당월임금발생액	₩ 80,000
당월임금미지급액	20,000		

① ₩10,000　　　　　　　　② ₩20,000
③ ₩30,000　　　　　　　　④ ₩40,000

18. (주)한국은 8월에 근로자 갑에게 노무비 200,000원을 현금지급하였고, 근로자 을에게는 노무비 50,000원을 미지급하였다. 근로자 갑에게 지급한 노무비 중 선급노무비 60,000원이 포함되어 있다면 (주)한국이 8월에 인식해야 할 회사 전체 노무비 발생액은 얼마인가? ★

① 200,000원　　　　　　　　② 310,000원
③ 110,000원　　　　　　　　④ 190,000원

19. 제조부문에서 발생하는 노무비에 대한 설명으로 옳지 않은 것은?

① 직접비와 간접비로 나눈다.
② 직접노무비는 기초원가와 가공원가 모두에 해당한다.
③ 간접노무비는 제조간접비에 반영된다.
④ 발생된 노무비 중 미지급된 노무비는 원가에 반영되지 않는다.

03 제조경비

1. 경비에 대한 설명 중 맞는 것은? ★★★

① 측정 제조경비란 보험료, 임차료, 감가상각비, 세금과공과 등과 같이 1년 또는 일정기간 분을 총괄하여 일시에 지급하는 제조경비를 말한다.

② 발생 제조경비란 재료감모손실 등과 같이 현금의 지출이 없이 발생하는 제조경비를 말한다.

③ 월할 제조경비란 수선비, 운반비, 잡비 등과 같이 매월의 소비액을 그 달에 지급하는 제조경비를 말한다.

④ 지급 제조경비란 전기료, 수도료 등과 같이 계량기에 의해 소비액을 측정할 수 있는 제조경비를 말한다.

2. 제조원가에서의 산업 방법에 따라 경비는 월할경비, 측정경비, 지급경비, 발생경비 등으로 구분 할 수 있는데, 그 중 월할경비만으로 짝지어진 것은? ★★

① 가스수도비 – 수선비   ② 감가상각비 – 임차료

③ 보험료– 전력비   ④ 수선비 – 세금과공과

3. 다음은 제조경비에 대한 설명이다. (가)와 (나)에 들어갈 용어로 옳은 것은? ★★★

> 제조과정에 제조경비가 어느 곳에 투입되었는가를 추적하여 특정 제품의 생산과정에서 직접적으로 추적할 수 있으면 (가)로, 특정 제품의 생산과 직접적인 관계가 없는 둘 이상의 제품의 제조에 공통으로 소비된 경비는 (나)로 분류한다.

       (가)   (나)   (가)   (나)

① 직접제조경비   간접제조경비   ② 간접제조경비   직접제조경비

③   제조경비   소비비용   ④   소비비용   제조경비

4. 직접제조경비에 해당하는 것은? ★★

① 재료감모손실   ② 감가상각비

③ 외주가공비   ④ 수선비

5. 경비의 분류가 잘못된 것은? ★★

① 월할경비 : 임차료, 감가상각비, 특허권사용료
② 측정경비 : 전력비, 가스수도비
③ 지급경비 : 외주가공비, 보험료, 보관료
④ 발생경비 : 재료감모손실, 반품차손비

6. 지급 제조경비에 대한 내용이다. 옳지 않은 것은? ★

① 원가계산 기간 중에 실제 발생하여 지급한 금액을 그 기간의 경비액으로 삼는 비용이다.
② 원가계산 기간 중에 현금을 지급하였다는 사실보다는 발생주의에 따라 당해 기간에 발생한 경비라는 원가요소 사실에 입각하여 계산한 금액을 말한다.
③ 이에 속하는 비용항목으로는 복리후생비·수선비·운임·보관료·여비교통비·접대비·외주가공비·잡비 등이 있다.
④ 수선비 중 6월 지급액이 ₩6,000, 5월 말 미지급액이 ₩600, 6월 말 선급액이 ₩2,000인 경우, 6월 소비액은 ₩7,400으로 계산된다.

7. 다음은 3月말 경비에 대한 계산자료이다. 3월의 경비소비액은 얼마인가? ★★★

• 전월말미지급액	₩ 20,000	• 당월말선급액	₩ 50,000
• 당월말미지급액	40,000	• 전월말선급액	30,000
• 당월 중 지급액	270,000		

① ₩310,000　　　　　　　　② ₩280,000
③ ₩270,000　　　　　　　　④ ₩250,000

8. 다음은 제조경비를 제조원가에 산입하는 방법에 따라 분류한 것이다. (가)~(나)에 들어갈 제조경비 분류로 옳은 것은? ★

(가)	전력비, 가스수도료
(나)	임차료, 보험료, 감가상각비

① (가) 발생제조경비　　　(나) 지급제조경비
② (가) 측정제조경비　　　(나) 월할제조경비
③ (가) 측정제조경비　　　(나) 지급제조경비
④ (가) 발생제조경비　　　(나) 월할제조경비

9. 다음은 (주)상공의 제조간접원가 관련 자료이다. (주)상공이 20×1년 제조간접원가로 계상해야 할 금액은 얼마인가? 단, 기간 안분 계산은 월할 계산한다. ★

> 가. 공장의 화재보험을 위하여 보험사와 계약하고 ₩12,000,000을 지급하였다. 계약기간은 20×1년 9월 1일부터 20×2년 8월 31일까지이다.
>
> 나. 공장 지게차를 20×1년 6월부터 20×1년 8월까지 임차하기로 하여 ₩5,000,000을 지급하였다.

① ₩5,000,000 ② ₩9,000,000
③ ₩13,000,000 ④ ₩17,000,000

10. 다음 자료에 의하여 당월의 전력비 소비액은 얼마인가? ★

> • 전월 말 검침량 1,200kwh
> • 당월 말 검침량 1,800kwh • 1kwh당 전력비는 ₩30
> • 당월에 지급한 전력비는 ₩15,000이다.

① ₩54,000 ② ₩18,000
③ ₩15,000 ④ ₩36,000

11. 측정 제조경비에 대한 내용이다. 옳지 않은 것은? ★★

① 원가계산 기간 중에 발생한 소비액을 공장에 비치되어 있는 계량기에 의해 측정하고, 이 수치를 그대로 원가계산기간의 경비액으로 삼는 비용이다.
② 이에 속하는 비용으로는 전력비·수도료 등이 있다.
③ 검침일과 원가계산일이 일치하는 경우에는 그 지급액을 당월의 경비로 할 수 있다.
④ 6월초 계량기를 측정해 보니 2,000kw/h이었고, 6월말에 계량기를 측정해 보니 3,000kw/h이었다. 단, 1kw/h당 단가는 @₩100이다. 따라서 6월의 전력비는 ₩300,000이다.

12. 당월 수선비 현금 지급액이 ₩100,000, 전월선급액이 ₩20,000, 당월미지급액이 ₩50,000인 경우 당월 수선비 소비액은 얼마인가? ★★

① ₩70,000 ② ₩100,000
③ ₩130,000 ④ ₩170,000

13. 다음은 (주)상공기업의 외주가공비 지급 내역이다. 외주가공비 당월소비액은 얼마인가? ★

| 가. 당월지급액 | ₩500,000 | 나. 전월선급액 | ₩50,000 |
| 다. 당월선급액 | ₩100,000 | | |

① ₩400,000   ② ₩450,000
③ ₩500,000   ④ ₩550,000

14. 발생 제조경비에 대한 내용이다. 옳지 않은 것은?

① 재료감모손실과 같이 현금의 지출을 수반하지 않는 내부거래에서 발생하는 비용으로서, 그 발생액을 원가계산 기간의 소비액으로 삼는다.
② 재료감모손실은 재료의 장부금액과 실제 재고액의 차액이다.
③ 정상적인 재료감모손실은 제조간접비 계정의 차변에 대체하여 제조원가에 산입한다.
④ 장부상의 재료재고액은 ₩5,000이었다. 실제 재료재고액과의 차액(부족액) 중 60%인 ₩600은 원가성이 있는 감모손실로 판단되었다. 따라서 월말에 파악된 실제 재료재고액이 ₩5,600임을 알 수 있다.

15. 다음 자료에 의한 10월 중의 제조경비 발생액은 얼마인가? ★★★

(1) 10월 중에 수선비 ₩40,000을 지급하였다. 수선비 전월 미지급액은 ₩20,000이며, 당월 미지급액은 ₩40,000이다.
(2) 연초에 공장기계에 대한 1년치 화재보험료 ₩360,000을 지급하였으며, 화재보험료는 월별로 균등하게 배분한다.
(3) 10월초의 전기 계량기 검침량은 1,200kW/h 이었고, 10월말의 검침량은 2,000kW/h 이었다. 1kW/h당 전기사용료는 ₩100이다.
(4) 10월 중에 재료감모손실 ₩4,000이 발생하였는데, 이 중에서 정상적인 요인으로 ₩3,000, 비정상적인 요인으로 ₩1,000이 발생한 것으로 판명되었다. 정상적인 감모손실은 제조경비에 포함되며, 비정상적 감모손실은 기타(영업외)비용으로 처리된다.

① ₩173,000   ② ₩170,000
③ ₩503,000   ④ ₩500,000

01 원가 및 제조간접비의 배부

4장 · 원가의 배부

1. 제조간접원가의 배부기준을 결정하고자 할 때 고려해야 할 요소로서 가장 합리적이고 최우선적으로 고려하여야 하는 것은?

① 순이익에 미치는 영향　　　　② 인과관계성
③ 통제가능성　　　　　　　　　④ 회피가능성

2. 원가배부기준에 속하지 않는 것은? ★

① 인과관계기준　　　　　　　② 부담능력기준
③ 중요성의 원칙　　　　　　　④ 수혜기준

3. 다음의 괄호의 들어갈 적당한 말은? ★★

> (　　　　　　　) 이란 원가집합에 집계된 공통원가 또는 간접원가를 합리적인 배부기준에 따라 원가대상에 대응시키는 과정을 말한다.

① 원가대상　　　② 원가집합　　　③ 원가배부　　　④ 원가대응

4. 특정 제품에 관련되는 원가를 정확하게 파악하려면 다음 중 어떤 원가배분기준을 선택하는 것이 가장 바람직한가? ★★

① 부담능력을 고려한 원가배분기준
② 변동원가만을 고려한 원가배분기준
③ 고정원가만을 고려한 원가배분기준
④ 인과관계를 고려한 원가배분기준

5. 경영의사결정에서 원가의 합리적인 배부는 중요한 정보를 제공할 수 있다. 일반적인 원가배부기준으로 옳지 않은 것은?

① 원가 직접대상이 제공받는 수혜정도에 따라 원가를 배부해야 한다.
② 원가가 발생한 원인을 파악하여 인과관계에 의해 원가를 배부해야 한다.
③ 원가 직접대상이 부담할 수 있는 능력에 따라 원가를 배부해야 한다.
④ 기업 전체의 적정한 이익을 유지하기 위해 재량적으로 원가를 배부해야 한다.

6. 원가배부의 일반적인 목적을 설명한 것 중 옳지 않은 것은? ★★

① 재고자산 평가와 이익 측정을 위한 매출원가를 계산하기 위해 관련된 원가를 재고자산과 매출원가에 배부하여야 한다.
② 개별 제품과 직접적인 인과관계가 없는 원가는 제품에 배부하면 안된다.
③ 부문경영자나 종업원들의 합리적인 행동을 하도록 하기 위해서는 각 부문이나 활동별로 원가를 배부한다.
④ 내부이해관계자에게 원가에 관한 적정한 보고를 하는 데 있다.

7. 원가의 배부와 관련된 설명들이다. 그 내용이 옳지 않은 것은? ★

① 일반적으로 직접원가를 원가의 집적대상에 할당하는 것을 원가의 추적이라고 한다.
② 일반적으로 간접원가를 원가의 집적대상에 할당하는 것을 원가의 배부라고 한다.
③ 본질적으로 원가의 배부는 명확하게 검증 가능하므로 임의성이 개입할 여지가 없다.
④ 원가의 배부에 있어서 인과관계를 이용하여 원가를 배부하는 것이 가장 바람직한 방법이다.

8. 다음은 원가배분기준에 대한 설명이다. 관계가 있는 항목은? ★★

> 배분하려고 하는 원가로부터 원가대상에 제공된 효익을 측정할 수 있는 경우에 효익의 크기에 따라 원가를 배분하는 기준이다.

① 인과관계기준   ② 수혜기준
③ 부담능력기준   ④ 공정성기준

9. (주)서울은 고도의 자동기계를 이용하여 생산자동화가 잘 이루어져 여러 종류의 제품을 생산하고 있다. 당월에 집계된 제조간접원가를 각 제품에 배부하는데 있어서 가장 적합한 배부기준은? ★

① 직접노동시간   ② 직접노무비
③ 기계작동시간   ④ 직접재료비

10. 원가배부의 기준 중 공장에서 발생하는 제조간접비를 각 제품생산에 소요
된 직접노동시간을 기준으로 배부하는 경우에 해당하는 것으로 옳은 것은?
단, 제조간접비는 직접노동시간과 비례관계에 있다. ★

① 효익수혜기준　　　　　　　② 공정성과 형평성기준
③ 부담능력기준　　　　　　　④ 인과관계기준

11. 제조간접비의 원가배분에 관한 설명이다. 옳지 않은 것은? ★★

① 특정제품에 대하여 추적가능한 원가의 부과
② 하나의 원가부문에서 다른 원가부문으로 배분
③ 제조부문의 원가를 원가대상인 제품에 배분
④ 여러 부문에 공통으로 발생한 원가를 각 부문으로 배분

12. 제조간접비 항목이 아닌 것은? ★★

① 공장내 의무실에 근무하는 의사의 급여
② 공장 감독자의 공휴일 작업에 대한 초과시간급
③ A/S(After Service) 센터에 근무하는 전자 제품 수리공의 임금
④ 공장사무실 컴퓨터의 감가상각비

13. 자동차 생산기업의 제조간접원가에 포함되는 항목은?

① 특정 자동차 생산라인에서 일하는 생산직의 급여
② 타이어 생산업체에서 구입한 타이어
③ 판매관리직의 인건비
④ 생산을 지원하는 구매부나 자재관리부 직원의 급여

14. 제조간접비의 배부기준은 제조하고 있는 제품의 종류, 제조방법, 제조규모
등에 따라 가액법(가격법), 시간법, 수량법이 있다. 다음 중 가액법으로 볼
수 없는 것은? ★★

① 직접재료비법　　　　　　　② 직접작업시간법
③ 직접노무비법　　　　　　　④ 직접원가법

15. 원가배분에 대한 전반적인 내용이다. 옳지 않은 것은? ★

① 원가배분기준의 선택은 원칙적으로 인과관계기준을 바탕으로 하되, 인과관계가 명확하지 않은 경우에는 부담능력기준이나 수혜기준 등을 고려하여 결정하여야 한다.

② 원가를 추적하고 집계할 원가대상을 설정하는데, 원가대상은 경영자의 의사결정에 목적적합하도록 설정한다.

③ 원가집합별로 원가대상과 원가집합의 인과관계를 가장 잘 반영시켜 주는 원가배부기준을 결정하여 원가집합에 집계된 공통비를 원가대상에 배부한다.

④ 제조부문에서 발생한 직접재료비와 직접노무비를 포함한 모든 제조원가는 제조간접비로 분류되며, 제조부문의 제조활동을 보조하기 위하여 보조부문에서 발생한 원가도 또한 제조간접비이다.

16. 다음은 20×1년 3월에 대한 회계기록이다. 20×1년 3월에 실제로 발생한 제조간접비는 얼마인가? ★★

직접재료비	₩	120,000
직접노무비(₩120,000/시간)		360,000
공장 설비 임차료		200,000
공장 설비 보험료		100,000
기계, 설비 감가상각비		180,000
판매수수료		140,000
관 리 비		300,000

① ₩300,000   ② ₩420,000

③ ₩480,000   ④ ₩780,000

17. 다음 자료에 의하여 직접재료비법에 의한 A제품의 제조간접비 배부액은 얼마인가? 단, 당월 제조간접비 실제 발생액은 ₩72,000이다.

제 품	직접재료비	직접노무비
A 제 품	₩ 60,000	₩ 40,000
B 제 품	20,000	60,000

① ₩54,000   ② ₩28,800

③ ₩43,200   ④ ₩24,000

18. 다음 자료에 의하여 A제품의 제조간접비배부액을 직접노무비법으로 계산하면?

제 조 간 접 비 합 계	₩	188,000
직 접 재 료 비 합 계		150,000
직 접 노 무 비 합 계		376,000
A제품의직접재료비		30,000
A제품의직접노무비		40,000

① ₩20,000　　　　　　　② ₩24,000
③ ₩16,000　　　　　　　④ ₩28,000

19. 다음 자료에 의하여 제품A, B를 제조하는 기업의 제품A에 대한 제조간접원가 배부액을 직접원가법으로 계산하면 얼마인가? 단, 제조간접원가 발생액은 ₩30,000이다. ★

	제품A	제품B
직접재료원가	₩15,000	₩25,000
직접노무원가	₩ 5,000	₩15,000

① ₩5,000　　　　　　　② ₩10,000
③ ₩20,000　　　　　　　④ ₩40,000

20. 다음 자료를 기초로 직접노동시간을 기준으로 제조지시서 No.5에 배부될 제조간접비를 계산한 금액으로 옳은 것은? ★

가. 당기 직접재료비 총액	₩	80,000
나. 당기 직접노무비 총액		100,000
다. 당기 제조간접비 총액		20,000
라. 당기 직접 노동시간		500시간
마. 제조지시서 No.5		
직접재료비 ₩2,000　직접노무비 ₩2,600		
직접노동시간 50시간		

① ₩1,200　　　　　　　② ₩1,600
③ ₩2,000　　　　　　　④ ₩2,600

21. 다음 자료에 의하여 갑, 을 제품을 제조하는 기업의 을제품에 대한 제조간접비 배부액을 기계작업시간법에 의하여 계산하면 얼마인가?

〈 자 료 〉 4월의 제조간접비 실제 발생액 ₩810,000

4월의 제조활동에 관한 자료

제 품	완 성 일	직접노동시간	기계작업시간
갑 제 품	11월 20일	500시간	400시간
을 제 품	11월 28일	400시간	200시간

① ₩270,000 ② ₩450,000
③ ₩360,000 ④ ₩540,000

22. (주)서울은 직접원가를 기준으로 제조간접비를 배부한다. 다음 자료에 의해 작업지시서 NO.1 의 제조간접비 배부액은 얼마인가? ★★

	공장전체 발생원가	작업지시서 NO.1
직접 재료비	₩ 1,000,000	₩ 200,000
직접 노무비	2,000,000	400,000
직접 노동시간	1,000시간	200시간
제조 간접비	₩ 1,500,000	( )

① ₩ 100,000 ② ₩ 200,000
③ ₩ 300,000 ④ ₩ 400,000

23. 다음 자료에 의할 때 제조지시서 #1의 제조원가는 얼마인가? 단, 제조간접비는 직접노무비법을 이용하여 구한다. ★★

분 류	제조지시서 #1	총 원 가
직접재료비	₩20,000	₩200,000
직접노무비	18,000	108,000
제조간접비	( )	180,000

① ₩30,000 ② ₩68,000
③ ₩56,000 ④ ₩38,000

24. 다음은 제조간접비에 대한 자료이다. 제조간접비 예정배부율(시간당)과 예정배부액은 각각 얼마인가? ★

가. 예상 제조간접비	₩360,000
나. 예상 직접노동시간	7,200시간
다. 실제 제조간접비	₩270,000
라. 실제 직접노동시간	6,000시간

① 예정배부율 : ₩50 예정배부액 : ₩300,000
② 예정배부율 : ₩50 예정배부액 : ₩360,000
③ 예정배부율 : ₩60 예정배부액 : ₩300,000
④ 예정배부율 : ₩60 예정배부액 : ₩360,000

25. 다음 자료를 토대로 계산한 제조간접비 예정배부율로 옳은 것은? 단, 제조간접비는 직접노동시간을 기준으로 배부된다. ★

구 분	직접노동 연간 예상시간	제조간접비 연간 예상액
A 제 품	20,000시간	₩1,200,000
B 제 품	40,000시간	

① ₩20   ② ₩30   ③ ₩40   ④ ₩50

26. 일반적으로 제조간접비로 처리하는 것은? ★

① 임 금   ② 판매비와관리비
③ 전력비   ④ 원재료비

27. 제조간접비의 실제배부법에 관한 설명이다. 옳지 않은 것은? ★

① 배부율은 월말 이후에 알 수 있다.
② 월별로 배부율이 크게 달라질 수 있다.
③ 배부율은 [실제 제조간접비×실제 조업도]이다.
④ 원가계산의 신속성을 기할 수 있다.

28. 제조간접비를 예정배부하기 위한 배부액 계산방법을 나타낸 식으로 바른 것은? ★★★

① 제품별 배부기준의 실제발생액 × 예정배부율
② 제품별 배부기준의 예정소비액 × 예정배부율
③ 제품별 배부기준의 실제발생액 × 실제배부율
④ 제품별 배부기준의 예정소비액 × 실제배부율

29. 제조간접비의 예정배부에 관한 내용으로 틀린 것은?

① 제조간접비계정의 차변금액이 대변금액보다 많은 것은 실제발생액이 적은 경우이다.
② 제조간접비 예정배부액과 실제발생액의 차이는 제조간접비배부차이 계정에 대체한다.
③ 제조간접비 예정배부액은 재공품계정 차변에 기입한다.
④ 제조간접비 배부차이 중 정상적인 것은 매출원가계정에 대체한다.

30. (주)용인의 어느 원가계산기간의 제조간접비 예정배부액은 ₩245,000이고, 실제 발생액은 ₩250,000이었다. 이때 제조간접비 배부차이를 대체한 분개로 맞는 것은? ★★

① (차) 제조간접비배부차이   5,000   (대) 제 조 간 접 비   5,000
② (차) 제 조 간 접 비   5,000   (대) 제조간접비배부차이   5,000
③ (차) 재 공 품   5,000   (대) 제조간접비배부차이   5,000
④ (차) 제조간접비배부차이   5,000   (대) 매 출 원 가   5,000

31. (주)탐라는 제조간접비를 예정배부하고 있다. 당월 중에 배부한 제조간접비는 ₩12,000이었으나, 당월 말에 실제로 발생한 제조간접비는 ₩10,000인 것으로 밝혀졌다. 이 차이를 조정하기 위한 적절한 분개는? ★★★

① (차) 재 공 품   2,000   (대) 제 조 간 접 비   2,000
② (차) 제조간접비배부차이   2,000   (대) 제 조 간 접 비   2,000
③ (차) 제 조 간 접 비   2,000   (대) 제조간접비배부차이   2,000
④ (차) 제 조 간 접 비   2,000   (대) 재 공 품   2,000

32. 다음 분개를 바르게 추정한 것은?

> (차) 제조간접비 배부차이   4,000   (대) 제조간접비   4,000

① 제조간접비 예정 배부액이 실제 소비액보다 ₩4,000이 많다.
② 제조간접비 예정 배부액이 실제 소비액보다 ₩4,000이 적다.
③ 제조간접비 예정 배부액이 ₩4,000이다.
④ 제조간접비 실제 소비액이 ₩4,000이다.

33. 제조간접비를 예정배부하는 경우 아래의 제조간접비 계정에 대한 설명으로 옳은 것은? ★★

제 조 간 접 비

매 출 원 가 1,000	

① 제조간접비 실제발생액 ₩1,000을 매출원가계정에 대체하다.
② 제조간접비 예정배부액 ₩1,000을 매출원가계정에 대체하다.
③ 제조간접비 과다배부차액 ₩1,000을 매출원가계정에 대체하다.
④ 제조간접비 과소배부차액 ₩1,000을 매출원가계정에 대체하다.

34. 제조간접비를 예정배부하는 기업에서 과대배부액이 ₩1,000일 때의 분개는?

① (차) 재　공　품　　　　　1,000　　(대) 제 조 간 접 비　　　1,000
② (차) 제조간접비배부차이　1,000　　(대) 제 조 간 접 비　　　1,000
③ (차) 제 조 간 접 비　　　1,000　　(대) 제조간접비배부차이　1,000
④ (차) 제조간접비배부차이　1,000　　(대) 재　공　품　　　　　1,000

35. 제조간접비와 관련한 자료가 다음과 같을 경우 제조간접비 실제 발생액은 얼마인가? ★

> ·제조간접비 예정배부율 : 기계작업시간당 200원
> ·제조지시서의 기계작업시간 : 60,000시간
> ·제조간접비 과대배부 : 300,000원

① 12,000,000원　　　　　　　② 11,700,000원
③ 12,300,000원　　　　　　　④ 60,000,000원

36. (주)대한은 직접노무시간을 기준으로 예정 제조간접원가 배부율을 적용한다. (주)대한의 예정 직접노무시간은 30,000시간이며, 예정 제조간접원가는 ₩1,500,0000이다. 20×1년 실제 직접노무시간이 28,000시간인 경우, 이에 대한 제조간접비 예정배부 시의 회계처리로 옳은 것은? 단, (주)대한은 제조간접비의 실제발생이나 예정배부의 계정과목을 제조간접비로 통일하기로 하였다. ★

① (차) 제 조 간 접 비   1,400,000   (대) 재 공 품   1,400,000
② (차) 재 공 품   1,400,000   (대) 제 조 간 접 비   1,400,000
③ (차) 제 조 간 접 비   1,500,000   (대) 재 공 품   1,500,000
④ (차) 재 공 품   1,500,000   (대) 제 조 간 접 비   1,500,000

37. (주)세금은 제조간접비를 직접노무시간으로 예정배부하고 있다. 당초 제조간접비 예산금액은 1,500,000원이고, 예산직접노무시간은 500시간이다. 당기말 현재 실제 제조간접비는 1,650,000원이 발생하였고, 제조간접비의 배부차이가 발생하지 않을 경우 실제직접노무시간은 얼마인가? ★

① 450시간   ② 500시간   ③ 550시간   ④ 600시간

38. (주)대한에는 자동차사업부와 오토바이사업부의 두 개의 사업부만 존재한다. 다음은 (주)대한의 원가에 대한 자료이다. 그 내용이 옳지 않은 것은? ★

> 가. 자동차사업부에서는 20×1년 중에 총 10,000시간의 노무시간과 25,000시간의 기계사용시간이 발생했다.
>
> 나. 오토바이사업부에서는 20×1년 중에 총 30,000시간의 노무시간과 25,000시간의 기계사용시간이 발생했다.
>
> 다. 20×1년 (주)대한에서 발생한 전체 제조간접비는 ₩1,000,000이다.

① 노무시간을 기준으로 제조간접비를 배부하면 자동차사업부에는 ₩250,000이 배부된다.
② 기계사용시간을 기준으로 제조간접비를 배부하면 자동차사업부에는 ₩500,000이 배부된다.
③ 제조간접비의 배부 기준이 무엇이냐에 따라 각 사업부의 성과가 달라진다.
④ 이익을 기준으로 사업부가 평가된다면 오토바이사업부는 노무시간을 기준으로 제조간접비를 배부받기를 원할 것이다.

39. 다음은 제조간접비 예정배부에 관한 자료이다. 제조간접비배부차액은 얼마인가? ★★★

(1) 당월 중에 완성된 제품의 제조간접비 배부액은 다음과 같다.

제품 A	₩ 20,000
제품 B	30,000

(2) 당월말에 밝혀진 제조간접비 실제발생액은 다음과 같다.

간접재료비	₩ 24,000
간접노무비	20,000
간접제조경비	8,000

① ₩2,000 과대 배부 ② ₩22,000 과대 배부
③ ₩2,000 과소 배부 ④ ₩22,000 과소 배부

40. 제조간접비 예정배부율을 산정하면서 간접노무원가를 실수로 누락시켰을 때 초래될 수 있는 결과는 다음 중 어느 것인가? ★★

① 제조간접비가 과대 배부된다.
② 당기 제조제품원가가 과소 계상된다.
③ 제조간접비계정의 차변 기입액이 과소 계상된다.
④ 재공품계정의 기말 잔액이 과대 계상된다.

41. 실제생산량이 예상생산량보다 매우 낮음에도 불구하고 제조간접비에 대하여 예정배부를 실시한 결과, 제품원가의 차이가 중요하지 않은 것으로 나타났다면 그 이유로 가장 적합한 것은? ★

① 제조간접비가 주로 고정비로 구성
② 제조간접비가 주로 변동비로 구성
③ 제조간접비의 실제발생액이 예상했던 것보다 매우 낮음
④ 제조간접비의 실제발생액이 예상했던 것보다 매우 높음

42. (주)목포는 제조간접비를 직접노동시간에 따라 배부한다. 연간 직접노동시간과 제조간접비의 예산과 실제자료가 아래와 같을 때 (주)목포의 연간 제조간접비배부차이는 얼마인가? ★★★

구 분	예 산	실 제
직접노동시간	600시간	550시간
총제조간접비	₩7,200	₩6,800

① ₩200 과대배부   ② ₩400 과대배부
③ ₩200 과소배부   ④ ₩400 과소배부

43. (주)서울은 직접노무시간에 근거하여 제조간접비를 배부하고 있다. 실제직접노무시간은 1,000시간이었고, 예정직접노무시간은 900시간이었다. 실제 제조간접비는 ₩6,000이 발생했다. 만일 제조간접비가 ₩300 과대배부(배부초과) 되었다면, 제조간접비의 직접노무시간당 예정배부율은 얼마였겠는가? ★★★

① ₩5.4   ② ₩6
③ ₩6.3   ④ ₩7

44. 다음 자료에 의하여 직접재료비를 계산하면 얼마인가? 단, 제조간접비는 직접재료비의 60%를 예정 배부한다.

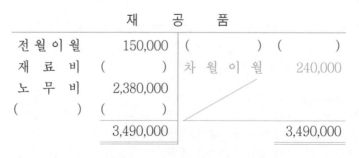

재 공 품

전 월 이 월	150,000	( )	( )
재 료 비	( )	차 월 이 월	240,000
노 무 비	2,380,000		
( )	( )		
	3,490,000		3,490,000

① ₩600,000   ② ₩576,000
③ ₩960,000   ④ ₩360,000

45. (주)신라는 제조간접비를 직접노무비의 120%로 예정배부하고 있다. 다음 자료에 의하여 재공품 계정상의 당기제품제조원가는 얼마인가? ★

가. 기초재공품	₩	11,000
나. 기말재공품		5,000
다. 당기 직접재료 소비액(실제)		25,000
라. 당기 직접노무비(실제)		10,000
마. 당기 제조간접비(실제)		8,000

① ₩49,000 ② ₩51,000
③ ₩53,000 ④ ₩55,000

46. 한국전자는 제조간접비를 직접노무시간을 기준으로 예정배부하고 있다. 당해 연도 초의 예상직접노무시간은 70,000시간이다. 당기 말 현재 실제제조간접비 발생액이 2,150,000원이고 실제 직접노무시간이 75,000시간일 때 제조간접비 배부차이가 250,000원 과대배부된 경우 당해 연도초의 제조간접비 예상액은 얼마였는가? ★

① 1,900,000원 ② 2,240,000원
③ 2,350,000원 ④ 2,400,000원

47. (주)고조선은 정상원가계산을 적용하고 있다. 2018년 연간 예상 제조간접비는 ₩50,000이며, 연간 예상직접노동시간은 1,000시간이다. 2018년 1월 제조간접비의 실제발생액은 ₩8,000이고, 실제 발생된 직접노동시간은 170시간이다. 1월의 제조간접비 과대(소)배부액은 얼마인가? 단, 제조간접비는 직접노동시간을 기준으로 예정배부한다. ★★★

① ₩1,000(과소배부) ② ₩1,000(과대배부)
③ ₩500(과소배부) ④ ₩500(과대배부)

48. 제조간접비 배부차이 조정방법에 해당하지 않는 것은? ★

① 비례배부법 ② 직접배분법
③ 매출원가조정법 ④ 영업외손익법

49. 다음 중 원가대상과 원가동인을 잘못 연결한 것은? ★

	원가대상	원가동인
①	제 품	작 업 시 간
②	구매부문	구매주문서
③	여객수송	거 리
④	제품설계	생 산 량

50. 수요의 계절적, 주기적 경기변동의 영향을 받는 경우에 제조간접비 예정배부액을 계산하기 위한 조업도로 가장 적절한 것은? ★

① 이론적 조업도(theoretical capacity)
② 실제적 조업도(practical capacity)
③ 정상조업도(normal capacity)
④ 기대실제조업도(expected actual capacity)

51. 제조간접비는 예정배부법을 이용하고 있으며, 제10기 중 예정배부액은 ₩300,000이나, 실제 발생한 제조간접비는 ₩250,000이었다. 이에 대한 설명으로 옳은 것은? 단, 제조간접비배부차이는 비례배분법(보충률법)을 이용하여 조정한다. ★

① 기말제품은 증가한다.   ② 매출원가는 증가한다.
③ 매출원가는 변화하지 않는다.   ④ 기말재공품은 감소한다.

52. (주)대한전자는 제조간접비배부차이를 조정하기 전에 재공품 및 제품의 기말재고가 각각 ₩320, ₩160이었으며, 매출원가는 ₩1,1200이었다. 제조간접비의 과대배부액이 ₩80인 경우, 안분법(비례배분법)에 의하여 기말조정을 실시한 이후 재공품의 기말재고는 얼마인가? ★

① ₩284   ② ₩304
③ ₩336   ④ ₩356

Chapter / Nine

53. 제조간접비 배부시에 예정배부법을 사용하는 (주)ABC는 제조간접비배부차이를 계산한 결과 제조간접비배부차이계정의 차변잔액이 500,000원 발생하였다. 배부차이를 총원가비례법을 이용하여 처리하는 경우 조정후 매출원가는 얼마인가? ★

구 분	재 공 품	완 성 품	매출원가
직 접 재 료 비	1,000,000	1,500,000	500,000
직 접 노 무 비	1,000,000	1,500,000	2,000,000
제 조 경 비	1,000,000	1,000,000	500,000
계	3,000,000	4,000,000	3,000,000

① 2,850,000원   ② 3,150,000원
③ 3,200,000원   ④ 3,500,000원

54. (주)대한은 제조간접비를 예정배부율을 기준으로 배부하고 있다. 예정배부한 제조간접비와 실제발생한 제조간접비와의 차액을 조정(비례배부법을 사용)하고자 한다. 이에 대한 설명으로 옳은 것은? ★

① 초과배부차이는 매출원가를 상향 조정한다.
② 부족배부차이는 매출원가를 하향 조정한다.
③ 초과배부차이는 기말재공품, 기말제품, 매출원가를 상향 조정한다.
④ 부족배부차이는 기말재공품, 기말제품, 매출원가를 상향 조정한다.

55. 제조간접비를 예정배부하는 경우, 다음의 제조간접비배부차이 계정에 대한 설명으로 옳은 것은? ★★

제조간접비배부차이

매 출 원 가	10,000	

① 제조간접비 실제발생액 ₩10,000을 매출원가 계정에 대체하다.
② 제조간접비 예정발생액 ₩10,000을 매출원가 계정에 대체하다.
③ 제조간접비 과대배부차액 ₩10,000을 매출원가 계정에 대체하다.
④ 제조간접비 과소배부차액 ₩10,000을 매출원가 계정에 대체하다.

제4장. 원가의 배부   **211**

01 부문별 원가계산

1. 부문비에 대한 내용이다. 적합하지 않은 것은?

① 제조간접비를 발생한 장소인 부문별로 분류, 집계한 원가를 부문비라 한다.
② 제조부문비는 적절한 배부기준에 따라 각 제품에 적절히 배부한다.
③ 원가부문은 일반적으로 제조부문과 보조부문으로 나누어 설정한다.
④ 부문별 원가계산의 대상이 되는 원가는 제조직접비이다.

2. 부문별 원가계산에 대한 설명이다. 옳지 않은 것은? ★★★

① 원가부문은 원가요소를 분류집계하는 계산상의 구분으로서 제조부문과 보조부문으로 구분한다.
② 보조부문은 직접 생산활동을 수행하지 아니하고 제조부문을 지원·보조하는 부문으로서 그 수행하는 내용에 따라 세부할 수 있다.
③ 원가의 부문별 계산은 원가요소를 제조부문과 보조부문에 배부하고 보조부문비는 직접배부법·단계배부법 또는 상호배부법 등을 적용하여 각 제조부문에 합리적으로 배부한다.
④ 부문공통비는 원가발생액을 당해 발생부문에 직접 배부하고, 부문개별비는 인과관계 또는 효익관계 등을 감안한 합리적인 배부기준에 의하여 관련부문에 부과한다.

3. 다음은 부문별원가계산의 절차이다. 바르게 나열한 것은?

> ㉠ 부문개별비를 각 부문에 부과
> ㉡ 보조부문비를 제조부문에 배부
> ㉢ 제조부문비를 각 제품에의 배부
> ㉣ 부문공통비를 각 부문에 배부

① ㉠ - ㉡ - ㉢ - ㉣   ② ㉠ - ㉣ - ㉡ - ㉢
③ ㉣ - ㉠ - ㉢ - ㉡   ④ ㉠ - ㉣ - ㉢ - ㉡

4. 부문별 제조간접비 배부에 대한 내용이다. 옳지 않은 것은? ★★

① 보조부문비를 제조부문별로 배부하는 문제는 공장전체 제조간접비 배부율을 사용할 경우에 한해서 고려될 수 있다.

② 보조부문비를 직접배부법, 단계배부법, 상호배부법 중 어떤 배부방법에 의하여 배부하느냐에 따라 각 제조부문에 집계된 제조간접비가 달라지게 된다.

③ 부문별 제조간접비 배부율을 사용한다면, 각 제조부문별로 서로 다른 제조간접비 배부기준을 적용하게 된다.

④ 공장전체 제조간접비 배부총액과 부문별 제조간접비 배부총액은 일치하나, 공장전체 제조간접비 배부보다 부문별 제조간접비 배부가 더 정확하다.

5. 부문비배부표의 작성 목적을 가장 잘 설명한 것은?

① 제조간접비를 각 부문에 배부하기 위하여

② 제조직접비를 각 제조지시서별로 배부하기 위하여

③ 보조부문비를 각 제조부문에 재배부하기 위하여

④ 원가를 제조직접비와 제조간접비로 분류하기 위하여

6. 보조부문비 배부표에 대한 설명으로 맞는 것은?

① 제조부문비를 각 보조부문에 배부하는 표

② 보조부문비를 각 제조부문에 배부하는 표

③ 제조부문비를 각 제품에 부과하기 위하여 작성하는 표

④ 제조간접비를 각 부문별로 부과하기 위하여 작성하는 표

7. 부문공통비를 부문에 배부하는 기준을 열거한 것 중 배부기준으로 보편적이지 않은 것은? ★★

① 건물의 감가상각비 : 부문의 점유면적

② 중앙난방비 : 부문의 기계시간

③ 복리후생비 : 부문의 인원수

④ 전력비 : 부문의 전력사용량

8. (주)상공은 각 보조부문의 원가를 제조부문에 배부하기 위하여 각 보조부문의 원가를 배부하기 위한 기준을 선택하고 있다. 다음 중 각 보조부문의 원가를 배부하기 위한 기준으로 가장 옳지 않은 것은? ★★★

① 전력부문 : 각 제조부문의 종업원 수
② 수선부문 : 수선유지횟수 또는 수선작업시간
③ 품질검사 : 검사수량, 검사인원 또는 검사시간
④ 공장관리부문 : 각 제조부문이 차지하고 있는 점유면적

9. 다음은 부문직접비와 부분간접비의 예를 든 것이다. 옳지 않은 것은? ★★

부문직접비	부문간접비
① 부문감독자의 급여	공장장의 급여
② 부문기계의 감가상각비	공장건물의 재산세
③ 부문의 소모품비	공장건물의 감가상각비
④ 부문기계의 특별수리비	부문의 간접노무비

10. 보조부문비를 배분하는 목적으로 옳지 않은 것은? ★★

① 부문 상호간에 원가 통제를 위해
② 제조직접비를 각 부문별로 집계하기 위해
③ 외부 보고를 위한 재고자산 및 이익 측정을 위해
④ 경제적 의사결정을 위한 최적의 자원 배분을 위해

11. 보조부문비의 배부와 관련된 설명들이다. 이 중에서 옳지 않은 것은? ★★

① 생산부문에서 발생한 원가를 생산 지원(보조)부문에 배부한 후 최종적으로 제품에 배부하는 방법을 일반적으로 부문별 원가계산이라고 한다.
② 생산부문(production department)에서는 부품생산, 조립, 가공처리 등을 수행하면서 제품생산에 직접 관여한다.
③ 지원(보조)부문(support department)에서는 재료의 구입과 보관, 생산설비 점검과 보수, 시설관리와 청소, 경비 등을 담당한다.
④ 제조간접비를 보다 더 정확하게 배부하기 위해 부문별 원가의 발생과 흐름을 추적하는 것이다.

12. 부문별원가계산에서 보조부문의 원가를 제조부문에 배부하는 방법이 아닌 것은? ★★★

① 직접배부법   ② 간접배부법
③ 단계배부법   ④ 상호배부법

13. 보조부문비의 배부 방법 중 직접배부법에 관한 설명으로 옳은 것은? ★

① 보조 부문비를 제조 부문뿐만 아니라 보조 부문 상호간에도 배부하는 방법이다.
② 다른 배부법보다 계산과정이 다소 복잡하지만 원가배부가 정확하다.
③ 보조부문 상호간에 용역 수수관계가 많은 경우 배부 결과의 부정확성이 크다는 단점이 있다.
④ 일단 특정 보조 부문비가 다른 보조 부문에 배부된 다음에는 다시 배부되지 않는다.

14. 단계 배부법에 대한 설명으로 올바른 것은?

① 보조부문비를 직접재료부문에 재부하는 방법이다.
② 보조부문 상호간의 용역수수 관계를 완전히 인식하는 방법이다.
③ 보조부문간에 일정한 배부순서를 정한 다음 그에 따라 제조부문과 보조부문에 배부하는 방법이다.
④ 보조부문 상호간의 용역수수가 없는 경우에 적절한 배부방법이다.

15. 보조부문비를 제조부문에 배부하는 방법 중 상호배부법을 올바르게 설명한 것은? ★★

① 보조부문 상호간의 용역수수를 무시하고 제조부문에만 배부하는 방법이다.
② 보조부문간의 일정한 배부순서를 정한 다음 그에 따라 제조부문과 보조부문에 배부하는 방법이다.
③ 보조부문비를 직접 각 제품에 배부하는 방법이다.
④ 보조부문 상호간의 용역수수를 고려하여 보조부문과 제조부문에 배부하는 방법이다.

16. 보조부문간의 용역수수관계를 완전히 인식하는 배분법은? ★★

① 상호 배분법   ② 단계 배분법
③ 직접 배분법   ④ 무 배분법

17. 제조간접비 중에서 특정 부문에의 직접 추적이 어려워 일정한 기준을 이용하여 각 부문에 배분을 하여야 하는 원가를 무엇이라고 하는가? ★

① 보조부문비   ② 부문직접비
③ 부문공통비   ④ 부문개별비

18. 보조부문들 간에 배부 순서를 정한 다음, 그 배부 순서에 따라 보조부문비를 순차적으로 다른 보조부문과 제조부문에 배부하는 방법은? ★

① 직접배부법   ② 연속배부법
③ 상호배부법   ④ 단계배부법

19. 부문별 원가계산에 관한 설명이다. 적절하지 않은 것은? ★★

① 직접배부법은 보조부문 상호간의 용역수수를 완전히 무시하는 방법이다.
② 부문별 제조간접비 배부는 공장전체 제조간접비 배부보다 정확하다.
③ 제조부문은 부문의 특성에 따라 배부기준을 달리할 수 있다.
④ 단계배부법은 보조부문 상호간의 용역수수를 완전하게 고려한다.

20. 보조부문비와 관련된 설명이다. 가장 틀린 것은? ★

① 이중배분율법(dual allocation method)에 직접배분법, 단계배분법, 상호배분법을 적용할 수 없다.
② 원가행태에 의한 배분방법으로 단일배분법과 이중배분율법이 있다.
③ 상호배분법은 보조부문비를 용역수수관계에 따라 다른 보조부문과 제조부문에 배부하는 방법이다.
④ 이중배분율법은 원가행태에 따라 배부기준을 달리 적용한다.

21. 보조부문원가를 배분하는 방법과 설명이다. 잘못 연결된 것은? ★

① 보조부문원가를 다른 보조부문에는 배분하지 않고 제조부문에만 배분하는 방법 – 직접배분법
② 보조부문원가를 배분순서에 따라 순차적으로 다른 보조부문과 제조부문에 배분하는 방법 – 단계배분법
③ 보조부문 상호간의 용역수수관계를 완전히 인식하여 보조부문원가를 다른 보조부문과 제조부문에 배분하는 방법 – 상호배분법
④ 계산의 정확성은 직접배부법 > 단계배부법 > 상호배부법 순으로 나타난다.

22. 보조부문 상호간의 용역 수수 관계가 없거나 그다지 중요하지 않아 보조부문 상호간 용역의 수수관계를 전혀 인식하지 않는 방법은? ★★★

① 직접배부법   ② 단계배부법
③ 상호배부법   ④ 연속배부법

23. 보조부문원가의 배부방법을 설명한 것이다. 적합하지 않은 것은? ★★★

① 상호배부법은 보조부문 상호간의 용역수수 관계를 전부 반영한다.
② 직접배부법은 보조부문 상호간에 직접 배부하는 것이다.
③ 단계배부법은 보조부분의 배부순서에 따라 배부액이 달라질 수 있다.
④ 상호배부법이 단계배부법보다 더 정확하다.

24. 보조부문원가의 배분방법에 대한 설명으로 옳지 않은 것은? ★

① 상호배분법은 가장 정확성이 높은 배분방법이다.
② 직접배분법은 배분순위를 고려하지 않는 가장 단순한 방법이다.
③ 직접배분법은 단계배분법에 비해 순이익을 높게 계상하는 배분방법이다.
④ 보조부문원가 배분방법 중 배분순위를 고려하여 배분하는 것은 단계배분법이다.

25. 보조부문 상호간에 보조용역을 주고 받는 경우 보조부문비의 배분방법으로 가장 부적당한 방법은?

① 상호배부법   ② 단계배부법
③ 직접배부법   ④ 연립방정식법

26. 보조부문 상호간 용역의 수수가 있을 경우 보조부문비를 제조부문과 다른 보조부문에 용역수수의 정도에 따라 계속해서 배부하는 방법은? ★★

① 상호배부법   ② 단계배부법
③ 직접배부법   ④ 간접배부법

【 문제 27~30 】 다음 (주)금강의 부문비 배부내역을 읽고 물음에 답하시오.

보조부문이 다른 부문에 제공하는 용역의 양

적 요	제 조 부 문		보 조 부 문		합 계
	절단부문	용접부문	동력부문	수선부문	
자기부문발생액	350,000	280,000	120,000	80,000	830,000
제공한용역 :					
동력부문(Kwh)	4,000	4,000	—	2,000	10,000
수선부문(시간)	120	80		50	250

27. 자기부문 발생액 ₩830,000이 뜻하는 것은? ★

① 재료비 발생액
③ 제조직접비 발생액
② 제조간접비 발생액
④ 노무비 발생액

28. 보조부문비를 직접배부법으로 배부하는 경우 절단부문에의 보조부문비 배부액은 얼마인가? ★★

① ₩92,000
③ ₩86,400
② ₩ 73,600
④ ₩108,000

29. 직접배부법으로 보조부문비를 제조부문에 배부하면, 용접부문의 부문비 합계는 얼마인가? ★★

① ₩372,000
③ ₩353,600
② ₩458,000
④ ₩436,400

30. 절단부문의 부문비 합계액을 직접배부법에 의해 계산하고 이를 직접작업시간법에 의해 제조지시서별로 배부하면 제조지시서 #1에 배부될 금액은 얼마인가? (단, 제조지시서별 직접작업시간은 다음과 같다.)

제조지시서번호	# 1	# 2	# 3
직접작업시간	200시간	200시간	100시간

① ₩174,560
③ ₩148,800
② ₩183,200
④ ₩141,440

31. 다음 보조부문의 원가를 직접배부법을 사용하여 제조부문에 배부할 경우 제조부문 중 절단부문에 배부되는 보조부문의 원가는 얼마인가? ★★★

	제 조 부 문		보 조 부 문	
	절단부문	조립부문	동력부문	수선부문
자기부문발생액	₩72,000	₩68,000	₩30,000	₩14,000
동력부문(kW/h)	600	400	–	500
수선부문(횟수)	40	60	50	–

① ₩18,000　　② ₩ 5,600　　③ ₩23,600　　④ ₩34,000

32. (주)한우물은 단계배부법을 이용하여 보조부문 제조간접비를 제조부문에 배부하고자 한다. 각 부문별 원가발생액과 보조부문의 용역공급이 다음과 같을 경우 수선부문에서 절단부문으로 배부될 제조간접비는 얼마인가?(단, 전력부문부터 배부한다고 가정함) ★★★

구 분	제 조 부 문		보 조 부 문	
	조립부문	절단부문	전력부문	수선부문
자기부문 제조간접비	200,000원	400,000원	200,000원	360,000원
전력부문 동력공급(kw)	300	100	–	100
수선부문 수선공급(시간)	10	40	50	–

① 160,000원　　② 200,000원　　③ 244,000원　　④ 320,000원

33. (주)인천의 당년도 6월 중에 생산한 보조용역의 사용비율은 다음과 같다.

구 분	갑제조부문	을제조부문	동력부문	수선부문
동 력 부 문	20%	40%	–	40%
수 선 부 문	40%	40%	20%	–

당월에 발생한 동력부문비와 수선부문비는 각각 ₩200,000과 ₩380,0000이다. (주)인천은 보조부문비의 배부에 상호배부법을 사용한다. 갑제조부문에 배부되는 총보조부문비는 얼마인가?

① ₩300,000　　② ₩500,000　　③ ₩320,000　　④ ₩260,000

34. 부문비에 대한 설명 중 옳지 않은 것은? ★

① 공장 전체 제조간접비 배부율을 사용하면 제조부문과 보조부문에서 발생한 총제조간접비를 각각의 이중배부율법에 의하여 개별 제품에 배부하게 되지만, 공장 전체의 제조간접비는 변함이 없다.

② 보조부문원가는 보조부문 상호간의 용역수수관계를 어떻게 인식하느냐에 따라 직접배분법, 단계배분법, 상호배분법의 방법으로 원가를 배분한다.

③ 단일배부율법은 보조부문비와 제조부문비를 제조부문에 배부할 때 변동비와 고정비로 구분하지 않고 하나의 배부율을 사용하여 배부하는 것이고, 이중배부율법은 변동비와 고정비를 구분하여 별개의 배부기준을 사용하여 배부하는 것이다.

④ 직접배부법, 단계배부법, 상호배부법은 단일배부율법에서 뿐만 아니라 이중배부율법에서도 사용할 수 있다.

35. (주)상공은 월중에 절단부문비 ₩100,000과 조립부문비 ₩120,000을 예정 배부하였다. 월말에 집계된 부문비의 실제발생액은 절단부문 ₩80,000과 조립부문 ₩90,000으로 집계되었다. 부문비 실제발생액을 인식하는 분개로 옳은 것은? ★★

① (차) 재 공 품　170,000　(대) { 절단부문비　80,000 / 조립부문비　90,000 }

② (차) 제조간접비　170,000　(대) { 절단부문비　80,000 / 조립부문비　90,000 }

③ (차) { 절단부문비　80,000 / 조립부문비　90,000 }　(대) 재 공 품　170,000

④ (차) { 절단부문비　80,000 / 조립부문비　90,000 }　(대) 제조간접비　170,000

36. (주) 상공의 당월 중에 제조부문비 예정배부액은 ₩55,000이고, 당월 말에 제조부문비 실제배부액은 ₩50,000인 것으로 밝혀졌다. 이 차이를 조절하기 위한 적절한 분개로 옳은 것은? ★

① (차) 보 조 부 문 비　5,000　(대) 제 조 부 문 비　5,000
② (차) 제 조 부 문 비　5,000　(대) 부문비배부차이　5,000
③ (차) 제 조 부 문 비　5,000　(대) 보 조 부 문 비　5,000
④ (차) 부문비배부차이　5,000　(대) 제 조 부 문 비　5,000

37. 제조부문비(총액 ₩42,000) 제품별 배부액을 직접재료비를 기준으로 계산할 때, 절단부문비와 조립부문비의 배부율은 각각 얼마인가? ★★

> • 제조부문비 : 절단부문비 ₩28,000   조립부문비 ₩14,000
> • 직접재료비 : ₩50,000(A제품 ₩20,000, B제품 ₩30,000)
> • 직접노무비 : ₩20,000(A제품 ₩9,000, B제품 ₩11,000)

① 절단부문 배부율 : ₩0.4   조립부문 배부율 : ₩0.2
② 절단부문 배부율 : ₩0.56   조립부문 배부율 : ₩0.28
③ 절단부문 배부율 : ₩0.4   조립부문 배부율 : ₩0.28
④ 절단부문 배부율 : ₩0.56   조립부문 배부율 : ₩0.2

38. (주)대한은 두 개의 보조부문 A, B와 두 개의 제조부문 X, Y를 갖고 있다. 아래 자료를 이용하여 상호배부법에 의해 보조부문 원가를 제조부문에 배부하는 경우 보조부문 A에 대해 설정될 방정식은? ★

구분	제조부문		보조부문		합계
	X	Y	A	B	
A	60%	20%	–	20%	100%
B	45%	45%	10%	–	100%
부문비	₩30,000	₩20,000	₩18,000	₩15,000	

① A = 18,000 + 0.1B   ② A = 18,000 + 0.2B
③ B = 15,000 + 0.1A   ④ B = 15,000 + 0.2A

39. 보조부문에서 발생한 원가도 생산과정에서 반드시 필요한 원가이므로 제품원가에 포함시키기 위하여 제조부문에 배분되어야 한다. 이때 보조부문 원가 행태에 따른 배분방법으로는 단일배분율법과 이중배분율법이 있다. 다음 중에서 이중배분율법의 장점만 짝지은 것은? ★

> A. 원가 배분절차가 복잡하지 않아 비용과 시간이 절약된다.
> B. 원가부문 활동에 대한 계획과 통제에 더 유용한 정보를 제공할 수 있다.
> C. 원가발생액과 원가대상 사이의 인과관계가 더 밀접해질 수 있다.
> D. 배분과정에서 발생할 수 있는 불공정성이 감소하기 때문에 더 공정한 성과평가가 이루어질 수 있다.

① A, B, C   ② A, C, D   ③ B, C, D   ④ A, B, C, D

40. 다음은 (주)대한의 20×1년 중 갑제품과 을제품을 생산하는 데 각각 소비한 기계시간과 노무시간에 관련된 자료이다. 갑제품에 배부되는 제조간접원가는 얼마인가? 단, (주)대한의 제조간접원가는 조립부문과 도색부문에서만 발생하며, 보조부문비의 제조부문에 대한 배부는 직접배부법에 의한다. ★★

구분	제조간접원가	갑제품	을제품
조립부문 (기계시간 기준)	₩100,000	100시간	100시간
도색부문 (노무시간 기준)	₩200,000	300시간	200시간

① ₩100,000
② ₩120,000
③ ₩150,000
④ ₩170,000

41. 제품 A의 제조간접비 배부액으로 옳은 것은? ★★

주안사업(주)는 제1제조부문과 제2제조부문을 통하여 제품 A와 제품 B를 생산하며, 제조간접비 배부는 예정배부에 의하고 있다. 제1제조부문과 제2제조부문의 예정배부율은 각각 ₩200/노동시간과 ₩150/기계시간이고, 제품A에 대한 부문별 작업시간은 다음과 같다.

구 분	제 1 제조부문		제 2 제조부문	
	노동시간	기계시간	노동시간	기계시간
제품A	700시간	500시간	200시간	400시간

① ₩105,000
② ₩135,000
③ ₩180,000
④ ₩200,000

42. 다음 중 보조부문과 배부기준의 대응이 가장 적절하지 않은 것은? ★★★

	보조부문	배부기준
①	건물관리부분	점유면적
②	수선유지부문	작업시간
③	식당부문	배식시간
④	동력부문	전력소비량

43. 보조부문비의 제조부문 배부에 대한 설명이다. 옳지 않은 것은? ★★

① 배부 방법의 복잡성은 상호배부법 > 단계배부법 > 직접배부법 순이다.
② 보조부문 상호간의 용역수수가 중요하지 않은 경우 사용하는 방법은 직접배부법이다.
③ 상호배부법은 일정한 배부 순서를 정한 다음 그 순서에 따라 제조부분과 보조부문에 배부하는 방법이다.
④ 보조부문비는 직접적인 제조활동을 수행하지 않고 제조부문에 용역을 제공한 것으로 용역제공 비율을 고려하여 적절한 방법으로 제조부문에 배부하여야 한다.

44. 보조부문비를 제조부문에 배부하는 다음의 방법들 중 인과관계와 경제적 실질을 가장 정확하게 반영하는 방법은? ★★

① 직접배부법　　　　　　② 단계배부법
③ 상호배부법　　　　　　④ 인과기준배부법

45. 다음의 부문별 원가계산 자료를 토대로 보조부문비를 상호배부법으로 배부할 경우 옳지 않은 설명은? ★

부문 항목	제 조 부 문		보 조 부 문		합 계
	A부문	B부문	C부문	D부문	
자가부문발생액	₩200,000	₩100,000	₩120,000	₩70,000	₩490,000
제공용역					
C부문	50%	30%	–	20%	100%
D부문	40%	30%	30%	–	100%

① 보조부문 상호간에 이루어지는 용역의 수수에 대해서도 엄격하게 대체 계산을 수행하는 방법이다.
② 보조부문 상호간의 용역수수 관계를 전부 반영하기에, 보조부문 상호간의 대체 계산은 용역의 수수가 전제되는 한 한없이 되풀이 될 수 있다.
③ 일반적으로는 보조부문 상호간의 대체를 단 한번으로 한정하고, 그 결과로서 집계된 보조부문비는 직접배부법에 의하여 각 제조부문에 배부하는 방법이 사용된다.
④ C보조부문에서 A제조부문으로 배부되는 금액은 ₩115,000이다.

01 개별원가계산

1. 개별원가계산에 대한 설명 중 옳지 않은 것은? ★★★

① 제조간접비가 발생하지 않는다.
② 조선업, 출판업, 건축업 등의 업종에 적합하다.
③ 개별 작업별 원가는 원가계산표에 의하여 관리된다.
④ 다양한 제품을 주문에 의해 소량으로 생산하는 기업에 적합하다.

2. 개별원가계산의 의의, 적용 범위, 종류에 대한 전반적인 내용이다. 다음 중 옳지 않은 것은? ★★

① 주로 고객의 주문에 따라 서로 다른 여러 종류의 제품을 소량씩 개별적으로 생산하는 조선업, 건설업, 영화제작업 등에서 사용한다.
② 제품별로 제조를 지시하는 제조지시서를 사용하고 있기 때문에 제조지시서 번호별로 원가를 집계한다.
③ 원가계산은 제조지시서별로 언제라도 수행할 수 있으므로 종합원가계산에 비해 원가계산기간은 중요하지 않다.
④ 월말에 완성된 제조지시서의 제조원가는 월말재공품원가가 되며, 미완성된 제조지시서의 제조원가는 완성품원가가 된다.

3. 개별원가계산(Job-order costing)과 관련된 설명들이다. 그 내용이 옳지 않는 것은? ★★★

① 직접원가는 작업별로 직접 추적하고 간접원가는 배부기준에 따라 배부하여 제품이나 서비스이 원가를 계산한다.
② 조선업이나 건설업 등과 같이 수요자의 주문에 따라 제품을 생산하는 업종에서 주로 사용된다.
③ 직접재료원가, 직접노무원가, 제조간접원가 모두를 실제원가로 계산하는 것을 실제개별원가계산이라 한다.
④ 직접재료원가, 직접노무원가, 제조간접원가 모두를 예정배부율을 사용해 예정원가로 계산하는 것을 정상개별원가계산이라 한다.

4. 개별원가계산을 사용하기가 가장 적절한 업종은 어느 것인가? ★★★

① 수험서 출판업   ② 타이어 제조업
③ 시멘트 생산업   ④ 개인주택 건설업

5. 특정 제품을 주문생산하는 업종인 건설업, 조선업 등에 적절한 제품원가계산 방법은 어느것인가? ★★

① 요소별원가계산   ② 부문별원가계산
③ 개별원가계산   ④ 종합원가계산

6. 고객이 주문한 특정 제품의 제조를 작업현장에 지시하는 문서를 무엇이라 하는가? ★★

① 제조지시서   ② 출고청구서
③ 작업현장 보고서   ④ 출고전표

7. 개별원가계산 제도하에 있어 각 작업별 직접재료비, 직접노무비, 제조간접비 등이 집계, 기록되는 장소는?

① 재료출고청구서   ② 매입주문서
③ 작업시간보고서   ④ 원가계산표

8. 일반적인 개별원가계산의 절차를 올바르게 나열한 것은? ★

> ㉠ 직접원가를 계산하여 개별작업에 직접 부과한다.
> ㉡ 간접원가를 배부율을 계산하여 개별작업에 배부한다.
> ㉢ 공장별 혹은 부서별로 간접원가를 집계한다.
> ㉣ 원가집적대상이 되는 개별작업을 파악한다.
> ㉤ 간접원가의 배부기준을 설정한다.

① ㉣-㉤-㉢-㉡-㉠   ② ㉤-㉣-㉠-㉢-㉡
③ ㉤-㉢-㉡-㉣-㉠   ④ ㉣-㉠-㉢-㉤-㉡

9. 다음은 개별원가계산을 시행하고 있는 (주)상공공업의 7월 말 현재의 원가계산표이다. 제품계정과 관련된 분개로 옳은 것은? ★★★

제조지시서	#201	#202	#203
전 월 이 월	₩ 3,000	–	–
직 접 재 료 비	₩ 4,400	₩ 6,400	₩ 4,800
직 접 노 무 비	₩ 2,600	₩ 3,800	₩ 2,500
제 조 간 접 비	₩ 1,400	₩ 3,500	₩ 4,300
계	₩11,400	₩13,700	₩11,600
기 말 현 황	완성	미완성	미완성

① (차) 재　공　품　11,400　(대) 제　　　품　11,400
② (차) 제　　　품　25,300　(대) 재　공　품　25,300
③ (차) 제　　　품　11,400　(대) 재　공　품　11,400
④ (차) 재　공　품　25,300　(대) 제　　　품　25,300

10. 다음은 (주)한국의 당기 제조활동과 관련된 자료이다. 당기의 총 제조간접비가 ₩800이고 직접노무비법을 이용하여 제조간접비를 배부하며 제조지시서 #1과 #2는 당기에 완성되었으나, #3은 당기 말 현재 미완성일 때 당기제품제조원가와 기말재공품원가를 계산한 것으로 옳은 것은? ★★★

제조지시서	직접재료비	직접노무비
#1	₩200	₩100
#2	₩300	₩200
#3	₩150	₩100

① 당기제품제조원가 : ₩　800　기말재공품원가 : ₩　250
② 당기제품제조원가 : ₩1,400　기말재공품원가 : ₩　450
③ 당기제품제조원가 : ₩　500　기말재공품원가 : ₩1,350
④ 당기제품제조원가 : ₩　900　기말재공품원가 : ₩　950

11. 다음 자료를 이용하여 제조지시서 #1에 발생한 제조원가를 구하면 얼마인가?

구 분	제조지시서 #1	제조지시서 #2	제조지시서 #3
직접재료비	₩ 20,000	₩ 32,000	₩ 28,000
직접노무비	24,000	36,000	20,000

위의 세 작업에서 발생한 제조간접비 총액은 ₩48,000이며, 직접재료비법을 이용하여 제조간접비를 배부한다.

① ₩12,000　　② ₩58,400　　③ ₩56,000　　④ ₩57,200

12. 다음은 20×1년 5월 중 원가자료이다. 직접원가법에 의하여 계산한 작업 #5의 제조간접비 배부액으로 옳은 것은? ★

가. 5월 중 제조간접비 발생액 ₩60,000

나. 5월 중 수행된 작업별 원가 발생액

구 분	작업#2	작업#5	작업#7	합 계
직접재료비	₩50,000	₩30,000	₩20,000	₩100,000
직접노무비	₩24,000	₩16,000	₩10,000	₩50,000

① ₩16,000　　② ₩18,000　　③ ₩18,400　　④ ₩19,200

13. 개별원가계산을 채택하고 있는 춘천공업사의 당월 생산과 관련한 원가자료는 다음과 같다. 제조지시서 No.121과 No.131은 당월에 완성되었고, No.141은 월말 현재 미완성 상태에 있다. 제조간접비는 직접노무비에 대하여 75%를 배부한다면 당월 제품제조원가는 얼마인가? ★★

	No. 121	No. 131	No. 141
전월이월액	₩14,300	–	–
직접재료비	43,150	₩32,500	₩28,700
직접노무비	33,500	54,000	34,000
계	90,950	86,500	62,700

① ₩88,200　　② ₩116,075　　③ ₩243,075　　④ ₩331,275

14. 개별원가계산을 채택하고 있는 나주공업사는 당월 제조지시서 No.115를 착수하여 당월 완성하였다. 다음의 자료를 이용하여 제조지시서 No.115의 제품제조원가를 계산하면 얼마인가? ★★★

제조지시서 No.115		제 조 간 접 비	
직접재료비	₩ 35,000	제조간접비 예산액	₩123,000
직접노무비	₩ 25,000	조업도예산(직접노동시간)	600시간
직접노동시간	85시간		

① ₩60,000   ② ₩60,085
③ ₩70,600   ④ ₩77,425

15. 큰나라 주식회사는 제조간접비를 기계시간에 근거한 예정배부율을 이용하여 개별작업에 배부하고 있다. 작은 마을 회사가 주문한 작업에 대한 자료는 다음과 같다. 이 작업의 총원가는 얼마인가? ★★★

직접재료비 소비액	₩ 4,200,000
직접노무시간	300시간
시간당 직접노무임율	₩ 8,000
기계시간	200시간
기계시간당 예정배부율	₩ 15,000

① ₩ 9,600,000   ② ₩ 8,000,000
③ ₩10,300,000   ④ ₩11,100,000

16. 개별원가계산에서 이미 구입한 직접재료를 사용하면 다음 어느 계정이 증가하는가?

① 재공품계정   ② 제조간접비계정
③ 원재료계정   ④ 노무비계정

17. 개별원가계산에 있어서 직접노동자에게 지급한 복리후생비는 어떤 항목으로 분류하여야 하는가?

① 직접노무원가   ② 제조간접원가
③ 간접노무원가   ④ 판매비와관리비

18. (주)강원의 당월 중에 실제로 발생한 총원가 및 제조지시서 #1의 제조에 실제로 발생한 원가는 다음과 같다.

구 분	총 원 가	제조지시서 #1
직 접 재 료 비	₩ 8,000,000	₩ 200,000
직 접 노 무 비	10,000,000	260,000
제 조 간 접 비	1,600,000	( )

당월 중 실제직접노동시간은 10,000시간이었으며, 이 중 제조지시서#1의 제조에 투입된 시간은 520시간이었다. (주)강원이 제조간접비를 직접노동시간을 기준으로 실제배부하는 경우 제조지시서#1의 제조원가는 얼마인가? ★

① ₩460,000
② ₩ 1,292,000
③ ₩543,200
④ ₩19,600,000

19. 공장전체 제조간접비 배부와 부문별 제조간접비배부에 관한 다음 설명 중 적합하지 않은 것은? ★★

① 공장전체 제조간접비배부 총액과 부문별 제조간접비배부 총액은 일치한다.
② 공장전체 제조간접비배부가 부문별 제조간접비배부보다 더 정확하다.
③ 부문별 제조간접비배부는 부문별로 다른 배부기준을 사용할 수 있다.
④ 공장 전체 제조간접비배부는 단일 배부기준을 사용한다.

20. 개별원가계산을 하고 있는 세원제약의 4월의 제조지시서와 원가자료는 다음과 같다.

	제 조 지 시 서	
	#101	#102
생 산 량	1,000단위	1,000단위
직 접 노 동 시 간	600시간	600시간
직 접 재 료 비	1,350,000원	1,350,000원
직 접 노 무 비	2,880,000원	2,460,000원

4월의 실제 제조간접비 총액은 4,000,000원이고, 제조간접비는 직접노동시간당 2,700원의 배부율로 예정배부되며, 제조지시서 #101은 4월 중 완성되었고, #102는 미완성상태이다. 4월말 생산된 제품의 단위당 원가는 얼마인가? ★

① 5,900원
② 5,850원
③ 5,520원
④ 5,190원

21. 제조간접비 배부기준에 관한 설명 중 옳지 않은 것은? ★★

① 공장 전체 제조간접비 배부율을 이용하는 경우보다는 부문별 제조간접비 배부율을 이용하는 경우가 보다 정교한 원가계산의 결과를 유도할 수 있다.
② 제조간접비 배부기준은 제조간접비 발생과 높은 상관관계만 있으면 인과관계는 타당하지 않아도 된다.
③ 부문별 제조간접비배부율은 각 제조부문별로 제조간접비를 집계하고 이를 각 제조부문의 특성에 맞는 배부기준으로 나누어 산정한다.
④ 제조간접비 배부율 결정 후 개별 작업에 제조간접비를 배부한다.

22. 다음에 주어진 자료는 (주)낙동강의 2018년 2월의 자료이다. 낙동강은 제조간접비 배부시 #303에는 직접노무비의 140%, #404와 #505에는 직접노무비의 150%를 배부한다. #303과 #404의 총원가는 동일하다. #404의 직접재료비는 얼마인가? ★★

	직접재료비	직접노무비	제조간접비
#303	3,000	4,000	?
#404	?	4,600	?
#505	5,000	?	5,200

① ₩1,800   ② ₩1,300   ③ ₩1,100   ④ ₩1,000

23. (주)대전은 8월 중 A와 B 제조부문을 통하여 제조지시서 No.67과 No.68의 제품을 생산하였고, 직접작업시간을 기초로 제조간접비를 배부하고 있다. No.67의 제품에 제조간접비를 배부할 때 다음 자료를 기초로 공장 전체 배부율을 적용하는 경우와 부문별 배부율을 적용하는 경우 그 배부액을 각각 계산하면 얼마인가? ★

	A제조부문	B제조부문	합 계
제조간접비	₩300,000	₩100,000	₩400,000
작 업 시 간			
No.67	7시간	3시간	10시간
No.68	3시간	7시간	10시간
계	10시간	10시간	20시간

	공장전체 배부액	부문별 배부액			공장전체 배부액	부문별 배부액
①	₩200,000	₩200,000		②	₩200,000	₩240,000
③	₩240,000	₩200,000		④	₩240,000	₩240,000

24. 4월 중 재공품계정은 다음과 같고 서울회사는 직접노무비의 60%를 제조간접비로 배부하고 있다. 4월 말 현재 제조지시서 No.5만이 미완성 상태이다. 제조지시서 No.5의 직접노무비가 ₩60,000인 경우, 제조지시서 No.5의 직접재료비는 얼마인가? 단, 제조지시서 No.5의 4월 초 재공품원가는 없다. ★

재　공　품

전 월 이 월	80,000	제　　　품	680,000
직 접 재 료 비	400,000	차 월 이 월	120,000
직 접 노 무 비	200,000		
제 조 간 접 비	(　　)		

① ₩24,000　　　　　　　　② ₩36,000
③ ₩40,000　　　　　　　　④ ₩45,000

25. 개별원가계산은 개별제품 또는 작업별로 원가를 집계하여 제품원가를 계산하는 방법을 말한다. 개별원가계산과 관련된 설명으로 가장 틀린 것은? ★★

① 일반적으로 제품 생산 단위당 원가가 낮다.
② 다품종 소량생산방식이나 주문제작하는 경우에 적합하다.
③ 개별제품별로 원가를 계산하기 때문에 개별제품별 원가계산과 손익분석이 용이하다.
④ 다른 원가계산에 비해 상대적으로 정확한 원가계산이 가능하다.

26. 제품의 제조과정에서 발생하는 원재료의 부스러기를 무엇이라 하는가? ★★

① 작업폐물　　　　　　　　② 감손품
③ 재작업품　　　　　　　　④ 공손품

27. 제조과정에서 불량, 작업기술의 미숙, 기계공구의 정비불량 등의 원인에 의하여 표준규격 및 품질에 미치지 못한 불합격품이 발생한 경우, 즉 작업을 제대로 완성하지 못한 불완전한 생산물을 무엇이라 하는가? ★

① 공손품　　　　　　　　　② 감손품
③ 연산품　　　　　　　　　④ 작업폐물

28. 다음 ( )에 알맞은 것은? ★★

> 원재료의 불량, 작업기술의 미숙, 기계공구의 정비 불량 등의 원인에 의하여 표준규격 및 품질에 미치지 못하는 불합격품이 발생한 경우를 ( )이라 하며, 증발 등으로 산출물이 되지 못한 투입물로서 특별한 검사시점이 있는 것이 아니고, 공정이 진행되면서 평균적으로 줄어드는 것을 ( )이라 한다.

① ㉠ 공손, ㉡ 감손
② ㉠ 감손, ㉡ 파손
③ ㉠ 파손, ㉡ 공손
④ ㉠ 감손, ㉡ 공손

29. 공손에 대한 설명 중 틀린 것은? ★★

① 공손품은 품질이나 규격이 일정한 기준에 미달하는 불량품이다.
② 정상공손원가는 완성품 혹은 기말재공품에 배분한다.
③ 비정상공손원가의 대표적인 예로 작업폐물을 들 수 있다.
④ 비정상공손원가는 기타(영업외)비용으로 처리한다.

30. 다음 자료를 보고 종합원가계산시 비정상공손 수량을 계산하면? 단, 정상공손은 완성품수량의 5%로 가정할 것 ★★★

• 기초재공품 : 200개	• 당기착수량 : 800개
• 기말재공품 : 100개	• 공손수량 : 80개

① 38개
② 39개
③ 40개
④ 41개

31. 공손에 대한 회계처리 중 틀린 것은? ★★

① 공손이 정상적인가 아니면 비정상적인가를 고려하여야 한다.
② 정상적 공손은 제품원가의 일부를 구성한다.
③ 공손은 어떠한 경우에나 원가로 산입하지 않고 기타(영업외)비용으로 처리한다.
④ 공손은 비중이 적은 경우에는 공손을 무시한 채 회계처리하는 경우도 있다.

01 종합원가계산의 기초

7장 · 종합원가계산

1. 종합원가계산에 관한 설명으로서 올바른 것은?

① 제품의 종류, 규격이 다른 제품을 개별적으로 계산하는 방법
② 사전에 설정된 표준가격 및 표준사용량을 이용하여 계산하는 방법
③ 한 종류의 제품을 연속 대량생산하는 기업에서 적용하는 방법
④ 직접재료비, 직접노무비, 변동제조간접비 등의 변동비 뿐만 아니라 고정비도 포함하여 계산하는 방법

2. 개별원가계산과 종합원가계산의 차이점에 대한 설명 중 옳지 않은 것은? ★★

① 개별원가계산은 다품종 소량 주문생산에, 종합원가계산은 동종제품 대량 생산에 보다 적합하다.
② 개별원가계산은 일반적으로 종합원가계산에 비해 경제적이나 원가계산의 정확성이 떨어진다.
③ 개별원가계산의 원가 집계는 제조지시서별로 이루어지나 종합원가계산은 원가계산 기간별로 원가가 집계된다.
④ 개별원가계산은 제조간접비의 배부, 종합원가계산은 완성품환산량의 계산이 핵심이다.

3. 종합원가계산 방법과 개별원가계산 방법에 대한 내용으로 올바르게 연결된 것은? ★★★

	구 분	종합원가계산방법	개별원가계산방법
①	핵심과제	제조간접비 배분	완성품환산량 계산
②	업 종	조선업	통조림제조업
③	원가집계	공정 및 부문별 집계	개별작업별 집계
④	장 점	정확한 원가계산	경제성 및 편리함

4. 종합원가계산을 이용하는 것으로 적절한 경우는? ★★★

① 주문에 의하여 제품을 생산하는 경우
② 개별 작업지시서에 따라 제품을 제조하는 경우
③ 동종의 제품을 대량 생산하는 경우
④ 제조간접비 배부율을 구하는 것이 쉬운 경우

5. 종합원가계산에 적합한 기업들을 모두 고르면? ★

> 가. 도로 및 항만을 건설하는 기업
> 나. 선박을 주문생산하는 기업
> 다. 개인주택 건설에 사용되는 붉은 벽돌을 생산하는 기업
> 라. 건축을 위한 설계를 실시하는 기업

① 가   ② 다   ③ 가, 다, 라   ④ 가, 나, 라

6. 개별원가계산과 종합원가계산의 차이에서 특징적으로 나타나는 것은 어느 것인가?

① 재료 소비량의 계산   ② 노무비 계산
③ 제조경비 계산   ④ 제조간접비의 배부

7. 종합원가계산에서 가공비에 속하는 것을 모두 고르면?

> a : 직접재료비   b : 직접노무비   c : 제조간접비

① a, b   ② a, c   ③ b, c   ④ a, b, c

8. 다음은 무엇을 설명한 것인가? ★

> 공정에 투입되어 현재 생산 진행중에 있는 가공 대상물이 어느 정도 진척되었는가를 나타내는 척도

① 공손률   ② 완성품 환산량
③ 완성도   ④ 배부율

9. 생산활동에 투입한 모든 노력을 제품을 완성하는데만 투입하였더라면 완성되었을 완성품 수량으로 환산한 것을 무엇이라 하는가?

① 제품착수 수량　　　　　　② 완성품 환산량
③ 재공품 수량　　　　　　　④ 단위당 원가

10. 완성품 환산량에 대한 내용이다. 옳지 않은 것은?　★★

① 기초재공품원가와 당기총제조원가를 완성품과 기말재공품으로 배부하기 위해서는 완성품과 기말재공품을 동질화시켜 줄 공통 분모가 필요한데, 이를 완성품 환산량이라 한다.
② 완성품 환산량은 물량 단위에 완성도를 반영한 가상적인 수량 단위이다. 이 때 완성도는 원가의 투입정도(발생시점)가 아니라 물리적인 완성도를 의미한다.
③ 대부분의 경우 직접재료원가와 가공원가는 원가의 투입시점을 달리하므로, 완성품 환산량도 각각 구해야 한다.
④ 기말재공품의 가공비에 대한 완성도가 60%라면 기말재공품 100개의 가공비에 대한 완성품 환산량은 60개가 될 것이다.

11. 종합원가계산에서 완성품환산량을 계산할 때 일반적으로 재료비와 가공비로 구분하여 원가요소별로 계산하는 가장 올바른 이유는 무엇인가?

① 직접비와 간접비의 구분이 중요하기 때문에
② 고객의 주문에 따라 제품을 생산하는 주문생산형태에 적합한 생산방식이므로
③ 기초재공품원가와 당기발생원가를 구분해야하기 때문에
④ 일반적으로 재료비와 가공비의 투입시점이 다르기 때문에

12. 기말재공품 1,000개의 가공비 완성도가 40%일 때 기말재공품의 가공비에 대한 완성품환산량은 몇 개인가?　★

① 1,000개　　　　　　　　② 500개
③ 　400개　　　　　　　　④ 800개

13. (주)남대문의 생산공정의 자료는 다음과 같다. 가공비 단위당 원가계산에 사용될 완성품 환산수량은 얼마인가? 단, 평균법에 의한다. ★★★

> 기 초 재 공 품　　3,000개(완성도 60%)
> 당 기 완 성 량　10,000개
> 기 말 재 공 품　　2,000개(완성도 50%)

① 10,000개　　　　　　　② 　9,200개
③ 10,200개　　　　　　　④ 11,000개

14. (주)동대문의 다음 원가 자료에 의하여 기말재공품을 선입선출법에 의할 때 직접재료비와 가공비에 대한 완성품환산량은 각각 얼마인가? ★★★

> ㉠ 기초재공품 300개(완성도 : 직접재료비 50%, 가공비 30%)
> ㉡ 완성품 수량 1,600개
> ㉢ 기말재공품 500개(완성도 : 직접재료비 60%, 가공비 40%)

① 직접재료비　1,750개,　가공비　1,710개
② 직접재료비　1,900개,　가공비　1,800개
③ 직접재료비　1,710개,　가공비　1,890개
④ 직접재료비　1,550개,　가공비　1,510개

15. (주)고구려는 선입선출법으로 종합원가계산제도를 적용한다. (주)고구려는 한 개의 공정을 통해 제품을 생산하며, 재료는 공정초에 전량 투입된다. 3월 월초재공품 10개(완성도 30%)가 있었으며, 100개를 투입하였고, 월말재공품으로 20개(완성도 60%)가 있었다. 완성품은 90개이다. 3월 재료비와 가공비의 완성품 환산량은 각각 몇 개인가? ★★

① 재료 110개,　가공비　102개
② 재료 100개,　가공비　 99개
③ 재료 100개,　가공비　102개
④ 재료 110개,　가공비　 99개

16. 다음은 (주)상공의 제품 제조와 관련된 자료이다. 기말재공품 평가를 평균법, 선입선출법에 의할 경우 가공비의 완성품 환산량을 계산한 것으로 옳은 것은? ★

> 가. 기초재공품 수량   200개(완성도 40%)
> 나. 당기 착수량   1,200개
> 다. 기말재공품 수량   300개(완성도 30%)
> ※ 재료비는 작업시작 시점에서 일시에 투입하고, 가공비는 제조진행에 따라 투입된다.

	평균법	선입선출법			평균법	선입선출법
①	1,190	1,070		②	1,190	1,110
③	1,310	1,070		④	1,310	1,230

17. 종합원가계산 시 평균법에 의한 완성품 환산량 단위당 원가계산에 대한 설명으로 맞는 것은? ★★★

① 당기투입원가만을 고려하여 계산한다.
② 당기투입원가에서 기초재공품원가를 가산하여 계산한다.
③ 당기투입원가에서 기말재공품원가를 가산하여 계산한다.
④ 당기투입원가에서 기말재공품원가를 차감하여 계산한다.

18. 선입선출법에 의한 종합원가계산에서 완성품 환산량 단위당 원가는 어느 원가를 사용하여 계산하는가? ★★

① 당기투입원가
② 당기투입원가 + 기초재공품원가
③ 당기투입원가 - 기말재공품원가
④ 당기투입원가 + 기초재공품원가 - 기말재공품원가

19. 종합원가계산의 재공품 평가에서 선입선출법과 평균법에 의한 완성품 환산량이 동일하게 계산되는 경우는? ★★★

① 기말재공품이 없는 경우   ② 기초재공품이 없는 경우
③ 기말제품이 없는 경우   ④ 기초제품이 없는 경우

20. 기말재공품 평가 시 평균법과 선입선출법의 비교 설명이다. 잘못된 것은? ★★

① 어떤 방법을 사용하는가에 따라 기말재공품 원가가 달라진다.
② 기초재공품의 완성도를 모를 경우에는 평균법 만이 적용가능하다.
③ 선입선출법은 평균법에 비하여 계산된 완성품환산량이 작거나 같다.
④ 선입선출법은 기초재공품의 완성도를 모를 경우에도 적용가능하다.

21. 종합원가계산의 평균법과 선입선출법을 설명한 다음 설명 중 옳지 않은 것은? ★

① 선입선출법에서 기초재공품원가가 우선적으로 완성품원가에 산입된다.
② 평균법에서 기초재공품의 완성도는 원가계산에 필요하지 않다.
③ 선입선출법에서 완성품환산량 단위당원가는 (당기투입원가 완성품환산량)이다.
④ 평균법에서 완성품환산량은 (당기투입량 + 기말재공품환산량)이다.

22. 종합원가계산에서 선입선출법과 평균법에 의한 완성품의 제조원가에 대한 설명 중 틀린 것은? ★★★

① 기초재공품이 없을 경우 완성품의 제조원가는 같게 나타난다.
② 기초재공품을 포함시키는가의 여부에 따라 제조원가가 다르게 나타난다.
③ 기초재공품과 기말재공품의 완성도가 같은 경우 완성품의 제조원가가 같게 나타난다.
④ 선입선출법은 완성품환산량 단위당 원가를 계산할 때 기초재공품 원가를 고려하지 않는다.

23. 종합원가계산 제도를 채택하고 있는 (주)구미공업은 3월 1일에 사업을 시작하여 제품을 생산하고 있다. 생산이 순조롭게 잘 진행되던 중 3월 중순부터 주요원자재의 값이 폭등하였다. 원가계산을 선입선출법과 평균법을 사용하는 경우 3월 말 재공품원가는 어떻게 되겠는가? ★★

① 선입선출법을 사용하면 더 크게 나타난다.
② 평균법을 사용하면 더 크게 나타난다.
③ 선입선출법이나 평균법이나 동일하게 나타난다.
④ 차이가 있는지 없는지 알 수 없다.

24. 종합원가계산에서 선입선출법으로 당기의 완성품 환산량을 구하려면 당기에 투입된 노력을 어떻게 분할하여야 하는가?

① 당기완성량에 투입된 노력, 기말재공품에 투입된 노력
② 기초재공품의 완성에 투입된 노력, 당기완성량에 투입된 노력, 기말재공품에 투입된 노력
③ 당기 착수, 당기 완성량에 투입된 노력, 기말재공품에 투입된 노력
④ 당기 완성량에 투입된 노력, 당기 가공량에 투입된 노력

25. 종합원가계산제도를 적용함에 있어 선입선출법과 평균법에 대한 설명으로 옳지 않은 것은? ★

① 기초재공품이 없다고 하더라도 평균법과 선입선출법의 완성품환산량 단위당 원가를 계산하는 방법이 상이하기 때문에 두 방법의 결과는 달라지게 된다.
② 평균법은 완성품환산량을 계산할 때 기초재공품을 당기에 착수한 것으로 간주한다.
③ 원재료의 단가를 산정할 때 선입선출법을 사용하는 기업이라 할지라도 종합원가계산제도 적용 시 평균법을 사용할 수 있다.
④ 평균법 적용하의 완성품환산량은 선입선출법 적용하의 완성품환산량보다 크거나 같다.

26. 다음 자료에 의하여 월말재공품의 원가를 평균법으로 계산하면 얼마인가? 단, 재료는 제조 착수 시에 전부 투입된다. ★★

> ㉠ 월초재공품 : 직접재료비 　　　 ₩ 45,000
> 　　　　　　　　 가 공 비 　　　 ₩ 26,900
> 　　　　　　　　 수 　　량 　 100개 (완성도 50%)
> ㉡ 당월제조비용 : 직접재료비 　　　 ₩ 432,000
> 　　　　　　　　 가 공 비 　　　 ₩ 224,200
> ㉢ 당월완성품 수량 : 750개
> ㉣ 월말재공품 수량 : 150개 (완성도 40%)

① ₩72,000　　　　　　　　　② ₩79,500
③ ₩88,600　　　　　　　　　④ ₩98,100

27. 다음 자료에 의하여 재료가 제조진행에 따라 소비된 경우에 월말재공품 원가를 평균법으로 계산하면 얼마인가? ★★★

> ㉠ 월 초 재 공 품 : 재료비 ₩ 54,000 가공비 ₩ 25,000
> ㉡ 당월제조비용 : 재료비 ₩ 126,000 가공비 ₩ 77,000
> ㉢ 당월완성품 수량 : 400개
> ㉣ 월말재공품 수량 : 100개(완성도 재료비50%, 가공비 25%)

① ₩26,000   ② ₩42,600
③ ₩17,029   ④ ₩20,000

28. 재료가 제조진행에 따라 투입되는 경우의 다음 자료에 의하여 월말재공품 원가를 평균법으로 계산하면 얼마인가? ★★

> 월초재공품 : 재료비 ₩ 64,000, 가공비 ₩ 80,000 수량 100개
> 당월제조비용 : 재료비 ₩675,200, 가공비 1,088,000
> 당월완성품수량 : 720개
> 월말재공품수량 : 160개 (완성도 50%)

① ₩134,400   ② ₩251,200
③ ₩176,320   ④ ₩190,720

29. 다음 자료로 당월에 완성된 제품의 제조원가를 구하면 얼마인가? ★★★

> • 월초재공품 : 재료비 ₩12,000   가공비   ₩6,000
> • 월말재공품 : 100개(50% 완성)
> • 당월완성품 수량 : 500개
> • 당월총제조비용 : 재료비 ₩24,000   가공비   ₩49,000
> • 재료는 공정초기에 모두 투입됨.
> • 재공품 평가는 평균법에 의함.

① ₩11,000   ② ₩30,000
③ ₩50,000   ④ ₩80,000

30. 종합원가계산에서 평균법에 의한 완성품환산량 단위당 재료비와 가공비가 각각 ₩5,000과 ₩4,000이다. 기말재공품이 200개이고, 원가요소 중 재료비는 공정초기에 모두 투입되었고, 가공비는 제조진행에 따라 80%가 투입되었다면 기말재공품 원가는 얼마인가? 단, 가공비는 공정전반에 거쳐 균등하게 발생된다. ★★★

① ₩1,440,000 ② ₩1,640,000
③ ₩1,700,000 ④ ₩1,800,000

31. 재료를 제조착수와 동시에 소비한 경우 다음 자료에 의하여 월말재공품의 원가를 선입선출법으로 계산하면 얼마인가? ★★★

㉠ 월초재공품 { 재료비 : ₩50,000   가공비 ₩28,000 　　　　　　　　　 수　량 : 80개(완성도 50%) ㉡ 당월 제조비용 : 재료비 ₩428,800   가공비 ₩482,400 ㉢ 당월완성품 수량 : 650개 ㉣ 월말재공품 수량 : 100개(완성도 60%)

① ₩198,500 ② ₩115,200
③ ₩107,200 ④ ₩103,800

32. 다음 자료를 이용하여 선입선출법에 의한 기말재공품원가를 계산하면 얼마인가? (단, 모든 원가는 공정 전체를 통하여 균등하게 발생한다.) ★★

• 기초재공품 ₩　400,000 (500개 완성도 60%) • 기말재공품 　　　　?　　　(200개 완성도 50%) • 발생원가　　₩3,100,000 당기착수 당기완성량 2,800개

① ₩129,167 ② ₩106,500
③ ₩100,000 ④ ₩132,000

33. 모든 원가요소가 제조진행에 따라 소비된 경우 월말재공품을 선입선출법으로 계산하면 얼마인가? ★★

> ㉠ 월초재공품 : 수량 300개(완성도 재료비 60%, 가공비 40%)
> 　　　　　　　재료비 ₩93,000,　가공비 ₩53,000
> ㉡ 당월제조비용 : 재료비 ₩355,000,　가공비 ₩286,000
> ㉢ 당월완성품 수량 : 1,300개
> ㉣ 월말재공품 : 수량 500개(완성도 재료비 60%, 가공비 50%)

① ₩ 75,000　　　　　　　　② ₩ 85,000
③ ₩122,500　　　　　　　　④ ₩125,000

34. 다음 자료에 의해 선입선출법에 따라 당기제품제조원가를 계산하면 얼마인가? (단, 재료는 제조 착수 시에 전량 투입되고 가공비는 공정 진행에 따라 소비한다.) ★★★

	수 량	재료비	가공비
기초재공품	50개(완성도 50%)	₩ 2,600	₩ 2,400
당기제조원가 및 완성량	150개	₩14,400	₩14,500
기말재공품	50개(완성도 40%)		

① ₩ 9,600　　　　　　　　② ₩ 9,870
③ ₩27,100　　　　　　　　④ ₩29,850

35. 종합원가계산에서 평균법에 의한 완성품환산량이 재료비 600개, 가공비 720개인 경우, 다음 자료를 이용하여 완성품 환산량 단위당 원가를 계산하면 얼마인가? ★★

> 기 초 재 공 품　　재 료 비 ₩ 60,000　　가공비 ₩ 12,000
> 당기발생원가　　재 료 비 　24,000　　가공비 　34,800

① 재료비 ₩140, 가공비 ₩65　　　② 재료비 ₩160, 가공비 ₩65
③ 재료비 ₩140, 가공비 ₩68　　　④ 재료비 ₩160, 가공비 ₩68

Chapter / Nine

36. (주)상공은 한 가지 종류의 고추장을 생산한다. 모든 재료는 공정의 초기단계에 100% 투입되며 가공원가는 공정의 진행에 따라 균일한 비율로 발생한다. 기초 재공품의 완성도가 50%였으며, 기말 재공품의 완성도가 30%라고 한다. 이 회사가 종합원가계산에 의해 제품의 원가를 계산한다고 할 때 기말재공품의 원가는 얼마인가? 단, 원가흐름에 대한 가정으로 선입선출법(FIFO)을 사용하고 있으며, 공손은 발생하지 않았다고 가정한다. ★

	단위	재료원가	가공원가
기초재공품	10,000	₩60,000	₩50,000
당기 착수	50,000	₩200,000	₩410,000
기말 재공품	20,000	−	−

① ₩120,000　　② ₩140,000　　③ ₩160,000　　④ ₩180,000

37. (주)대한은 선입선출법에 따라 종합원가계산을 하고 있다. 당월 완성품환산 단위당 원가는 재료비가 ₩5, 가공비가 ₩10 이다. 당월 중 생산과 관련된 자료는 다음과 같다. 재료는 공정초기에 전량 투입된다고 할 때 이 회사의 당월에 실제 발생한 가공비는 얼마인가?

- 기 초 재 공 품　　500단위 (완성도 40%)
- 기 말 재 공 품　　800단위 (완성도 50%)
- 당 기 완 성 품　　　　　4,200단위

① ₩44,000　　② ₩43,500　　③ ₩42,000　　④ ₩41,500

38. 다음의 자료에 의하여 기초, 기말의 재공품수량을 계산하면?

- 완성품원가 1개당 ₩25,000 (이중 재료비 ₩10,000)
- 기초재공품원가 ₩480,000 (완성도 40%)
- 기말재공품원가 ₩820,000 (완성도 70%)
- 재료는 공정 초에 투입되고, 재료비, 가공비 단위당 환산원가는 기초와 기말이 같다.

① 기초 30개,　기말 40개　　　② 기초 40개,　기말 30개
③ 기초 25개,　기말 20개　　　④ 기초 19개,　기말 32개

39. (주)서울은 종합원가계산제도를 채택하고 있으며, 기말재공품의 평가에는 평균법을 사용한다. 모든 원재료는 공정의 시초에 투입된다. 당기의 제조활동에 관한 자료는 다음과 같다.

	수 량	원재료원가
기 초 재 공 품	1,200단위	₩ 6,000
당 기 착 수 량	10,000단위	51,120
당 기 완 성 품	8,800단위	

(주)서울의 기말재공품원가 중 원재료원가는 얼마인가?

① ₩ 6,120   ② ₩11,040
③ ₩12,000   ④ ₩12,240

40. 다음 자료에 의하여 기말재공품 완성도를 구하면? ★★★

기초재공품가공비 ₩ 40,000	당기완성품수량 80개
당기투입가공비 260,000	기말재공품수량 50개
기말재공품가공비 60,000	

① 40%   ② 50%
③ 30%   ④ 60%

41. 목포공업사는 종합원가계산을 채택하고 있으며, 기말재공품 평가는 선입선출법에 따라 하고 있다. 모든 원가는 완성도에 비례하여 발생한다. 원가자료가 다음과 같을 때 기초재공품의 완성도는 얼마인가? ★★

	수 량	원 가
기초재공품(완성도 ?)	400개	₩ 4,000
당기 투입	1,800	26,400
당기 완성품	1,600	?
기말재공품(완성도 50%)	600	4,500

① 45%   ② 30%
③ 42%   ④ 35%

42. 우리나라 원가계산준칙에 의한 종합원가계산을 설명한 것 중 옳지 않은 것은? ★★

① 종합원가계산은 동일 종류 또는 다른 종류의 제품을 연속하여 반복적으로 생산하는 생산형태에 적용한다.

② 종합원가계산의 단위당 원가는 발생한 모든 원가요소를 집계한 당기총제조비용에 기초재공품원가를 가산한 후 그 합계액을 완성품과 기말재공품에 안분배분함으로써 완성품 총원가를 계산하고, 이를 제품 단위에 배분하여 산정한다.

③ 종합원가계산에 있어서 완성품원가와 기말재공품원가는 완성품환산량에 의하여 선입선출법, 후입선출법 또는 총평균법 등 기타 합리적인 방법을 적용하여 계산한다.

④ 기말재공품의 완성품환산량은 재료의 투입정도 또는 가공정도 등을 고려하여 직접재료비와 노무비 및 경비로 구분하여 산정한다.

43. (주)상공은 종합원가계산제도를 채택하고 있다. 재료원가는 공정초에 전량투입되며, 가공원가는 공정전반에 걸쳐 균등하게 발생한다. 물량흐름이 다음과 같을 때 옳은 것은? ★★

기초재공품 100개(완성도 30%)	당기 완성품 700개
당기 착수량 800개	기말재공품 200개(완성도 40%)

① 평균법에 의한 재료원가의 완성품 환산량은 800개 이다.
② 선입선출법에 의한 재료원가의 완성품 환산량은 750개 이다.
③ 평균법에 의한 가공원가의 완성품 환산량은 780개 이다.
④ 선입선출법에 의한 가공원가의 완성품 환산량은 900개 이다.

44. (주)대한은 평균법을 이용하여 재공품 평가를 하고 있다. 완성품환산량 단위당 원가를 계산하기 위하여 필요하지 않은 것을 포함한 것은? ★★

① 기초재공품의 수량과 완성도
② 기초재공품원가
③ 기말재공품의 수량과 완성도
④ 완성품수량과 당기제조비용

45. (주)대한산업은 단일공정에서 단일제품을 생산·판매하는 제조업체이다. 이 회사는 종합원가계산제도를 채택하고 있으며, 기말재공품에 대한 완성도가 실제보다 과대평가되고 있다. 이 오류는 각각 완성품환산량, 완성품환산량의 단위원가, 당기완성품원가에 어떤 영향을 미치겠는가? ★★

	완성품환산량	완성품환산량 단위원가	당기완성품원가
①	과소평가	과대평가	과대평가
②	과대평가	과소평가	과소평가
③	과대평가	과대평가	과소평가
④	과대평가	영향없음	영향없음

46. 개별원가계산과 비교하여 종합원가계산에서 가장 중요한 사항으로 볼 수 있는 것은 어느 것인가? ★

① 원가의 행태적 구분　　　　② 원가의 부문별 구분
③ 제조간접비의 배분　　　　④ 기말재공품의 평가

47. 종합원가계산에 대한 설명으로 옳지 않은 것은? ★★

① 평균법이 비교적 간단하므로 원가통제에 항상 유리하다.
② 선입선출법에 따른 완성품 환산량은 평균법보다 항상 적거나 같다.
③ 평균법에 의할 경우에는 기초재공품원가와 당기발생원가를 동일하게 취급한다.
④ 가격이나 재고수준이 안정적일 경우 평균법이나 선입선출법 중 어떤 방법으로 원가계산을 하여도 그 차이가 크지 않다.

48. 종합원가계산에서 평균법에 의한 완성품환산량 단위당 원가계산식으로 옳은 것은? ★

① (당기투입원가 + 기초재공품원가) ÷ 완성품환산량
② (당기투입원가 − 기초재공품원가) ÷ 완성품환산량
③ (당기투입원가 + 기말재공품원가) ÷ 완성품환산량
④ (당기투입원가 − 기말재공품원가) ÷ 완성품환산량

49. 재공품 평가는 선입선출법을 이용한다. 기초재공품은 100개이며, 기말재공품의 수량은 200개, 완성도는 60%이다. 완성품 수량은 400개이다. 가공비에 대한 완성품총환산량이 450개라면, 기초재공품의 완성도는 얼마인가? ★

① 70%   ② 60%   ③ 50%   ④ 40%

50. 다음은 평균법을 사용하고 있는 종합원가계산 자료의 일부이다. 기초재공품원가는 얼마인가? ★★

> - 기초재공품(150개, 완성도 60%)
> - 기말재공품(100개, 완성도 50%) ₩1,600
> - 당기투입원가 ₩12,200   완성품(400개)
> - 단, 모든 원가는 진척도에 비례해서 발생한다.

① ₩2,200   ② ₩2,000   ③ ₩2,600   ④ ₩1,800

51. 종합원가계산(process costing)과 관련된 설명이다. 옳지 않은 것은? ★★★

① 기말재공품의 완성도가 50%인데 이를 30%로 잘못 파악하여 종합원가계산을 수행하면 기말재공품의 원가가 과소계상된다.
② 평균법에 의해 원가 계산할 때 기초재공품의 완성도는 계산상 불필요하다.
③ 평균법에서는 기초재공품도 당기에 착수하여 생산한 것처럼 가정한다.
④ 평균법을 사용하면 선입선출법에 비해 당기의 성과와 이전의 성과를 보다 명확하게 구분하여 평가할 수 있다.

52. 기초재공품은 없고 기말재공품의 가공비 완성도는 60%이다. 기말재공품의 가공비 완성품 환산량에 대한 설명으로 정확한 것은? ★

① 완성품 수량보다 적다.   ② 완성품 수량보다 많다.
③ 기말재공품 수량보다 적다.   ④ 기말재공품 수량과 같다.

53. (주)경기는 선입선출법에 따라 종합원가계산을 하고 있다. 당월 완성품환산량 단위당원가는 재료비가 @₩10, 가공비가 @₩21이다. 당월 중 생산과 관련된 자료는 다음과 같다. ★★

> 가. 기초재공품　800단위 (완성도 50%)
> 나. 기말재공품 1,600단위 (완성도 50%)
> 다. 당기착수 당기완성량 5,000단위

재료는 공정초기에 전량 투입되었을 경우, 당월에 실제 발생한 가공비는 얼마인가?

① ₩100,000
② ₩130,200
③ ₩132,000
④ ₩148,000

54. 종합원가계산에 있어서 기말재공품의 원가를 평가하는 방법 중 옳지 않은 것은? ★★

① 평균법에 의한 원가계산시 기초재공품의 완성도는 불필요하다.
② 평균법으로 당기의 완성품 환산량 단위당 원가를 계산하고자 할 때 기초재공품원가는 불필요하다.
③ 선입선출법에 의한 원가계산시 기말재공품원가는 당기발생 원가로만 구성된다.
④ 선입선출법은 전기의 작업능률과 당기의 작업능률을 구분하므로 원가통제상 유용한 정보를 제공한다.

55. (주)대한의 10월 월초재공품은 2,000개이며, 가공비 완성도는 60%이다. 10월 중 완성품 수량은 8,000개이다. 10월의 월말재공품은 3,000개이며, 가공비 완성도는 40%이다. 직접재료는 공정의 최초 시점에서 모두 투입된다. 완성품은 단위당 5Kg의 직접재료가 소비된다. 10월 중 투입된 직접재료의 수량은 얼마인가? ★

① 50,000Kg
② 48,000Kg
③ 45,000Kg
④ 42,000Kg

02 단일종합원가계산

1. 다음은 무엇을 설명한 것인가? ★

> • 한 종류의 제품을 한 공정에서 대량으로 제조하는 경우의 원가계산
> • 얼음 제조업, 기와 제조업, 소금 제조업 등에서 사용

① 단일(단순) 종합원가계산　　　② 공정별 종합원가계산
③ 개별원가계산　　　　　　　　④ 부문별원가계산

2. 단순(단일)종합원가계산의 의의, 절차 및 기장방법에 대한 설명으로 옳지 않은 것은? ★

① 단순종합원가계산이란 제빙업 · 광산업 · 양조업 · 제유업 등과 같이 단일 제품을 단일 공정을 통하여 연속적으로 생산하는 경영에서 사용되는 원가계산방법이다.
② 원가계산기간에 소비된 제조원가의 총계에서 기초재공품 원가를 차감한 후, 여기에서 기말시점의 재공품원가 및 부산물 · 공손품 등의 평가액을 가산한다.
③ 완성품제조원가를 그 기간에 완성된 제품의 총수량으로 나누어서 제품 단위당의 원가를 산출한다.
④ 당기제품제조원가는 완성된 제품의 원가이기 때문에 원가계산기간 말에 제품 계정으로 대체시킨다.

3. 단순종합원가계산에서 평균법에 의한 경우와 선입선출법에 의한 경우 완성품원가가 동일하게 산출되는 경우는? ★★★

① 기초제품과 기말제품이 동일한 경우
② 기초재공품과 기말재공품의 완성도가 동일한 경우
③ 기말재공품이 없는 경우
④ 기초재공품이 없는 경우

4. 다음의 단일종합원가계산표의 내용과 자료에 의하여 월말재공품 원가를 산출하면 얼마인가? 단, 재료는 제조착수와 동시에 소비되었으며, 월말재공품의 평가는 평균법에 의한다.

(1) 월초재공품 수량 200개
(2) 당월 완성수량 2,000개
(3) 월말재공품 수량 400개 (완성도 50%)

단 일 종 합 원 가 계 산 표

적 요	직 접 재 료 비	가 공 비
당 월 제 조 비 용	320,000	438,000
월 초 재 공 품 원 가	40,000	46,000
계	360,000	484,000

① ₩104,000
③ ₩ 88,000

② ₩84,000
④ ₩44,000

5. 위의 단일종합원가계산의 완성품제조원가는 얼마인가?

① ₩844,000
③ ₩740,000

② ₩760,000
④ ₩756,000

6. 단일(단순)종합원가계산을 이용하는 어느 회사는 월말재공품의 완성도가 실제로는 40%인데 50%를 적용하여 월말재공품원가를 계산하였다. 재공품은 평균법을 이용하여 평가하고 있다. 다음 중 이러한 오류의 영향을 바르게 설명하고 있는 것은? ★★★

① 완성품제조원가와 기말재공품원가를 모두 과대 평가한다.
② 완성품환산량 단위당원가를 과대하게 계산한다.
③ 완성품환산량과 기말재공품원가를 과대평가한다.
④ 완성품환산량 단위당원가와 기말재공품원가를 과소 평가한다.

7. 재공품평가는 선입선출법을 이용한다. 기말재공품의 수량이 100개이고, 진척도가 60%인 상태에서 기초재공품의 완성도가 실제보다 과소하게 평가되었다. 이 오류로 인한 영향을 잘못 설명한 것은? 단, 기초재공품에 대하여 취합된 원가정보는 정확하다. ★

① 당기완성품원가는 과대하게 평가된다.
② 기말재공품원가는 과소하게 평가된다.
③ 당기완성량과 기말재공품에 대한 완성품총환산량은 과대평가된다.
④ 당기투입원가를 당기완성품과 기말재공품에 배분하기 위한 완성품환산량 단위당 원가는 과대평가된다.

8. (주)상공은 한 가지 종류의 고추장을 생산한다. 모든 재료는 공정의 초기단계에 100% 투입되며, 가공원가는 공정의 진행에 따라 균일한 비율로 발생한다. 기초재공품의 완성도가 50%였으며, 기말재공품의 완성도가 30%라고 한다. 이 회사가 종합원가계산에 의해 제품의 원가를 계산한다고 할 때 기말재공품의 원가는 얼마인가? 단, 원가흐름에 대한 가정으로 평균법을 사용하고 있으며, 공손은 발생하지 않았다고 가정한다. ★

	단위	재료원가	가공원가
기초재공품	10,000	₩70,000	₩50,000
당 기 착 수	50,000	₩200,000	₩410,000
기말재공품	20,000	−	−

① ₩120,000
② ₩140,000
③ ₩150,000
④ ₩180,000

9. 다음은 종합원가계산에서 원가를 기말재공품과 완성품에 배부하기 위한 절차이다. 순서를 올바르게 나열한 것은? ★

가. 완성품 환산량 단위당 원가의 계산	나. 배부될 원가의 요약
다. 완성품과 기말재공품으로 원가 배분	라. 물량 흐름의 파악
마. 완성품 환산량의 계산	

① 가－나－다－라－마
② 라－마－나－가－다
③ 가－나－라－마－다
④ 나－라－마－가－다

03 공정별 종합원가계산

1. 다음은 무엇을 설명한 것인가? ★★

> - 일정한 제품이 연속된 여러 공정을 통하여 대량 연속 생산하는 경우의 원가계산
> - 화학공업, 펄프제지업, 제당업 등에서 사용

① 공정별 종합원가계산   ② 가공비 공정별 종합원가계산
③ 부문별 원가계산   ④ 요소별 원가계산

2. 공정별 종합원가계산에 있어서 원가를 각 공정별로 파악하는 목적이 아닌 것은? ★★

① 보다 정확한 원가계산
② 효율적인 원가관리
③ 부문관리자의 업적평가
④ 노무비와 제조간접비의 구분파악 용이

3. 제품A는 제1공정과 제2공정을 통해 생산되고 있으며, 두 공정 모두 선입선출법에 의해 재공품을 평가하고 있다. 다음을 기초로 제1공정의 월말재공품의 원가를 계산하면? (단, 모든 원가 요소는 전공정을 통하여 균일하게 발생한다.) ★★★

> 〈 제1공정의 원가자료 〉
> - 월초 재공품원가 ₩42,500
> - 당월 투입 제조비용 ₩340,000
> - 제 1공정 완성품 900개는 전량 제 2공정으로 대체
> - 재공품 수량 : 월초 250개(완성도 40%)
>   월말 100개(완성도 50%)

① ₩20,000   ② ₩22,500
③ ₩23,500   ④ ₩24,000

4. 연속공정을 통하여 제품을 생산하는 (주)인천의 원가자료는 다음과 같다.

제1공정 재공품

전 월 이 월	30,000	(	)	(	)
공 정 개 별 비	50,000	차 월 이 월		(	)
공 정 공 통 비	40,000				

제2공정 재공품

전 월 이 월	40,000	(	)	(ⓛ	)
공 정 개 별 비	100,000	차 월 이 월		(	)
공 정 공 통 비	120,000				
(㉠)	( )				

1공정 완성품은 2공정으로 즉시 대체되고 1공정과 2공정에 대한 월말재공품 평가액이 각각 ₩30,000과 ₩100,000일 경우 ㉠에 적합한 계정과목과 ⓛ의 금액은 다음 중에서 어느 것인가? ★★★

① ㉠ 1공정제품   ⓛ ₩250,000
② ㉠ 2공정제품   ⓛ ₩180,000
③ ㉠ 1공정재공품   ⓛ ₩250,000
④ ㉠ 1공정제품   ⓛ ₩180,000

5. 옥천기업은 공정별 종합원가계산을 채택하고 있다. 제1공정에서 단위당 ₩200인 완성품 2,000개 중 1,200개만 제2공정으로 대체되었을 때의 분개로 옳은 것은? ★

① (차) 제1공정반제품   240,000   (대) 제1공정재공품   240,000
② (차) 제2공정재공품   240,000   (대) 제1공정반제품   240,000
③ (차) 제2공정재공품   400,000   (대) 제1공정재공품   400,000
④ (차) 제2공정재공품   400,000   (대) 제1공정반제품   400,000

6. 종합원가 계산 시 완성도가 언제나 100%인 것은? ★★★

① 전공정비   ② 직접재료비
③ 가공비   ④ 제조간접비

7. 다음은 선입선출법에 따라 공정별원가계산을 시행하고 있는 제2공정의 원가자료이다. 전공정원가에 대한 완성품 환산량은 얼마인가? ★

> • 기초재공품 (120단위, 완성도 40%)
> • 기말재공품 (100단위, 완성도 50%)
> • 완성품 (420단위)

① 400단위   ② 540단위
③ 520단위   ④ 420단위

8. 다음은 평균법을 사용하고 있는 원가자료의 일부다. 제1공정에서는 공정 초기에 재료를 전량 투입하고 제2공정에서는 50% 시점에 재료를 전량 투입한다. 재료에 대한 제1공정과 제2공정의 완성품환산량을 계산하면? ★

	제1공정		제2공정	
	수량	완성도	수량	완성도
기초재공품	200	0.4	100	0.3
기말재공품	300	0.6	200	0.4
당기투입량	600		?	
당기완성품	?		?	

	제1공정	제2공정		제1공정	제2공정
①	800	400	②	820	600
③	740	480	④	740	600

9. 다음 (   )안에 알맞은 것은? ★

> 제품생산이 복수의 공정에 의하여 이루어지는 공정별원가계산에서 1공정에서 2공정으로 투입되는 완성품을 (   ) (이)라고 한다.

① 1공정 완성품   ② 2공정 완성품
③ 전공정 대체품   ④ 차공정 대체품

Chapter / Nine

10. 다음은 공정별종합원가계산 중 제2공정에 대한 자료의 일부이다. 당월 제1공정으로부터 400단위(원가 ₩9,600)를 받아 제2공정에 투입하였다. 제2공정은 선입선출법에 따라 원가계산을 하고 있다. 제2공정의 전공정비에 대한 완성품환산량 단위당 원가는 얼마인가? ★

	수 량	전공정비
기초재공품	100단위	₩2,100
기말재공품	200단위	

① ₩20　　　　② ₩24　　　　③ ₩32　　　　④ ₩36

11. (주)송탄기업은 제1공정에서 완성된 완성품 전액을 제2공정에 대체하며, 제2공정에서 완성된 전액은 제3공정으로 대체하여 최종공정인 제3공정에서 제품이 완성된다. 제1공정 완성품원가 ₩3,000,000, 제2공정 완성품원가 ₩1,500,000, 제3공정의 월초재공품 ₩600,000, 월말재공품 ₩500,000, 직접재료비 ₩800,000, 가공비 ₩1,200,000일 경우 완성품 제조원가는 얼마인가? ★

① ₩3,680,000　　　　　　② ₩3,691,000
③ ₩3,600,000　　　　　　④ ₩3,720,000

12. 제2공정에서 원재료를 완성도 60% 시점에서 투입할 때, 50%가 완성된 기말재공품은 다음의 어느 경우에 해당하는가? ★

	재료비	가공비			재료비	가공비
①	비포함	포 함		②	포 함	비포함
③	포 함	포 함		④	비포함	비포함

13. 공정별 종합원가계산에 대한 설명으로 옳지 않은 것은? ★

① 원가요소인 재료비·노무비·경비의 발생액은 제조공정과 보조부문에 배부한다. 이때 원가요소를 공정개별비·공정공통비로 구분하여, 공정공통비는 각 공정에 직접 배부하지만 공정개별비는 합리적인 배부기준에 의하여 인위적으로 배부한다.
② 연속 공정하에서는 제1공정의 완성품 수량과 제2공정의 당기착수량은 항상 일치한다.
③ 전 공정의 완성품을 다음 공정에 대체시켜 사용하는 경우에는 다음 공정에서 전공정의 완성품원가를 재료비로 간주한다.
④ 각 공정마다 단순종합원가계산의 방식에 의하여 완성품의 제조원가를 산출한다.

제7장. 종합원가계산　**255**

04 조별 종합원가계산

1. 조별원가계산에 관한 설명 중 틀린 것은? ★★

① 조별원가계산은 각기 다른 종류의 제품을 조별로 연속하여 생산하는 생산 형태에 적용한다.

② 조별원가계산은 당해 기간의 제조원가를 조직접비와 조간접비로 구분하여 조직접비는 각 조에 직접부과하고, 조간접비는 일정한 배부기준에 의하여 각 조별로 배부하여 조별 총제조원가를 산출한다.

③ 조별원가계산에서 조별이란 부문별이란 뜻이다.

④ 조별원가계산은 원가를 각 조별로 집계한 다음, 이를 각 조별 완성품 수량 으로 나누어 제품의 단위당 원가를 계산한다.

2. 다음과 같은 특징에 적합한 원가계산 유형은? ★★★

> (가) 종류가 다른 제품을 연속적으로 대량 생산
> (나) 제과업, 통조림 제조업, 식품 제조업에 적용되는 원가계산

① 단일 종합원가계산   ② 공정별 종합원가계산

③ 조별 종합원가계산   ④ 등급별 종합원가계산

3. 다음에서 설명하는 종합원가계산의 종류로 옳은 것은? ★

> 동일한 설비 또는 작업 장소에서 종류가 다른 제품을 연속적으로 대량 생산하는 기업에서 제품의 종류별로 원가 계산을 하는 방법이다.

① 단일 종합원가계산   ② 조별 종합원가계산

③ 공정별 종합원가계산   ④ 등급별 종합원가계산

4. 조별종합원가계산을 하기에 적합하지 않은 업종은? ★★

① 제과업   ② 통조림 제조업

③ 식료품 제조업   ④ 얼음제조업

5. (주)경기는 조별종합원가계산 제도를 채택하고 있다. 당월의 제조활동에 관한 자료는 다음과 같다.

구분	조직접비	기말재공품원가	완성품수량
A조	₩6,000	₩1,000	10개
B조	4,000	1,000	10개

당월의 조간접비 발생액이 5,0000이다. 조간접비는 조직접비를 기준으로 배분한다면 A조의 완성품 단위당원가는 얼마인가?

① ₩800   ② ₩600   ③ ₩500   ④ ₩400

6. 다음 자료에 의하여 각 조별종합원가계산을 하고, C조 제조원가와 단위당원가가 바르게 짝지어진 것은? 단, 조간접비 ₩40,000은 직접가공비를 기준으로 배부한다.

구 분	직접재료비	직접가공비	월초재공품	월말재공품	완성품수량
A 조	₩150,000	₩95,000	₩48,000	₩56,000	320개
B 조	96,000	63,000	35,400	18,000	450개
C 조	74,000	42,000	28,600	16,200	570개

① ₩256,000, @₩420   ② ₩189,000, @₩240
③ ₩136,800, @₩240   ④ ₩189,000, @₩800

7. 조별 종합원가계산의 의의, 절차 및 기장방법에 대한 내용이다. 옳지 않은 것은? ★

① 제품의 종류마다 조를 설정하고, 각 조별로 재료비·노무비·경비의 각 원가 요소의 소비액을 집계한다. 이때 각 원가요소를 특정 조에서만 고유하게 발생하는 조직접비와 여러 조에서 공통적으로 발생하는 조간접비로 나눈다.

② 조간접비는 각 원가요소계정에 직접 각 조별 제조계정으로 대체기입하지만, 조직접비는 조별 배부를 위하여 일시적으로 집계하고, 적절한 배부기준에 의하여 배부된 금액을 조별 제조계정으로 대체한다.

③ 각 조별로 단순 종합원가계산방법(완성품원가=기초재공품원가+당기총 제조비용−기말재공품원가)을 이용하여 완성품의 제조원가를 산출한다.

④ 완성품의 제조원가를 완성품 수량으로 나누어 조별 제품의 단위당 원가를 산출한다.

8. 조별원가계산을 적용하고 있는 (주)한국은 원가계산을 위하여 제조간접비 ₩30,000을 A조와 B조에 각각 30%와 70%를 배부하였다. 적절한 분개는? ★

① (차) { A조재공품   9,000 / B조재공품   21,000 }   (대) 제조간접비   30,000

② (차) { A 조 제 품   9,000 / B 조 제 품   21,000 }   (대) 제조간접비   30,000

③ (차) { A 조 제 품   9,000 / B 조 제 품   21,000 }   (대) 재 공 품   30,000

④ (차) { A 조 제 품   9,000 / B 조 제 품   21,000 }   (대) { A조재공품   9,000 / B조재공품   21,000 }

9. (주)대한은 제품 갑, 을을 생산하며, 조별종합원가계산을 이용하고 있다. 다음은 3월 중 조직접비와 생산관련 자료이다.

	갑 제 품	을 제 품
• 직접재료비	₩200,000	₩300,000
• 직접노무비	120,000	150,000
• 기말재공품 수량	100개	120개
• 완성품 수량	460개	500개

3월의 조간접비는 ₩450,000이며, 조간접비는 직접재료비를 기준으로 배부한다. 기초재공품은 없다. 기말재공품평가는 선입선출법을 이용한다. 갑 제품의 기말재공품 완성도가 40%라면, 갑 제품의 완성품원가는 얼마인가? ★★

① ₩500,000   ② ₩480,000

③ ₩460,000   ④ ₩420,000

10. 조별원가계산에 대한 설명 중 옳지 않은 것은? ★

① 조별로 원가를 집계한 다음 종합원가계산 절차를 따른다.
② 조직접비는 각 조에 직접 부담시킨다.
③ 조간접비는 일정한 배부기준에 따라 각 조에 배분한다.
④ 각 조는 작업지시서 단위로 원가를 계산한다.

05 등급별 종합원가계산

1. 다음은 무엇을 설명한 것인가? ★★★

> - 동일한 공정에서 여러 종류의 유사품이 제조되는 경우 이 제품들에 대한 원가계산
> - 제분업에서 품질이 다른 밀가루, 제화업에서 모양, 크기 등이 다른 구두
> - 양조업에서 순도가 다른 같은 종류의 술, 화학공업에서 순도가 다른 화학약품 등

① 등급별 종합원가계산   ② 공정별 종합원가계산
③ 가공비 공정별 종합원가계산   ④ 조별 종합원가계산

2. 등급별 종합원가계산에 관한 설명 중 옳지 않은 것은? ★

① 등급별 원가계산은 동일 종류의 제품이 동일 공정에서 연속적으로 생산되나 그 제품의 품질 등이 다른 경우에 적용한다.
② 등급품별 단위당 원가는 각 등급품에 대하여 합리적인 배부기준을 정하고, 당해 기간의 완성품 총원가를 동 배부기준에 따라 안분하여 계산한다.
③ 등급품별로 직접원가를 구분하는 것이 가능할 경우 직접원가는 당해 제품에 직접 부과한다.
④ 간접원가는 조업도의 변동에 따라 비례적으로 배분한다.

3. 등급별종합원가계산을 적용하기에 부적합한 기업은?

① 양조업   ② 제분업
③ 제화업   ④ 건설업

4. 품질이 다른 밀가루를 동일한 공정에서 계속적으로 생산하는 제분회사가 사용하기에 가장 적합한 원가계산방법은 어느 것인가? ★

① 단일(단순) 종합원가계산   ② 공정별 종합원가계산
③ 조별 종합원가계산   ④ 등급별 종합원가계산

5. 다음은 등급별 종합원가계산의 절차를 요약한 것이다. (가)에 해당하는 내용으로 옳은 것은? ★

> • 1단계 : 완성품 전체의 제조원가를 계산한다.
> • 2단계 : (가) 를 결정한다.
> • 3단계 : 완성품환산량을 계산하여 (가) 를 곱한다.
> • 4단계 : 각 등급품의 제조원가를 계산한다.
> • 5단계 : 각 등급품의 단위당 제조원가를 계산한다.

① 등가계수
③ 간접원가
② 결합원가
④ 요소별원가

6. 다음 자료를 이용하여 물량기준법에 의한 등급별 종합원가계산을 할 때, 1급품의 원가를 계산하면? 단, 등급품의 결합 원가는 ₩120,0000이다. ★★★

등급	무게	kg당 판매단가
1급품	4,000kg	₩800
2급품	5,000kg	₩400
3급품	6,000kg	₩200

① ₩32,000
③ ₩48,000
② ₩40,000
④ ₩52,000

7. 다음 자료에 의하여 1등급 제품의 생산단가를 산출하면 얼마인가? 단, 전체 등급품의 결합원가는 ₩510,0000이다. ★★

구 분	1등급 제품	2등급 제품	3등급 제품
판 매 단 가	₩600	₩400	₩200
생 산 량	400개	600개	1,000개

① @₩300
③ @₩450
② @₩380
④ @₩420

06 결합원가계산

1. 다음은 무엇을 설명한 것인가? ★★★

> • 동일한 공정에서 동일한 재료를 사용하여 두 종류 이상의 다른 제품을 생산하는 경우의 원가계산
> • 낙농업의 경우 생우유로 버터, 치즈, 생크림 등 생산
> • 정육업에서 돼지로 베이컨, 햄, 돼지갈비 등 생산
> • 석유산업에서 원유를 휘발유, 등유, 경유, 중유 등 생산

① 연산품종합원가계산　　　　　② 조별종합원가계산
③ 공정별종합원가계산　　　　　④ 부문별원가계산

2. 다음은 정유업을 하는 (주)상공정유의 공정 흐름도이다. (가)에 해당하는 원가로 옳은 것은? ★

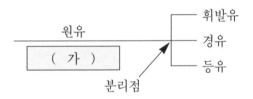

① 개별원가　　　　　　　　　② 결합원가
③ 조별원가　　　　　　　　　④ 공정별원가

3. 다음 문장의 (A)와 (B)에 들어갈 말로 알맞은 것은? ★★★

> 연산품원가계산에서 연산품이 개별제품으로 식별될 수 있는 일정한 생산단계를 (A)(이)라 하고, (A)에 도달하기 전까지 연산품을 제조하는 과정에서 발생한 제조원가를 (B)(이)라 한다.

① (A) 분리점, (B) 추가가공원가
② (A) 분리점, (B) 결합원가
③ (A) 생산점, (B) 추가가공원가
④ (A) 생산점, (B) 결합원가

4. 결합원가계산을 설명한 것이다. 잘못된 것은? ★

① 분리원가는 결합원가 중에서 분리할 수 있는 원가를 의미한다.
② 결합원가를 배분하는 방법에는 물량기준법과 판매가치법이 있다.
③ 결합원가는 분리점 이전에 발생한 원가이다.
④ 생산량이 전부 판매되면 매출원가는 배분방법에 관계없이 동일하다

5. 원가계산방법 중 정육업과 같이 동일재료, 동일공정에서 서로 다른 제품을 생산하는 방식에 적합한 것으로 적절한 것은? ★★

① 개별원가계산
② 단일종합원가계산
③ 연산품 종합원가계산
④ 공정별 종합원가계산

6. (주)상공은 국내 소비자 동향 변화에 따라 정육업과 와인 사업을 신규 사업 분야로 확장하기로 했다. 새로운 생산 라인을 증설할 경우 각 사업 분야별로 고려해야 할 원가계산 방법으로 바르게 구성된 것은? ★

① 연산품원가계산, 등급별원가계산
② 조별원가계산, 공정별원가계산
③ 공정별원가계산, 연산품원가계산
④ 조별원가계산, 등급별원가계산

7. 연산품 원가계산에서 연산품이 개별 제품으로 식별될 수 있는 일정한 생산단계를 무엇이라 하는가? ★★

① 분리점(split-off point)
② 완성도
③ 전 공정단계
④ 추가 가공공정

8. 연산품의 특징이 아닌 것은? ★★

① 분리점에 이르기 전까지 개별 제품으로 식별할 수 있다.
② 생산계획에 따라 제품배합의 인위적 조정이 가능하나 한계가 있다.
③ 분리점 후 추가가공을 하기도 한다.
④ 두 종류 이상 다른 제품의 생산을 같이 하여야 한다.

9. 연산품 종합원가계산에 대한 설명으로 옳지 않은 것은? ★

① 연산품이란 동일한 종류의 원재료를 투입하여 동시에 생산되는 서로 다른 2종 이상의 제품을 말한다.
② 연산품은 분리점에 도달할 때까지 각각의 제품으로 구별되지 않기 때문에 그 때까지 발생한 결합원가를 일정한 기준에 따라 배분하여야 한다.
③ 결합원가를 연산품에 배분하는 방법에는 물량기준법, 판매가치법 등이 있다.
④ 연산품을 분리점에서 판매할 것인지 아니면 추가가공하여 판매할 것인지에 대한 의사결정 시 고려하여야 할 원가에는 결합원가도 포함된다.

10. 결합제품 A와 B를 생산하였다. A와 B의 단위당 판매가격은 각각 ₩1,000과 ₩1,200이고, 생산량은 각각 400개와 1,200개이었다. 결합제품 A에 배부될 결합원가가 ₩50,000일때, 결합제품B에 배부될 결합원가는 얼마인가? 단, 물량기준법을 적용하여 결합원가를 배부한다. ★

① ₩140,000 　　　② ₩150,000
③ ₩160,000 　　　④ ₩170,000

11. 두 가지 이상의 제품이 동일한 공정에서 생산되는 경우, 이 제품들이 연산품인가 또는 주산물, 부산물인가를 구별하는 기준은? ★★

① 각 제품생산에 소비된 노동량
② 각 제품의 시장가치
③ 각 제품의 상대적 판매가치
④ 각 제품의 원가

12. 결합원가의 배분 시에 사용되는 분리점에서의 상대적 판매가치란? ★

① 판매가격에서 판매시점에서의 정상이윤을 차감한 것
② 판매가격에서 분리점 이후의 추가가공원가를 차감한 것
③ 총판매가치에서 분리점에서의 결합원가를 차감한 것
④ 분리가능한 제품원가에서 정상이익률을 가산한 것

13. 결합원가계산의 목적을 가장 잘 설명하는 것은? ★

① 재고자산의 평가   ② 제품의 판매가격 결정
③ 생산 조업도의 결정   ④ 직접재료의 구매의사결정

14. 결합원가와 분리원가의 설명 중 옳지 않은 것은? ★

① 분리원가는 분리점 이후에 발생한 원가이다.
② 분리점 이전에 발생한 가공원가는 결합원가에 포함된다.
③ 분리원가는 결합원가에 포함된다.
④ 결합원가는 일정한 기준에 의해 연산품에 배부된다.

15. 등급품과 연산품을 설명한 것이다. 적절하지 않은 것은? ★★

① 등급품은 동종제품으로서 품질이나 순도가 다른 제품을 말한다.
② 연산품은 동일한 원료에서 생산되는 이종제품을 말한다.
③ 생우유에서 생산되는 버터, 크림, 탈지유 등은 등급품이라 할 수 있다.
④ 광석에서 추출되는 구리, 은, 납 등은 연산품이라 할 수 있다.

16. 연산품의 원가계산에 있어서 결합원가만이 이익을 창출하고 분리점 이후의 분리원가는 아무런 이익을 창출하지 못한다고 가정한 배분방법은? ★

① 수량기준법(물량기준법)
② 매가기준법(상대적 판매가치법)
③ 순실현가치기준법
④ 균등이익률법

17. 결합원가를 배분하는 일반적인 기준이 아닌 것은? ★

① 평균 단위원가   ② 상대적 수익성
③ 상대적 판매가치   ④ 상대적 생산량

18. (주)대한은 원재료 ₩800,000을 구입하여 일정한 가공과정을 거쳐 연산품 A 와 B를 생산한다. 분리시점에서의 A와 B의 판매가치는 각각 ₩400,000과 ₩600,000이다. 상대적 판매가치법(매가기준법)에 의할 경우 연산품 B의 매출총이익을 계산한 금액으로 옳은 것은? ★

① ₩80,000　　　　　　　　② ₩120,000
③ ₩200,000　　　　　　　　④ ₩240,000

19. (주)동일은 A와 B 두 종류의 결합제품을 생산하고, 두 제품이 모두 분리 후 즉시 판매가능하며, 결합원가의 배분에 순실현가치법(net realizable value method)을 사용하고 있다. 제품A의 단위당 판매가격을 10% 인상하면, 다음 중 어떤 결과가 발생하는가? ★

① 제품 B의 판매량이 증가한다.
② 제품 B에 배분되는 결합원가가증가된다.
③ 제품 A의 매출총이익률이 제품 B의 그것보다 커진다.
④ 제품 A에 배분되는 결합원가가 증가한다.

20. 다음의 자료는 어떤 종합원가 계산 방법에서 나타나는가? ★

> • 결합원가　　• 주산품과 부산품　　• 분리점　　• 순실현가치법

① 연산품 종합원가계산　　　　② 조별 종합원가계산
③ 공정별 종합원가계산　　　　④ 단일 종합원가계산

21. 결합원가계산에 대한 설명으로 옳지 않은 것은? ★

① 순실현가치법은 분리점 이후 추가가공비는 이익창출에 기여하지 않는다고 본다.
② 복수분리점인 경우 마지막 분리점에서 시작하여 1차분리점의 순으로 배부비율을 구한다.
③ 복수분리점인 경우 1차분리점에서 시작하여 마지막 분리점의 순으로 결합원가를 배부한다.
④ 분리점에서의 판매가치법은 분리점에서 각 제품의 상대적 판매가치를 알 수 있는 경우에 적용한다.

22. 결합원가계산에 대한 설명 중 잘못된 것은 어느 것인가? ★

① 결합원가계산은 연산품, 등급품 등과 같이 동일 원료와 동일 공정에서 두 가지 이상의 제품이 생산되는 경우에 이용한다.
② 결합원가란 분리점에 도달하기 전까지 발생하는 원가를 말한다.
③ 부산품은 주산품에 비하여 생산량이 적은 것을 말한다.
④ 생산공정에 따라 연산품과 등급품이 동시에 생산될 수 있다.

23. 결합원가계산과 관련된 설명 중 잘못된 것은? ★

① 결합원가 : 분리점에 도달하기까지 연산품을 생산하는 과정에서 발생한 모든 제조원가
② 분리점 : 연산품이 개별 제품으로 식별되는 단계 또는 시점
③ 추가가공원가(분리원가) : 분리점 이후에 추가가공과 관련하여 발생하는 원가
④ 주산품 : 연산품 중 생산량이나 가치면에서 다른 제품들에 비하여 중요성이 크게 떨어지는 제품

24. 연산품원가계산에 대한 설명 중 틀린 것은? ★

① 결합원가의 배부방법으로는 판매가치법(상대적판매가치법, 순실현가치법)과 물량기준법 등이 있다.
② 결합원가의 배부는 원가통제의 목적이나 투자의사결정에 영향을 미친다.
③ 결합제품 중에서 생산량이나 가치면에서 중요성이 큰 제품을 주산품이라 하고, 중요성이 낮은 제품을 부산품이라고 한다.
④ 상대적판매가치법은 분리점에서 판매가치가 있는 결합제품이 있을 경우 적용할 수 있다.

25. 결합원가계산에서 특정 제품이 분리점 이후에 추가가공 되기 위해 충족시켜야 하는 조건을 모두 고르면? ★

> 가. 추가 가공한 제품이 시장에서 판매 가능해야 한다.
> 나. 추가 가공원가보다 추가 가공으로 인해 발생하는 수익이 더 클 것으로 기대되어야 한다.
> 다. 추가 가공 제품에 배부된 결합원가보다 추가 가공 제품의 예상판매가격이 더 커야 한다.

① 가 ② 가, 다 ③ 가, 나 ④ 나, 다

26. 연산품 A, B, C에 대한 결합원가 800,000원을 순실현가치기준법에 의하여 배부하는 경우 C제품의 제품원가는 얼마인가? ★

제 품	생산량(KG)	판매단가(원/KG)	추가가공원가(원)
A	200	2,000	30,000
B	280	1,500	10,000
C	260	1,800	48,000

① ₩280,000   ② ₩328,000
③ ₩370,000   ④ ₩420,000

27. (주)경기화학은 100kg의 원료에 ₩10,000을 투입하여 1차 가공한 후 각기 다른 세 공정에서 2차 가공하여 각각 A, B, C 세 제품을 생산하고 있다.

제 품	2차 가공비	kg당 판매가	생산량(kg)
A	₩10,000	₩ 500	40
B	₩ 5,000	₩1,000	25
C	₩18,000	₩ 800	35

1차 가공비를 제품의 순실현가치를 기준으로 배분한다면, B제품의 kg 단위당 생산원가는 얼마인가? ★

① ₩200   ② ₩250
③ ₩300   ④ ₩400

28. (주)대한은 연산품 A, B를 생산하며, 결합원가는 순실현가치를 기준으로 배분한다. 3월 중 생산관련 자료는 다음과 같다. 만일 제품 A에 배분된 결합원가가 ₩375,000이라면 3월의 결합원가 발생액은 얼마인가? ★★

제품	생산량	추가가공원가	최종판매가치
A	800개	₩20,000	₩270,000
B	400개	₩30,000	₩580,000

① ₩1,000,000   ② ₩1,050,000
③ ₩1,110,000   ④ ₩1,200,000

 재 무 제 표

1. 제조원가명세서에 대한 바른 설명은?

① 재무제표 중 하나이다.
② 재무제표의 부속 명세서이다.
③ 재공품계정에 대한 명세를 기입하는 보조 기입장이다.
④ 외부에 보고되는 보고서이다.

2. 제조원가명세서에 반영되지 않는 것은? ★★★

① 당기재료원가   ② 당기노무원가
③ 당기매출원가   ④ 당기총제조원가

3. 제조원가명세서에 대한 설명 중 옳지 않은 것은? ★

① 제조기업은 손익계산서를 작성하기 위하여 먼저 제조원가명세서를 작성하여 야 한다.
② 제조원가는 재료비, 노무비, 경비로 분류하거나, 직접재료비, 직접노무비, 제 조간접비로 분류할 수 있다.
③ 기말재공품원가가 기초재공품원가보다 작다면, 당기제품제조원가는 당기총 제조비용보다 크다.
④ 제조기업의 제조원가명세서에서 매출원가를 확인할 수 있다.

4. 제조원가명세서에서 당기제품제조원가가 의미하는 것은? ★★★

① 일정한 기간 동안 재공품계정에 투입된 금액
② 전기에 시작되었건 당기에 시작되었건 관계없이 일정한 기간동안 완성된 제품원가 금액
③ 일정한 기간동안 완성품계정에서 매출원가계정으로 대체된 금액
④ 일정한 기간 동안 생산에 투입된 원가 금액

5. 제조원가명세서에 기초재공품재고액이 ₩50,000이고, 당기의 재료비와 노무
비 및 경비가 각각 ₩320,000, ₩270,000, ₩165,000이며, 기말재공품재고
액이 ₩85,000으로 나타났을 경우에 당기제품제조원가는 얼마인가?

① ₩805,000   ② ₩790,000
③ ₩755,000   ④ ₩720,000

6. 다음의 (　　)안에 알맞은 말은 무엇인가? ★★

> 제품의 제조에 따라 발생하는 재료비, 노무비, 제조경비 등의 원가는
> 제품이 판매되기 전까지는 재공품 또는 제품 등 (　가　)이 되며, 판매
> 되면 매출원가로서 (　나　)이 된다.

① (가) 비용   (나) 재고자산
② (가) 비유동자산   (나) 유동자산
③ (가) 재고자산   (나) 비용
④ (가) 재고자산   (나) 자산

7. 제품의 원가가 포괄손익계산서에 비용으로 계상되는 것은 다음 중 어느 요건이
만족되었을 때인가? ★

① 제품 생산을 위한 재료가 구입된 때
② 제품 생산이 완료되었을 때
③ 제품이 판매되었을 때
④ 제품이 창고에 입고되었을 때

8. 제조원가명세서와 관련된 설명이다. 틀린 것은? ★★

① 재료 소비액의 산출과정이 표시된다.
② 당기총제조원가와 당기제품제조원가 모두 표시된다.
③ 기초재료 재고액과 기말재료 재고액이 표시된다.
④ 기초재공품 재고액과 기초제품 재고액이 표시된다.

9. 서울공업사의 월초와 월말의 재고자산은 다음과 같다. 당월의 매출품 제조원가는 얼마인가? ★★★

	(월 초)	(월 말)
원 재 료	₩ 15,000	₩ 20,000
재 공 품	28,000	35,000
제 품	50,000	30,000

당월 중에 다음과 같은 원가가 발생하였다.

원 재 료 매 입 ₩ 250,000   노무비소비액 ₩ 180,000
제조경비소비액   150,000

① ₩568,000   ② ₩583,000
③ ₩588,000   ④ ₩548,000

10. 다음의 자료를 이용하여 당기의 영업이익을 계산하면 얼마인가? ★★

기초제품재고액	₩ 100	기말제품재고액	₩ 200
당기제품제조원가	1,200	매출액	2,000
판매비	400	관리비	200

① ₩0   ② ₩300
③ ₩500   ④ ₩600

11. 다음 자료에 의하여 갑회사의 제품 매출액은 얼마인가?

매 출 총 이 익	₩ 580,000	기초재공품재고액	₩ 120,000
기초제품재고액	240,000	기말재공품재고액	80,000
기말제품재고액	350,000	당기총제조비용	2,050,000

① ₩2,670,000   ② ₩2,560,000
③ ₩2,520,000   ④ ₩1,940,000

12. 북악공업사는 당기 완성품의 전부를 그 제조원가에 20%의 이익을 가산하여 판매하고 있다. 다음 자료로 기초재공품 원가를 계산하면 얼마인가? 단, 기초제품은 없다. ★

직접재료비	₩ 620,000		직접노무비	₩ 380,000
제조간접비	280,000		매 출 액	1,440,000
기말재공품	150,000			

① ₩70,000
② ₩20,000
③ ₩40,000
④ ₩50,000

13. 다음은 (주)상공의 12월 원가자료와 12월 거래내용이다. 이를 토대로 (주)상공의 매출원가를 구하면 얼마인가? ★

가. 재고자산

구 분	20×1년 12월 1일	20×1년 12월 31일
재 공 품	₩60,000	₩40,000
제 품	₩70,000	₩50,000

나. 기중 거래 (20×1. 12. 1. ~ 20×1. 12. 31)
 - 직접재료원가 소비액 ₩180,000
 - 직접노무원가 발생액 ₩240,000
 - 제조간접원가는 전환원가(가공원가)의 40%임

① ₩600,000
② ₩620,000
③ ₩640,000
④ ₩670,000

14. 제조원가명세서와 포괄손익계산서 및 재무상태표와의 관계에 대한 설명이다. 다음 중 설명이 틀린 것은?

① 제조원가명세서의 기말원재료재고액은 재무상태표의 원재료계정에 계상된다.
② 제조원가명세서의 기말재공품의 원가는 재무상태표의 재공품계정으로 계상된다.
③ 제조원가명세서의 당기제품제조원가는 포괄손익계산서의 매출원가에 계상된다.
④ 포괄손익계산서의 기말제품재고액은 재무상태표의 제품계정금액과 같다.

【 문제 15~18 】 (주)하늘 공업사의 당기 원가자료에 의하여 아래 물음에 답하시오.

	기 초 재 고	기 말 재 고
제 품	₩ 11,000	₩ 9,500
재 공 품	7,000	8,000
직접재료	9,000	9,500
당기판매가능 제품의 총원가		₩ 68,400
총제조원가(기초재공품 + 당기제조비용)		65,400
직접재료 사용액		19,300
제조간접원가 발생액		16,700

15. 당기에 매입한 직접재료 금액은 얼마인가?

① ₩21,300   ② ₩19,800
③ ₩19,300   ④ ₩18,800

16. 당기에 발생한 직접노무원가는 얼마인가?

① ₩25,000   ② ₩23,400
③ ₩23,000   ④ ₩22,400

17. 당기 재공품 계정에서 제품 계정에 대체되는 금액은 얼마인가?

① ₩60,400   ② ₩58,400
③ ₩57,400   ④ ₩65,400

18. 당기의 매출원가는 얼마인가?

① ₩58,900   ② ₩69,900
③ ₩68,400   ④ ₩66,900

19. 한국공업사는 당기 완성품의 전부를 그 제조원가에 25%의 이익을 가산하여 판매하고 있다. 다음 자료로 기초재공품 원가를 계산하면 얼마인가? 단, 기초·기말 제품은 없다.

직접재료비	₩ 380,000	직접노무비	₩ 460,000
제조간접비	450,000	매 출 액	1,500,000
기말재공품	240,000		

① ₩450,000 ② ₩150,000
③ ₩350,000 ④ ₩200,000

20. 어느 회사의 제8기 포괄손익계산서를 분석한 결과 매출총이익률은 40%이다. 이 회사의 제8기 중 당기 총제조비용은 ₩680,000이었으며, 재고자산 관련 자료는 다음과 같다. 이 회사의 제8기 중 매출액은 얼마인가? ★★

	기초재고액	기말재고액
제 품	₩30,000	₩100,000
재 공 품	50,000	60,000

① ₩1,200,000 ② ₩1,000,000
③ ₩ 800,000 ④ ₩ 600,000

21. 아래의 자료에 따라 당월의 기말제품재고액을 구하면 얼마인가? ★

- 당월 기초 대비 기말재공품재고액 감소액 : 380,000원
- 전월 기말제품재고액 : 620,000원
- 당월 발생한 총제조원가 : 3,124,000원
- 당월 제품매출원가 : 3,624,000원

① 120,000원 ② 260,000원
③ 500,000원 ④ 740,000원

22. 제품 생산에 사용한 기계장치의 당기 감가상각비를 기간비용(관리비)으로 처리했을 경우의 결과로 옳지 않은 것은? 단, 제품의 생산수량이 판매수량과 동일하다고 가정한다. ★

① 당기총제조원가가 과소계상된다.
② 매출총이익이 과대계상된다.
③ 매출원가가 과대계상된다.
④ 판매관리비가 과대계상된다.

23. 아래와 같은 20×1년 9월 (주)서울의 제조원가명세서 자료를 이용하여 ㉠ 기초재공품재고액과 ㉡ 당기총제조비용 중 직접노무비를 계산하면 얼마인가?

- 당기총제조비용 ₩1,000,000
- 당기제품제조원가 ₩970,000
- 제조간접비는 직접노무비의 75% 또는 당기총제조비용의 27%
- 기초재공품은 기말재공품의 80%

① ㉠ ₩150,000, ㉡ ₩360,000 ② ㉠ ₩150,000, ㉡ ₩270,000
③ ㉠ ₩120,000, ㉡ ₩360,000 ④ ㉠ ₩120,000, ㉡ ₩150,000

24. 제조기업의 제조원가명세서에 대한 설명으로 옳지 않은 것은? ★★

① 당기총제조원가는 직접재료비, 직접노무비, 제조간접비의 합계액을 의미한다.
② 당기의 제품제조원가의 내용을 상세히 알기 위해 작성하는 명세서를 말한다.
③ 재무상태표에 표시되는 재료, 재공품, 제품 등의 재고자산 가격을 결정하기 위한 원가정보를 제공한다.
④ 당기총제조원가는 기능별포괄손익계산서의 매출원가를 산정하는데 필요한 당기제품제조원가와 항상 일치한다.

01 다음은 원가의 개념에 대한 토론학습장면이다. 바르게 설명하고 있는 학생을 고른 것은?

① 바다   ② 하늘   ③ 영희   ④ 철수

02 다음은 의사 결정에 관한 원가의 개념에 관한 어느 대학교수의 글이다. 이 글을 읽고 ( )안에 들어갈 용어를 올바르게 나타낸 것은?

> 한 달 전에 시내 K서점에 가서 어떤 원가회계 책을 2만 원에 구입하여 읽기 시작하였다고 하자. 처음 보기와는 달리 이 책은 이해가 어렵고 지루하며 중요한 내용이 빠져 있다는 것을 알게 되었고, 친구의 소개로 인기리에 판매되고 있는 P출판사 원가회계 책을 알게 되었다고 하자. 이때 이미 구입한 책을 계속 읽을 것인가 아니면 더 좋은 책을 다시 살 것인가? 많은 사람은 책 값 2만 원이 아까워서 계속 그 책을 읽을 것이다.
>
> 그러나 이미 지불한 책의 가격 2만 원은 환불이 불가능하므로 (가)이다. 이 금액은 이미 없어진 돈이므로 더 이상 미련을 두지 말아야 한다. 새 책을 살 것인가 말 것인가를 결정할 때 고려하지 말아야 하는, 의사결정과 무관한 원가 즉, (나)이기 때문이다. 새 책을 살 것인가 말 것인가의 결정에는 새 책의 가격과 지금 가진 책을 읽으면서 낭비되는 시간과 노력의 가치가 고려되어야 한다. 이 금액들이 의사결정에 필요한 (다)이다. 비효과적인 책 때문에 낭비되는 시간과 노력의 가치를 (라)라고 하는데 측정하기는 어렵지만 중요한 원가개념이다. 만약 나의 시간과 노력의 가치가 새 책의 가격 이상이라면 새 책을 사는 것이 더 현명하다.

	(가)	(나)	(다)	(라)
①	매몰원가	비관련원가	관련원가	기회원가
②	비관련원가	매몰원가	기회원가	관련원가
③	기회원가	관련원가	비관련원가	매몰원가
④	관련원가	기회원가	매몰원가	비관련원가

03 다음은 ○○경제신문에 '원가에 대한 이해와 오해'의 제목으로 난 기사이다. 이 글이 전하는 메시지와 원가에 대한 개념 파악이 잘못된 것은?

> 원가는 목적에 따라 달리 정의된다. 대당 60만 원에 팔리는 휴대폰의 원가는 얼마일까? 원가에 따라 이익이 결정되기 때문에 정확하게 원가를 계산하는 것은 매우 중요하다. 만약 제조원가가 30만 원이라면 마진율은 1백%가 된다. 그러나 원가에는 제조원가만이 있는 것이 아니다. 제조 이전에 제품 개발원가가 발생하고 제조 이후에도 마케팅, 판매, 유통 비용 등이 발생한다. 제조 이전과 이후 원가까지 합치면 50만 원이 원가일 수도 있다. 제조담당자가 관심 있는 원가는 제조원가인 30만 원일 수 있으나 장기적으로 가격 설정을 할 경우에는 50만 원이 중요한 원가 정보일 것이다. 이와 같이 원가는 사용목적에 따라 달리 정의된다.
> 또한 회계장부에 기록된 원가만이 원가가 아니다. 원가는 제조원가와 비제조원가로 나눌 수 있다. 제조원가는 제품제조에 사용된 재료비, 노무비, 경비를 말하며, 비제조원가는 판매비나 일반관리비 등을 말한다. 현재 원가계산준칙에서 재고자산에 포함할 수 있는 원가는 제조원가로 국한된다. 우리는 흔히 재무제표에 사용되는 원가개념에 익숙해져 있다. 그러나 이러한 원가는 모두 실제 발생 원가이다. 여기서 주목해야 할 개념 중의 하나가 기회원가이다. 기회원가란 차선책을 포기함으로써 예상되는 이익을 의미한다. 제품 A/S를 소홀히 할 경우 비용은 절감할 수 있으나 고객이 이탈할 경우 미래에 창출할 수 있는 이익을 포기하는 것이 된다. (중략)

① 제조원가는 기업에서 제품 생산을 위해 소비된 가치의 소비액이므로, 제품의 생산과 관련이 없는 화재나 도난 등으로 인한 손실은 제조원가에 포함하지 않는다.
② 제조원가는 정상적인 경영활동에서 발생한 재화의 소비액에 한정되고, 파업, 화재 등으로 인한 비정상적인 가치의 감소액은 제조원가에 포함하지 않는다.
③ 기회원가는 회계 장부에 기록되지 않으므로 의사결정 시에도 고려할 필요가 없다.
④ 제품의 제조와는 관련이 없이 발생하는 판매비와관리비를 기간원가라고도 한다.

04 (주)○○전자는 휴대폰을 생산, 판매하는 기업이다. 다음 글을 읽고 물음에 답하시오.

> 휴대폰을 만들기 위해서는 단위당 ₩2,000의 직접재료비와 단위당 ₩1,000의 직접노무비가 발생하며, 간접재료비를 포함한 변동제조간접비가 단위당 ₩500이 발생한다. 또한 공장임차료, 기계장치 감가상각비를 비롯한 고정제조간접비가 연간 ₩6,000,000이 발생한다.

(주)○○전자가 20×1년 1년 동안 4,000단위의 휴대폰을 생산하는 경우와 5,000단위의 휴대폰을 생산하는 경우 각각의 제품 단위당 원가는 얼마인가?

	4,000단위	5,000단위		4,000단위	5,000단위
①	₩5,000	₩4,700	②	₩3,500	₩4,000
③	₩5,000	₩5,000	④	₩4,700	₩4,700

05 (주)○○자동차는 버스와 트럭을 생산하는 회사이다. 1개월 간의 생산과 관련된 원가자료는 다음과 같다. 제조직접비와 제조간접비 및 판매비와관리비는 각각 얼마인가?

---

1. 버스와 트럭을 생산하기 위해 엔진을 구입, 사용하는 데 버스와 관련하여 직접 사용되는 엔진의 원가는 ₩600,000이고, 트럭을 생산하는 데 직접 사용하는 엔진의 원가는 ₩400,000이다. 엔진의 원가 외에도 볼트, 도색을 위한 페인트 등의 원가가 ₩300,000 소비되었다.

2. 자동차를 생산하는 데는 노동력이 사용되는데, 버스를 생산하는 데 직접 소비된 노동자의 임금은 ₩300,000이고, 트럭을 생산하는 데 직접 소비된 노동자의 임금은 ₩250,000이다. 그리고 버스와 트럭을 생산하는 라인을 동시에 감독하는 공장장의 급여는 ₩200,000이다.

3. 자동차를 생산하는 데 사용된 가스수도료는 ₩30,000, 전력비는 ₩40,000이 발생하였고, 생산과 관련된 기계장치의 감가상각비는 ₩15,000, 공장 건물에 대한 감가상각비는 ₩12,000이 발생하였다.

4. 영업사원의 급여는 ₩80,000이고, 영업소장의 급여는 ₩120,000이며, 본사 건물의 감가상각비는 ₩10,000이다.

	제조직접비	제조간접비	판매비와관리비
①	₩1,550,000	₩597,000	₩210,000
②	₩1,550,000	₩527,000	₩237,000
③	₩1,850,000	₩297,000	₩237,000
④	₩2,050,000	₩ 97,000	₩200,000

06 다음 글을 읽고 글이 전하는 메시지와 원가흐름에 대한 개념 파악이 잘못된 것은?

주부가 대형할인마트를 돌면서 하나 하나 필요한 물건을 카트에 담는 것은 제품 생산을 위해 하나 하나의 공정을 거치는 것과 같은 셈이다. 이러한 절차는 마치 공장에서 재료가 투입되어 각 공정을 거치면서 가공되어 최종제품이 되고, 그러한 생산과정의 흐름을 좇아 제품의 원가를 계산하는 것과 다름없다. (중 략)

재료는 생산과정에 투입되어 제품으로 만들어지는데, 생산과정에 있는 상태의 미완성된 제품을 재공품이라고 한다. 따라서 생산과정을 물리적 형태로 파악하면, 재료 → (가) → (나) → (다)으로 흘러간다고 할 수 있다. 다만, 재료만 생산과정에 투입되는 것이 아니고, 노동력이나 기타 생산설비시설의 가치 등도 생산과정에 투입되며, 그 투입과 생산 진행을 좇아 계정기록을 해나가면 되는 것이다.

---

① 글의 제목을 '원가계산은 흐름계산이다' 라고 해도 되겠다.
② 원가집계를 위한 원가흐름은 재료 → 재공품 → 제품 → 매출원가이다.
③ 원가집계를 위한 원가흐름은 재료 → 제품 → 재공품 → 매출원가이다.
④ 제품이 완성되어 창고에 입고 시 분개는 (차) 제품 ×××(대) 재공품 ×××이다.

07 다음은 어느 대학교수의 칼럼이다. 글이 전하는 메시지와 밑줄 친 부분에 대한 해석이 잘못된 것은?

> 매년 6월이면 필자가 졸업한 모교에서는 동창회 기별체육대회 행사를 한다. 30년을 훌쩍 넘긴 졸업기수이지만, 그래도 지나간 세월을 반추해보며, 어렸던 시절의 추억에 잠겨보고자 하는 생각으로 많이들 모이는 편이다. 그런 과정에서 동기회 임원들은 항상 고민에 빠지곤 하는 것을 지켜보게 된다. 음식 준비 때문이다. 600명 이상 졸업동기이지만 요즈음 보면 대체로 50쌍(?)내외가 모이는 것 같다. 그래서 동기회 임원들은 거의 50쌍분의 음식을 준비하고, 예산을 짤 때도 그 정도의 비용을 계산하는 편이었다. 그런데 실제로는 참석률의 변동이 제법 심했다. 날씨가 어떠한지, 날짜가 황금연휴와 겹치는지 등등 예기치 않은 일이 참석률에 영향을 미치는 것이다. 그래도 동기회 예산은 늘 50쌍 전후의 참석을 가정한 금액으로 책정되었다.
>
> 원가계산에서도 이런 고민이 있다. 제조간접원가가 그러하다. 제조간접원가는 그 구성이 전력료, 가스수도료 등과 같이 계절에 따라 변동이 많거나 수선유지비, 여비교통비 등 재료비나 노무비와 달리 발생수준의 변동이 비교적 큰 원가들이 많다. 또한, 감가상각비와 같은 고정원가는 특히 조업도(생산량)의 변동에 따라 단위당 원가부담이 너무나 많이 달라지는 것도 있다. 이러한 문제를 해결하기 위한 방안이, 제조간접원가의 실제발생액에 관계없이 미리 그 발생액을 예상(제조간접원가예산)하고 그 금액을 정상적인 상황에서 예정하는 생산량으로 나누어 단위당 제조간접원가배부액을 정하는 방법이 있다. (중 략)

① 밑줄 친 제조간접원가의 예정배부방법을 정상원가계산(normal costing)이라고 한다.

② 직접재료원가, 직접노무원가, 제조간접원가 모두를 예정배부율을 사용해 예정원가로 계산하는 것을 정상원가계산이라고 한다.

③ 계절별로 제품의 생산량에 큰 차이를 보이는 냉·난방기, 청량음료 등의 제품을 생산하는 회사에서는 정상원가계산을 반드시 도입해야 한다.

④ 제조간접원가에는 조업도(생산량)에 관계없이 일정하게 발생하는 고정원가가 많기 때문에 계절별로 제품의 생산량이 큰 차이가 있는 회사에서는 제품 단위당 배부액이 엄청난 차이가 생기게 된다.

08 다음은 원가배부에 대한 토론 학습상의 대화 내용이다. 대화 내용이 잘못된 학생은?

> • 철수 : 원가배부기준으로 선택된 원가동인이 원가발생의 인과관계를 잘 반영하지 못하는 경우 제품원가계산이 왜곡될 가능성이 있다.
> • 영희 : 제조간접원가의 비중이 클수록 다양한 원가배부기준을 설정해야 원가계산이 정확해진다.
> • 바다 : 공장전체 제조간접비 배부율을 이용할 경우에도 보조부문원가를 먼저 제조부문에 배분해야 한다.
> • 상철 : 경제적 의사결정을 위해서는 단일배부율법보다 이중배부율법을 사용하는 것이 바람직하다.

① 철수   ② 영희   ③ 바다   ④ 상철

09 (주)파스칼은 두 개의 보조부문인 동력부와 수선부, 두 개의 제조부문인 절단부문과 조립부문이 있다. 각 부문의 용역수수관계와 발생 원가는 다음과 같다.

구분	제조부문		보조부문		합계
	절단부	조립부	동력부	수선부	
발생원가	₩300,000	₩400,000	₩200,000	₩100,000	1,000,000
동 력 부	50%	30%	–	20%	100%
수 선 부	10%	40%	50%	–	100%

위의 자료를 보고 직접배부법, 단계배부법, 상호배부법에 따라 보조부문의 원가를 제조부문에 배분한 결과 각각의 방법에 의한 절단부문의 부문비 합계액은 얼마인가? 단, 단계배부법은 동력부문부터 우선 배부한다.

	직접배부법	단계배부법	상호배부법
①	₩545,555	₩572,000	₩533,750
②	₩445,000	₩428,000	₩454,445
③	₩445,000	₩572,000	₩466,250
④	₩545,555	₩428,000	₩533,750

10 다음 ○○가구공업사의 원가 자료로 각 제품의 제조원가를 계산하면 얼마인가?

가. ○○가구공업사는 A가구점, B가구점, C가구점으로부터 각각 신혼부부 장롱을 주문받아 생산하였고, 이 때 발생한 원가 자료는 아래와 같다.

나. ○○가구공업사 원가자료

품목별	A가구점	B가구점	C가구점	합 계
재료투입액	₩2,000,000	₩2,400,000	₩1,600,000	₩6,000,000
임금지급액	₩1,000,000	₩1,200,000	₩2,000,000	₩4,200,000
제조간접원가	₩8,400,000			

다. ○○가구공업사는 제조간접원가를 직접노무원가를 기준으로 각 제품에 배부하기로 하였다.

	A가구점	B가구점	C가구점
①	₩5,000,000	₩6,960,000	₩7,600,000
②	₩5,800,000	₩7,600,000	₩6,960,000
③	₩5,800,000	₩6,960,000	₩5,840,000
④	₩5,000,000	₩6,000,000	₩7,600,000

11 (주)한라공업사는 두 개의 제조부문인 갑과 을을 가지고 있는데 갑제조부문은 자동화
가 많이 되었으며 을제조부문은 아직 수작업에 의존하고 있다. 2018년 8월 한 달간 각
부문별 제조간접비 예상액과 예상활동수준은 다음과 같다.

구 분	갑제조부문	을제조부문	전 체
제조간접비 예상액	₩1,400,000	₩1,000,000	₩2,400,000
직접작업시간	100시간	500시간	600시간
기계가동시간	500시간	0시간	500시간

(주)한라공업사는 8월 중 한 개의 작업 #101을 착수하여 완성하였는데, 각 제조부문의
활동상황은 다음과 같다.

구분	갑제조부문		을제조부문	
	직접작업시간	기계가동시간	직접작업시간	기계가동시간
#101	4	20	10	0

위 자료를 이용하여 제조간접비 배부를 공장전체배부율(직접작업시간)으로 하는 경우와
부문별배부율은 복수배부기준(갑제조부문은 기계가동시간, 을제조부문은 직접작업시
간)으로 하는 경우 #101의 제조간접비배부차이를 산출하면 얼마인가?

	공장전체 제조간접비 배부액	부문별 제조간접비 배부액	배부차이
①	₩56,000	₩76,000	₩(20,000)
②	₩58,000	₩76,000	₩(18,000)
③	₩60,000	₩75,000	₩(15,000)
④	₩80,000	₩64,000	₩16,000

12 (주)서울은 단일제품을 대량생산하는 회사이며, 5월 1일 공장을 가동하여 영업을 시작
하였다. 종합원가계산을 사용하여 선입선출법으로 매월 원가계산을 하고 있다. 5월과
6월의 기말재공품의 수량과 가공비완성도는 동일하다. (주)서울이 선입선출법 대신 평
균법을 사용한다면 5월과 6월에 가공비의 완성품환산수량은 어떻게 변하겠는가?

	5월	6월			5월	6월
①	불변	불변		②	불변	증가
③	증가	증가		④	증가	불변

13 광화문공업사는 단일 제품을 생산하고 있으며 공정에 대한 물량 및 원가자료는 다음과 같다. 평균법과 선입선출법 각각에 대한 기말재공품원가와 완성품제조원가는 얼마인가?

구 분	물 량	완 성 도		원 가	
		직접재료원가	가공원가	직접재료원가	가공원가
기초재공품	5,000개	100%	40%	₩ 8,060	₩ 1,300
당기착수량	28,000개			₩41,440	₩14,700
기말재공품	2,000개	100%	50%		

번호	기말재공품원가		완성품제조원가	
	평균법	선입선출법	평균법	선입선출법
①	₩3,000	₩2,960	₩60,000	₩58,950
②	₩3,200	₩3,450	₩62,000	₩51,220
③	₩3,500	₩3,120	₩59,050	₩62,000
④	₩3,500	₩3,450	₩62,000	₩62,050

【14~16】 다음 제조원가명세서의 자료를 이용하여 물음에 답하시오.

- 당기총제조원가   ₩25,000   • 당기제품제조원가   ₩24,250
- 제조간접원가 배부액 : 당기 총제조원가의 30%
- 제조간접원가 배부율 : 직접노무원가의 80%
- 기초재공품 : 기말재공품의 75%

14 당기 직접노무원가발생액은 얼마인가?

① ₩6,000   ② ₩7,500   ③ ₩9,000   ④ ₩9,375

15 당기 직접재료사용액은 얼마인가?

① ₩7,500   ② ₩8,125   ③ ₩8,500   ④ ₩11,500

16 기말재공품재고액은 얼마인가?

① ₩750   ② ₩1,000   ③ ₩2,250   ④ ₩3,000

17 다음은 원가배분에 관한 재미있는 어느 대학교수의 글이다. 이 글을 읽고 밑줄 친 곳의 개념을 올바르게 나타낸 것은?

> ㈜○○중공업의 공장사무관리팀의 팀장 한 명과 팀원 두 명이 중국집에 갔다. 중화요리를 각자 주문하여 먹는 것보다 탕수육과 깐풍기 대(大)자를 주문해 나눠 먹는 것이 더 저렴하므로 주문하였다. 이 경우 주문한 중화요리값은 간접(공통)원가라 할 수 있다. 이때 원가(중화요리 값)를 배분하는 방법은 여러 가지가 있을 것이다. (가) 가장 기본적인 배분방식은 N분의 1로 똑같이 나누는 것이다. 하지만 이 방법은 왜곡이 일어날 가능성이 있다. 만약 팀원 중 한 명이 다이어트를 하는 중이라 중화요리를 거의 먹지 않았다면, 그 팀원은 똑같은 원가를 부담하는 게 억울하다는 생각이 들 것이다. (나) 다른 배분방식은 연봉도 많고 연장자인 팀장이 중화요리값을 내는 것이다. 실제 기업들이 본사 차원에서 지출한 기부금을 배분할 때 매출액이 많은 사업부가 희생하는 식으로 이 방법을 많이 활용한다.
> 또 다른 방법은 인기 코미디 프로그램 〈개그콘서트〉의 '애정남' 코너에서 추천했던 것으로, (다) 탕수육과 깐풍기를 먹고 싶어서 먼저 주문하자고 말한 사람이 돈을 내는 방식이다. 즉 이 방식은 효익을 가장 많이 얻은 사람이 부담하자는 것이다. 그런데 만약 내가 좋아서 요리를 주문하기는 했지만, (라) 막상 시켜 놓고 보니 '나는 별로 생각이 없다'던 다른 팀원이 더 많이 먹었다면? 그러면 가장 많이 먹은 사람에게 돈을 더 내라고 할 수도 있을 것이다. 물론 이 기준을 적용하기 위해서는 누가 탕수육과 깐풍기 몇 조각을 더 먹었는지 분석하는 측정과정이 필요하므로 노력을 많이 해야 하지만, 그래도 가장 합리적인 배분기준이 될 수 있을 것이다.

	(가)	(나)	(다)	(라)
①	부담능력기준	인과관계기준	수혜기준	공정성기준
②	공정성기준	부담능력기준	수혜기준	인과관계기준
③	인과관계기준	부담능력기준	공정성기준	수혜기준
④	수혜기준	공정성기준	인과관계기준	부담능력기준

18 ㈜대한은 결합원가 ₩50,000을 투입하여 두 개의 결합제품을 생산한다. 이들 제품은 분리점에서 즉시 판매할 수도 있고, 각각 더 추가가공하여 고급품으로 판매할 수도 있다. 분리점에서 판매할 것인가 아니면 추가가공해서 판매할 것인가의 의사결정 시 다음 중 올바른 것은?

① ₩50,000의 결합원가는 관련이 없는 원가이다.
② ₩50,000의 결합원가를 상대적 판매가치법에 의해 배분하여야 한다.
③ ₩50,000의 결합원가를 물량기준으로 배분하여야 한다.
④ ₩50,000의 결합원가를 공정하고 합리적인 배분기준에 의해 배분하여야 한다.

제10장...

정답 및 해설

해답을 참고하여도 이해할 수 없는 문제는 파스칼미디어 홈페이지 (www.pascal21.co.kr)의 e-상담실 (수험상담실) 코너를 활용하시기 바랍니다.

1장 · 원가의 기초

01 원가회계와 관리회계의 비교

기본연습문제

1. ① 원재료   ② 노동력   ③ 제 품   ④ 구매과정
   ⑤ 제조과정   ⑥ 판매과정

2. (1) [구 매] (외 부)   (2) [구 매] (외 부)
   (3) [제 조] (내 부)   (4) [제 조] (내 부)
   (5) [구 매] (외 부)   (6) [제 조] (내 부)
   (7) [구 매] (외 부)   (8) [제 조] (내 부)
   (9) [제 조] (내 부)   (10) [판 매] (외 부)
   (11) [판 매] (외 부)

3. (1) ×   (2) ○   (3) ×   (4) ○   (5) ×

02 원가의 개념과 분류

기본연습문제

1. (1) h   (2) e   (3) b   (4) h   (5) i, g
   (6) o   (7) p   (8) a, d   (9) f   (10) l
   (11) o

2. (1) ○   (2) ×   (3) ○   (4) ○   (5) ×
   (6) ○

3. (1) ○   (2) ○   (3) ×   (4) ○   (5) ×
   (6) ×   (7) ○   (8) ×   (9) ×   (10) ○
   (11) ○   (12) ×   (13) ×   (14) ×   (15) ○
   (16) ○

4. (1) F   (2) V   (3) M   (4) V   (5) F
   (6) M   (7) F   (8) S

5. (1) 400,000 + 500,000 = 900,000
   (6) 500,000 + 150,000 + 300,000 = 950,000

6. (1) 직접재료비, 직접노무비, 직접제조경비
   (2) 제조간접비   (3) 판매비와관리비
   (4) 이익

7. (1) ₩1,700,000   (2) ₩ 774,000
   (3) ₩2,474,000   (4) ₩2,829,000

【 해설 】

(1) 500,000 + 1,150,000 + 50,000 = 1,700,000
(2) 200,000 + 74,000 + 200,000 + 300,000 = 774,000
(3) 1,700,000 + 774,000 = 2,474,000
(4) 2,474,000 + 150,000 + 55,000 + 120,000 + 30,000
    = 2,829,000

8.

직접재료비 (500,000)	직접원가 (1,000,000)	제조원가 1,600,000	판매원가 (2,000,000)	판매가격 (2,400,000)
직접노무비 (300,000)				
직접제조경비 (200,000)				
제조간접비 (600,000)				
판매비와 관리비 (400,000)				
이익 (400,000)				

9.

직접재료비 (300,000)	직접원가 (650,000)	제조원가 1,200,000	판매원가 (1,500,000)	판매가격 (1,950,000)
직접노무비 (200,000)				
직접제조경비 (150,000)				
제조간접비 (550,000)				
판매비와 관리비 (300,000)				
이익 (450,000)				

10. (1) ₩700,000   (2) ₩300,000   (3) ₩1,000,000
    (4) ₩250,000   (5) ₩1.250.000   (6) ₩250,000

【 해설 】

① 1,500,000 ÷ (1+0.2) = 1,250,000(판매원가)
② 1,250,000 ÷ (1+0.25) = 1,000,000(제조원가)
③ 1,000,000 − 700,000 = 300,000(제조간접비)

11.

		이익 (600,000)	
	판매비와관리비 (400,000)		판 매 가 격 (3,000,000)
제조간접비 (350,000)	제조원가 2,000,000	판 매 원 가 (2,400,000)	
직접재료비 (820,000)	직접원가 (1,650,000)		
직접노무비 (500,000)			
직접제조경비 (330,000)			

【 해설 】

① 3,000,000 ÷ (1+0.25) = 2,400,000 (판매원가)

② 2,400,000 ÷ (1+0.2) = 2,000,000 (제조원가)

12.

	5,000개 생산시		10,000개 생산시	
(1) 직접재료비	50,000	(2)	50,000×2	100,000
직접노무비	70,000		70,000×2	140,000
변동간접비	80,000		80,000×2	160,000
총변동원가	200,000			400,000
총고정원가	100,000			100,000
총제조원가	300,000			500,000
생 산 량	÷5,000개			÷10,000개
단위당원가	₩60			₩50

2장 · 원가의 흐름

01 원가의 흐름과 기장

기본연습문제

1.

No.	구 분	차변과목	금 액	대변과목	금 액
(1)	매입액분개	재 료	850,000	외상매입금	850,000
(2)	출고액분개	재 료 비	800,000	재 료	800,000
(3)	소비액분개	재 공 품	650,000	재 료 비	800,000
		제조간접비	150,000		

재　　　료

전월이월	150,000	재 료 비	800,000
외상매입금	850,000	차월이월	200,000
	1,000,000		1,000,000

재　료　비

재 료	800,000	제 좌	800,000

2.

No.	구 분	차변과목	금 액	대변과목	금 액
(1)	지급액분개	종업원급여	600,000	현 금	600,000
(2)	발생액분개	노 무 비	630,000	종업원급여	630,000
(3)	소비액분개	재 공 품	480,000	노 무 비	630,000
		제조간접비	150,000		

종 업 원 급 여

현 금	600,000	전월이월	50,000
차월이월	80,000	노 무 비	630,000
	680,000		680,000

노 무 비

종업원급여	630,000	제 좌	630,000

3.

No.	구 분	차변과목	금 액	대변과목	금 액
(1)	지급액분개	보 험 료	500,000	현 금	500,000
(2)	발생액분개	제 조 경 비	400,000	보 험 료	400,000
(3)	소비액분개	제조간접비	400,000	제 조 경 비	400,000
(4)	월차손익대체분개	월 차 손 익	120,000	보 험 료	120,000

보 험 료

전월이월	80,000	제조경비	400,000
현 금	500,000	월차손익	120,000
		차월이월	60,000
	580,000		580,000

제 조 경 비

보 험 료	400,000	제조간접비	400,000

제 조 간 접 비

제조경비	400,000		

월 차 손 익

보 험 료	120,000		

4.

No.	구 분	차변과목	금 액	대변과목	금 액
(1)	지급액분개	임 차 료	150,000	현 금	150,000
(2)	소비액분개	제조간접비	140,000	임 차 료	140,000
(3)	월차손익분개	월 차 손 익	20,000	임 차 료	20,000

임 차 료

전월이월	30,000	제조간접비	140,000
현 금	150,000	월차손익	20,000
		차기이월	20,000
	180,000		180,000

제 조 간 접 비

임 차 료	140,000		

월 차 손 익

임 차 료	20,000		

5.

제 조 간 접 비

재 료 비	150,000	재 공 품	600,000
노 무 비	250,000		
제조경비	200,000		
	600,000		600,000

재　공　품

전월이월	100,000	제 품	1,350,000
재 료 비	500,000	차월이월	150,000
노 무 비	300,000		
제조간접비	600,000		
	1,500,000		1,500,000

No.	구 분	차변과목	금 액	대변과목	금 액
(1)	제조간접비배부분개	재 공 품	600,000	제조간접비	600,000
(2)	완성품제조원가분개	제 품	1,350,000	재 공 품	1,350,000

6.

제　　　　品

전월이월	200,000	매출원가	1,400,000
재 공 품	1,500,000	차월이월	300,000
	1,700,000		1,700,000

No.	구　　　분	차변과목	금 액	대변과목	금 액
(1)	매출원가분개	매출원가	1,400,000	제　　品	1,400,000

7.

매　　　　出

| 월차손익 | 2,000,000 | 외상매출금 | 2,000,000 |

월 차 손 익

매출원가	1,200,000	매　　出	2,000,000
각종경비항목	150,000		
연차손익	650,000		
	2,000,000		2,000,000

매 출 원 가

| 제　　品 | 1,200,000 | 월차손익 | 1,200,000 |

No.	구　　분	차변과목	금 액	대변과목	금 액
(1)	매 출 액 분 개	외상매출금	2,000,000	매　　出	2,000,000
(2)	매출원가월차손익	월차손익	1,200,000	매 출 원 가	1,200,000
(3)	각종경비항목월차손익대체	월차손익	150,000	각종경비항목	150,000
(4)	매출액월차손익대체	매　　出	2,000,000	월 차 손 익	2,000,000
(5)	영업이익연차손익대체	월차손익	650,000	연 차 손 익	650,000

8.

No.	차변과목	금 액	대변과목	금 액
(1)	재　　　　料	1,200,000	외 상 매 입 금	1,200,000
(2)	종업원급여	800,000	당 좌 예 금	800,000
(3)	임 차 료	300,000	현　　　　金	300,000
(4)	재 료 비	1,250,000	재　　　　料	1,250,000
(5)	노 무 비	850,000	종 업 원 급 여	850,000
(6)	재 공 품　1,000,000 제 조 간 접 비　250,000		재 료 비	1,250,000
(7)	재 공 품　700,000 제 조 간 접 비　150,000		노 무 비	850,000
(8)	제 조 간 접 비	200,000	임 차 료	200,000
(9)	재 공 품	600,000	제 조 간 접 비	600,000
(10)	제　　品	2,350,000	재 공 품	2,350,000
(11)	외 상 매 출 금　2,500,000 매 출 원 가　2,200,000		매　　出　2,500,000 제　　品　2,200,000	
(12)	매　　出　2,500,000 월 차 손 익　2,270,000		월 차 손 익　2,500,000 매 출 원 가　2,200,000 임 차 료　70,000	
(13)	월 차 손 익	230,000	연 차 손 익	230,000

재　　　　料

전월이월	250,000	재 료 비	1,250,000
외상매입금	1,200,000	차월이월	200,000
	1,450,000		1,450,000

재　　料　　비

| 재　　料 | 1,250,000 | 제 좌 | 1,250,000 |

종 업 원 급 여

당좌예금	800,000	전월이월	150,000
차월이월	200,000	노 무 비	850,000
	1,000,000		1,000,000

노　　무　　비

| 종업원급여 | 850,000 | 제 좌 | 850,000 |

임　　차　　료

전월이월	50,000	제조간접비	200,000
현　金	300,000	월차손익	70,000
		차월이월	80,000
	350,000		350,000

월 차 손 익

매출원가	2,200,000	매　出	2,500,000
임 차 료	70,000		
연차손익	230,000		
	2,500,000		2,500,000

제 조 간 접 비

재 료 비	250,000	재 공 품	600,000
노 무 비	150,000		
임 차 료	200,000		
	600,000		600,000

재　　공　　품

전월이월	200,000	제　品	2,350,000
재 료 비	1,000,000	차월이월	150,000
노 무 비	700,000		
제조간접비	600,000		
	2,500,000		2,500,000

제　　　　品

전월이월	100,000	매출원가	2,200,000
재 공 품	2,350,000	차월이월	250,000
	2,450,000		2,450,000

매 출 원 가

| 제　品 | 2,200,000 | 월차손익 | 2,200,000 |

매　　　　出

| 월차손익 | 2,500,000 | 외상매출금 | 2,500,000 |

9.

No.	차변과목	금 액	대변과목	금 액
(1)	재　　　　料	800,000	외 상 매 입 금	800,000
(2)	종 업 원 급 여	480,000	당 좌 예 금	480,000
(3)	각 종 경 비	160,000	현　　　　金	160,000
(4)	재 료 비	720,000	재　　　　料	720,000
(5)	노 무 비	420,000	종 업 원 급 여	420,000
(6)	제 조 경 비	100,000	각 종 경 비	100,000
(7)	재 공 품　600,000 제 조 간 접 비　120,000		재 료 비	720,000
(8)	재 공 품　280,000 제 조 간 접 비　140,000		노 무 비	420,000
(9)	제 조 간 접 비	100,000	제 조 경 비	100,000
(10)	재 공 품	360,000	제 조 간 접 비	360,000
(11)	제　　品	1,080,000	재 공 품	1,080,000
(12)	외 상 매 출 금　1,200,000 매 출 원 가　960,000		매　　出　1,200,000 제　　品　960,000	
(13)	매　　出　1,200,000 월 차 손 익　1,000,000		월 차 손 익　1,200,000 매 출 원 가　960,000 각 종 경 비　40,000	

재			료	
전월이월	80,000	재 료 비	720,000
외상매입금	800,000	차월이월	160,000
	880,000		880,000

종 업 원 급 여			
당좌예금	480,000	전월이월	80,000
차월이월	20,000	노 무 비	420,000
	500,000		500,000

각 종 경 비			
전월이월	20,000	제조경비	100,000
현 금	160,000	월차손익	40,000
		차월이월	40,000
	180,000		180,000

제 조 간 접 비			
재 료 비	120,000	재 공 품	360,000
노 무 비	140,000		
제 조 경 비	100,000		
	360,000		360,000

매 출 원 가			
제 품	960,000	월차손익	960,000

매			출	
월차손익	1,200,000	외상매출금	1,200,000

재 료 비			
재 료	720,000	제 좌	720,000

노 무 비			
종업원급여	420,000	제 좌	420,000

제 조 경 비			
각종경비	100,000	제조간접비	100,000

재 공 품			
전월이월	120,000	제 품	1,080,000
재 료 비	600,000	차월이월	280,000
노 무 비	280,000		
제조간접비	360,000		
	1,360,000		1,360,000

제			품	
전월이월	168,000	매출원가	960,000
재 공 품	1,080,000	차월이월	288,000
	1,248,000		1,248,000

월 차 손 익			
매출원가	960,000	매 출	1,200,000
각종경비	40,000		
연차손익	200,000		
	1,200,000		1,200,000

10. (1) (72,000+252,000−40,000)+320,000+256,000
       = 860,000

(2) 80,000+860,000−60,000 = 880,000

(3)

제	품	
400	1,800
(1,600)	200

(4) 880,000÷1,600개 = 550

(5) 200개×550 = 110,000

3장 · 요소별 원가계산

01 재료비

기본연습문제

1. (1) 주요재료비, 부품비, 보조재료비, 소모공구기구비품비,
       직접재료비, 간접재료비
   (2) 소비단가
   (3) 계속기록법
   (4) 선입선출법, 후입선출법
   (5) 이동평균법, 총평균법

2.

No.	구 분	차변과목	금 액	대변과목	금 액
(1)	재료매입시	재 료	520,000	외상매입금	520,000
(2)	재료환출시	외상매입금	20,000	재 료	20,000
(3)	재료출고시	재 료 비	480,000	재 료	480,000
(4)	재료비의 소비	재 공 품	350,000	재 료 비	480,000
		제조간접비	130,000		

재			료	
전월이월	100,000	외상매입금	20,000
외상매입금	520,000	재 료 비	480,000
		차월이월	120,000
	620,000		620,000

재 료 비			
재 료	480,000	제 좌	480,000

재 공 품			
재 료 비	350,000		

제 조 간 접 비			
재 료 비	130,000		

3.

재 료 출 고 전 표				
20×1년 9월 3일				
제조지시서번호 #1				
사 용 부 문				

품 명	규 격	수 량	단 가	금 액
주요재료		1,000	500	500,000

재료 출고 전표				
20×1년 9월 6일				
제조지시서번호				
사용부문 : 수선부문				
품 명	규 격	수 량	단 가	금 액
보조재료		400	200	80,000

재료 출고 전표				
20×1년 9월 15일				
제조지시서번호 #2				
사용부문				
품 명	규 격	수 량	단 가	금 액
부품		800	600	480,000

재료 출고 전표				
20×1년 9월 30일				
제조지시서번호				
사용부문 : 수선부문				
품 명	규 격	수 량	단 가	금 액
소모공구기구비품				40,000

No.	구 분	차변과목	금 액	대변과목	금 액
(1)	재료출고분개	재 료 비	1,100,000	주요재료	500,000
				부 품	480,000
				보조재료	80,000
				소모공구기구비품	40,000
(2)	재료소비분개	재 공 품	980,000	재 료 비	1,100,000
		제조간접비	120,000		

4.

No.	구 분	차변과목	금 액	대변과목	금 액
재료 매입 시	재 료	800,000	외상매입금	800,000		
재료 출고 시	재 료 비	950,000	재 료	950,000		
재료 소비 시	재 공 품	700,000	재 료 비	950,000		
	제조간접비	250,000				
재료감모손실발생	재료감모손실	30,000	재 료	30,000		
재료감모손실처리	제조간접비	20,000	재료감모손실	30,000		
	손 익	10,000				

재 료				재 료 비			
전월이월	250,000	재 료 비	950,000	재 료	950,000	제 좌	950,000
외상매입금	800,000	재료감모손실	30,000				
		차월이월	70,000	재 료 감 모 손 실			
	1,050,000		1,050,000	재 료	30,000	제 좌	30,000

5.

(1) 계속기록법   (2) 700개

(3) 실제재고조사법   (4) 900개   (5) 20개

6.

재 료 원 장

(선입선출법)　　　　주요재료　　　　(단위:개)

날짜		적요	입고			출고			잔액		
			수량	단가	금액	수량	단가	금액	수량	단가	금액
3	1	전월이월	300	100	30,000				300	100	30,000
	5	매 입	400	120	48,000				300	100	30,000
									400	120	48,000
	12	출 고				300	100	30,000	400	120	48,000
	17	매 입	200	130	26,000				400	120	48,000
									200	130	26,000
	24	출 고				400	120	48,000	100	130	13,000
						100	130	13,000			
	31	감모수량				10	130	1,300	90	130	11,700
	〃	차월이월				90	130	11,700			
			900	—	104,000	900	—	104,000			
4	1	전월이월	90	130	11,700				90	130	11,700

3월의 주요재료 소비수량 (800개),　　소비액 (₩91,000)

7.

재 료 원 장

(후입선출법)　　　　부품　　　　(단위:개)

날짜		적요	입고			출고			잔액		
			수량	단가	금액	수량	단가	금액	수량	단가	금액
6	1	전월이월	500	200	100,000				500	200	100,000
	5	매 입	450	220	99,000				500	200	100,000
									450	220	99,000
	9	출 고				450	220	99,000	450	200	90,000
						50	200	10,000			
	15	매 입	300	250	75,000				450	200	90,000
									300	250	75,000
	20	출 고				300	250	75,000	350	200	70,000
						100	200	20,000			
	30	감모수량				20	200	4,000	330	200	60,000
	〃	차월이월				330	200	66,000			
			1,250		274,000	1,250	—	274,000			
7	1	전월이월	330	200	66,000				330	200	66,000

6월의 주요재료 소비수량 (900개),　　소비액 (₩204,000)

8.

재 료 원 장

(이동평균법)　　주요재료　　(단위:개)

날짜		적요	입고			출고			잔액		
			수량	단가	금액	수량	단가	금액	수량	단가	금액
8	1	전월이월	100	200	20,000				100	200	20,000
	5	매 입	400	250	100,000				500	240	120,000
	10	출 고				300	240	72,000	200	240	48,000
	16	매 입	300	220	66,000				500	228	114,000
	17	환 출	100	220	22,000				400	230	92,000
	25	출 고				250	230	57,500	150	230	34,500
	31	차월이월				150	230	34,500			
			700	—	164,000	700	—	164,000			
9	1	전월이월	150	230	34,500				150	230	34,500

8월의 주요재료 소비수량 (550개),　소비액 (₩129,500)

9.

재 료 원 장

(총평균법)　　부품　　(단위:개)

날짜		적요	입고			출고			잔액		
			수량	단가	금액	수량	단가	금액	수량	단가	금액
9	1	전월이월	100	200	20,000				100	200	20,000
	6	매 입	150	200	30,000				250		
	10	출 고				200	210	42,000	50		
	15	매 입	250	220	55,000				300		
	17	출 고				100	210	21,000	200		
	30	감모수량				20	210	4,200	180		
	〃	차월이월				180	210	37,800			
			500	—	105,000	500	—	105,000			
10	1	전월이월	180	210	37,800				180	210	37,800

9월의 주요재료 소비수량 (300개),　소비액 (₩63,000)

02 노 무 비

 기본연습문제

1.

No.	차변과목	금 액	대변과목	금 액
(1)	종 업 원 급 여	2,000,000	소득세예수금	60,000
			의료보험료예수금	40,000
			현　　　　금	1,900,000
(2)	노 무 비	2,300,000	종 업 원 급 여	2,300,000
(3)	재 공 품	1,800,000	노 무 비	2,300,000
	제 조 간 접 비	500,000		

종 업 원 급 여

제 좌	2,000,000	전월이월	100,000
차월이월	400,000	노 무 비	2,300,000
	2,400,000		2,400,000

노 무 비

종업원급여	2,300,000	제 좌	2,300,000

재 공 품

노 무 비	1,800,000		

제 조 간 접 비

노 무 비	500,000		

2.

No.	평 균 임 률	노 무 비 계 산
(1)	5,000,000÷2,500시간= 2,000	400시간×2,000=800,000
(2)	1,200,000÷3,000개=400	800개×400=320,000

3.　(1) ○　　(2) ×　　(3) ○
　　(4) ×　　(5) ○　　(6) ○　　(7) ○

4.

No.	구 분	차변과목	금 액	대변과목	금 액
(1)	임금지급시분개	종 업 원 급 여	2,450,000	소득세예수금	70,000
				의료보험료예수금	40,000
				현　　금	2,340,000
(2)	임금발생액분개	노 무 비	2,450,000	종 업 원 급 여	2,450,000
(3)	노무비소비시분개	재 공 품	1,592,500	노 무 비	2,450,000
		제조간접비	857,500		

종 업 원 급 여

제 좌	2,450,000	노 무 비	2,450,000

노 무 비

종업원급여	2,450,000	제 좌	2,450,000

재 공 품

노 무 비	1,592,500		

제 조 간 접 비

노 무 비	857,500		

03 제조경비

 기본연습문제

1.

월할제조경비	측정제조경비	지급제조경비	발생제조경비
(3) (9) (10) (11)	(2) (5)	(1) (4) (6) (8) (12)	(7)

2.

(1)	₩50,000	(2)	₩120,000	(3)	₩80,000	(4)	120,000
(5)	₩300,000	(6)	₩480,000	(7)	₩85,000	(8)	₩50,000

【 해설 】

(1) 600,000 ÷ 12 = 50,000
(2) 720,000 ÷ 6 = 120,000
(3) 480,000 ÷ 6 = 80,000
(4) (1,250 − 850) × 300 = 120,000
(5) 당월 측정액 = 소비액
(6) 500,000 + 40,000 − 60,000 = 480,000
(7) 120,000 − 15,000 − 20,000 = 85,000
(8) 350,000 − 300,000 = 50,000

3.

제조경비항목	총 액	공 장	본 사
외 주 가 공 비	₩ 180,000	₩ 180,000	–
감 가 상 각 비	20,000	12,000	₩ 8,000
전 력 비	120,000	72,000	48,000
운 반 비	35,000	21,000	14,000
특 허 권 사 용 료	10,000	10,000	–
재 료 감 모 손 실	20,000	20,000	–
총 계	385,000	315,000	70,000

【 합계 분개 】

차변과목	금 액	대변과목	금 액
		외 주 가 공 비	180,000
		감 가 상 각 비	20,000
재 공 품	190,000	전 력 비	120,000
제 조 간 접 비	125,000	운 반 비	35,000
월 차 손 익	70,000	특 허 권 사 용 료	10,000
		재 료 감 모 손 실	20,000

4. 박스 안의 괄호금액은 각 계정을 이용하여 구한다.

(1) 보관료 당월 소비액 ₩71,000
(2) 수선비 당월 선급액 ₩20,000
(3) 복리후생비 당월 미지급액 ₩37,000
(4) 외주가공비 당월 지급액 ₩100,000
(5) 운반비 전월 선급액 ₩20,000
(6) 잡비 전월 미지급액 ₩8,500

보 관 료

현 금	60,000	전월이월	5,000
차월이월	16,000	제조간접비	49,700
		월차손익	21,300
	76,000		76,000

수 선 비

전월이월	35,000	제조간접비	58,100
현 금	68,000	월차손익	24,900
		차월이월	20,000
	103,000		103,000

운 반 비

전월이월	20,000	제조간접비	157,500
현 금	224,000	월차손익	67,500
		차월이월	19,000
	244,000		244,000

복 리 후 생 비

전월이월	5,000	제조간접비	82,600
현 금	76,000	월차손익	35,400
차월이월	37,000		
	118,000		118,000

외 주 가 공 비

전월이월	22,000	재공품	98,000
현 금	100,000	차월이월	24,000
	122,000		122,000

잡 비

현 금	47,000	전월이월	8,500
차월이월	26,500	제조간접비	45,500
		월차손익	19,500
	73,500		73,500

재 공 품

외주가공비	98,000

제 조 간 접 비

보 관 료	49,700
수 선 비	58,100
복 리 후 생 비	82,600
운 반 비	157,500
잡 비	45,500

월 차 손 익

보 관 료	21,300
수 선 비	24,900
복 리 후 생 비	35,400
운 반 비	67,500
잡 비	19,500

5.

제조경비항목	총 액	제조부 직접제조경비	제조부 간접제조경비	영업부
임 차 료	240,000		144,000	96,000
감 가 상 각 비	30,000		27,000	3,000
특 허 권 사 용 료	150,000	150,000		
가 스 수 도 비	200,000		160,000	40,000
전 력 비	170,000		153,000	17,000
외 주 가 공 비	210,000	210,000		
보 관 료	150,000		120,000	30,000
잡 비	40,000		20,000	20,000
재 료 감 모 손 실	40,000	40,000		
합 계	1,230,000	360,000	664,000	206,000

4장 · 원가의 배부

01 원가 및 제조간접비의 배부

1. ① $240,000 \div 800,000 = 0.3$
② $500,000 \times 0.3 = 150,000$

2. ① $520,000 \div 400,000 = 1.3$
② $150,000 \times 1.3 = 195,000$

3. ① $600,000 \div 2,000,000 = 0.3$
② $800,000 \times 0.3 = 240,000$
③ $500,000 + 300,000 + 240,000 = 1,040,000$

4. ① $2,000,000 \div 5,000 = 400$
② $2,000 \times 400 = 800,000$

5. ① $1,000,000 \div 4,000 = 250$
② $1,200 \times 250 = 300,000$

6.

No.	차 변 과 목	금 액	대 변 과 목	금 액
(1)	재 공 품	800,000	제 조 간 접 비	800,000
(2)	제 조 간 접 비	830,000	재 료 비	350,000
			노 무 비	230,000
			제 조 경 비	250,000
(3)	제조간접비배부차이	30,000	제 조 간 접 비	30,000

7.

No.	차 변 과 목	금 액	대 변 과 목	금 액
(1)	재 공 품	5,000,000	제 조 간 접 비	5,000,000
(2)	제 조 간 접 비	4,980,000	재 료 비	2,500,000
			노 무 비	1,200,000
			제 조 경 비	1,280,000
(3)	제 조 간 접 비	20,000	제조간접비배부차이	20,000
(4)	제조간접비배부차이	20,000	매 출 원 가	20,000

제 조 간 접 비		
재 료 비 2,500,000	재 공 품 5,000,000	
노 무 비 1,200,000		
제 조 경 비 1,280,000		
제조간접비배부차이 20,000		
5,000,000	5,000,000	

제조간접비배부차이	
매출원가 20,000	제조간접비 20,000

매 출 원 가	
	제조간접비배부차이 20,000

8.

No.	차 변 과 목	금 액	대 변 과 목	금 액
(1)	재 공 품	3,000,000	제 조 간 접 비	3,000,000
(2)	제 조 간 접 비	3,050,000	재 료 비	1,300,000
			노 무 비	900,000
			제 조 경 비	850,000
(3)	제조간접비배부차이	50,000	제 조 간 접 비	50,000
(4)	매 출 원 가	50,000	제조간접비배부차이	50,000

제 조 간 접 비		
재 료 비 1,300,000	재 공 품 3,000,000	
노 무 비 900,000	제조간접비배부차이 50,000	
제 조 경 비 850,000		
3,050,000	3,050,000	

제조간접비배부차이	
제조간접비 50,000	매 출 원 가 50,000

매 출 원 가	
제조간접비배부차이 50,000	

5장 · 부문별 원가계산

기본연습문제

1. (1) 부문
(2) 보조부문
(3) 부문간접비
(4) 부문간접비, 부문직접비, 보조부문비, 제조부문비

2.

부 문 비 배 부 표

원가요소	배부기준	제조부문		보조부문			합 계
		절단부문	조립부문	동력부문	수선부문	공장사무부문	
부문직접비							
간접재료비		60,000	56,000	26,000	18,000	—	160,000
간접노무비		90,000	60,000	40,000	10,000	10,000	210,000
기계감가상각비		60,000	30,000	14,000	3,000	—	107,000
합 계		210,000	146,000	80,000	31,000	10,000	477,000
부문간접비							
건물감가상각비	면 적	20,000	15,000	7,500	5,000	2,500	50,000
기계화재보험료	기계가액	35,000	40,000	25,000	20,000	—	120,000
합 계		55,000	55,000	32,500	25,000	2,500	170,000
총 계		265,000	201,000	112,500	56,000	12,500	647,000

구 분	차 변 과 목	금 액	대 변 과 목	금 액
부문비배부분개	절단부문비	265,000	제조간접비	647,000
	조립부문비	201,000		
	동력부문비	112,500		
	수선부문비	56,000		
	공장사무부문비	12,500		

3.

보 조 부 문 비 배 부 표

비 목	배부기준	금 액	제조부문		보조부문	
			절단부문	조립부문	동력부문	수선부문
자기부문발생액		1,090,000	400,000	350,000	140,000	200,000
보조부문비배부						
동력부문	Kw/h	140,000	87,500	52,500		
수선부문	수선횟수	200,000	100,000	100,000		
보조부문비배부액		340,000	187,500	152,500		
제조부문비합계		1,090,000	587,500	502,500		

차 변 과 목	금 액	대 변 과 목	금 액
절 단 부 문 비	187,500	동 력 부 문 비	140,000
조 립 부 문 비	152,500	수 선 부 문 비	200,000

4.

보 조 부 문 비 배 부 표

비 목	배부기준	제 조 부 문		보 조 부 문	
		절단부문	조립부문	수선부문	동력부문
자기부문발생액		400,000	350,000	200,000	140,000
보조부문비배부					
동력부문비	Kw/h	70,000	42,000	28,000	
수선부문비	수선횟수	114,000	114,000	228,000	
제조부문비합계		584,000	506,000		

차 변 과 목	금 액	대 변 과 목	금 액
절 단 부 문 비	184,000	수 선 부 문 비	200,000
조 립 부 문 비	156,000	동 력 부 문 비	140,000

5.

보 조 부 문 비 배 부 표

비 목	제 조 부 문		보 조 부 문	
	절단부문	조립부문	동력부문	수선부문
자기부문발생액	400,000	350,000	140,000	200,000
보조부문비배부				
동력부문비	93,750	56,250	(187,500)	37,500
수선부문비	95,000	95,000	47,500	237,500
제조부문비합계	588,750	501,250	0	0

차 변 과 목	금 액	대 변 과 목	금 액
절 단 부 문 비	188,750	동 력 부 문 비	140,000
조 립 부 문 비	151,250	수 선 부 문 비	200,000

[해설]

1. 동력부문은 수선부문이 생산한 용역의 800/4,000(20%)를 제공받고, 수선부문 역시 동력부문이 생산한 용역의 2,000/10,000 (20%)를 제공받았다.

2. 보조부문의 총원가식
   (동력부문의 총원가 : X, 수선부문의 총원가 : Y)
   $X = 140,000 + 0.2Y$
   $Y = 200,000 + 0.2X$ } 연립방정식을 세워야 한다.

3. $X = 140,000 + 0.2(200,000+0.2X)$

6.

구 분	차 변 과 목	금 액	대 변 과 목	금 액
부문비예정배부	재 공 품	1,800,000	A제조부문비	1,000,000
			B제조부문비	800,000
제조간접비를 부문에 배부	A제조부문비	700,000	제조간접비	1,700,000
	B제조부문비	800,000		
	동력부문비	100,000		
	수선부문비	40,000		
	운반부문비	60,000		
보조부문비배부	A제조부문비	120,000	동력부문비	100,000
	B제조부문비	80,000	수선부문비	40,000
			운반부문비	60,000
부문비배부차이	A제조부문비	180,000	부문비배부차이	180,000
	부문비배부차이	80,000	B제조부문비	80,000

7.

보 조 부 문 비 배 부 표

원가요소	배부기준	금 액	제 조 부 문		보 조 부 문		
			조립부문	조립부문	동력부문	수선부문	공장사무부문
자기부문발생액		131,000	55,000	31,000	20,000	13,000	12,000
동력부문비	마력×시간	20,000	12,000	8,000			
수선부문비	수선횟수	13,000	9,100	3,900			
공장사무부문비	공원수	12,000	6,000	6,000			
배부액합계		45,000	27,100	17,900			
제조부문비합계		131,000	82,100	48,900			

절 단 부 문 비

제조간접비	55,000	재 공 품	80,000
제 좌	27,100	부문비배부차이	2,100
	82,100		82,100

조 립 부 문 비

제조간접비	31,000	재 공 품	50,000
제 좌	17,900		
부문비배부차이	1,100		
	50,000		50,000

동 력 부 문 비

제조간접비	20,000	제 좌	20,000

부문비배부차이

절단부문비	2,100	조립부문비	1,100

6장·개별 원가계산

기본연습문제

1.

재 공 품

전월이월	108,000	제 품	1,489,000
재료비	858,000	차월이월	272,000
노무비	530,000		
제조간접비	265,000		
	1,761,000		1,761,000

제 품

전월이월	200,000	매출원가	1,339,000
재 공 품	1,489,000	차월이월	350,000
	1,689,000		1,689,000

2.

원 가 계 산 표

비 목	지시서#1	지시서#2	지시서#3	지시서#4
월초재공품	30,000	40,000	50,000	—
직접재료비	420,000	250,000	200,000	180,000
직접노무비	350,000	200,000	150,000	100,000
제조간접비	105,000	60,000	45,000	30,000
합 계	905,000	550,000	445,000	310,000

재 공 품

전월이월	120,000	제 품	1,455,000
재 료 비	1,050,000	차월이월	755,000
노 무 비	800,000		
제조간접	240,000		
	2,210,000		2,210,000

제 품

전월이월	150,000	매출원가	1,305,000
재 공 품	1,455,000	차월이월	300,000
	1,605,000		1,605,000

3.

원 가 계 산 표

비 목	지시서#1	지시서#2	합 계
직 접 재 료 비	400,000	100,000	500,000
직 접 노 무 비	500,000	178,000	678,000
직 접 경 비	30,000	–	30,000
제 조 간 접 비	120,000	30,000	150,000
합 계	1,050,000	308,000	1,358,000

재 료

전월이월	80,000	재료비	550,000
외상매입금	840,000	차월이월	370,000
	920,000		920,000

노 무 비

현 금	720,000	전월이월	60,000
차월이월	48,000	제 좌	708,000
	768,000		768,000

제 조 경 비

전월이월	10,000	제 좌	100,000
현 금	150,000	차월이월	60,000
	160,000		160,000

재 공 품

재료비	500,000	제 품	1,050,000
노무비	678,000	차월이월	308,000
제조경비	30,000		
제조간접비	150,000		
	1,358,000		1,358,000

【 해설 】

▶ 제조간접비의 계산은? 각 원가요소계정 대변의 소비액에서 직접 소비액인 지시서 #1, #2의 소비액을 차감한 나머지를 간접비로 계산한다.

1. 간접재료비 : 550,000 – (400,000+100,000) = 50,000
2. 간접노무비 : 708,000 – (500,000+178,000) = 30,000
3. 간 접 경 비 : 100,000 – 30,000 = 70,000

4.

원 가 계 산 표

비 목	제조지시서#1	지시서 # 2	지시서 # 3	지시서 # 4
월 초 재 공 품	140,000	60,000	—	—
직 접 재 료 비	160,000	120,000	80,000	56,000
직 접 노 무 비	160,000	120,000	60,000	30,000
제 조 간 접 비	19,200	18,000	9,000	6,000
합 계	479,200	318,000	149,000	92,000

재 공 품

전월이월	200,000	제 품	797,200
재 료 비	416,000	차월이월	241,000
노 무 비	370,000		
제조간접비	52,200		
	1,038,200		1,038,200

제 조 간 접 비

재료비	25,000	재 공 품	52,200
노무비	15,200	제조간접비배부차이	3,000
제조경비	15,000		
	55,200		55,200

제조간접비배부차이

제조간접비	3,000	

【 해설 】

• 예정배부액 : 1,800,000 ÷ 30,000시간 = 60

60 × (320 + 300 + 150 + 100) = 52,200

5.

원 가 계 산 표

비 목	제조지시서 # 1	지시서 # 2	지시서 # 3	지시서 # 4
월 초 재 공 품	75,000	30,000	20,000	—
직 접 재 료 비	80,000	30,000	44,000	35,000
직 접 노 무 비	60,000	18,000	48,000	20,000
제 조 간 접 비				
절단부문비	15,000	12,500	10,000	7,500
조립부문비	12,000	12,000	6,000	6,000
합 계	242,000	102,500	128,000	68,500

재 공 품

전월이월	125,000	제 품	344,500
재료비	189,000	차월이월	196,500
노무비	146,000		
제 좌	81,000		
	541,000		541,000

제 품

재 공 품	344,500	

【 해설 】

▶ 월초재공품은 #1 : 24,000+36,000+15,000= 75,000과 같은 방식으로 지시서 #2, #3을 기록하고, 제조간접비는 부문별로 직접작업시간을 기준으로 배부한다. 지시서 #2, 3, 4도 같은 방식이다.

• 절단부문비 : 45,000 × 300시간/300+250+200+150 = 15,000(지시서#1)

• 조립부문비 : 36,000 × 200시간/200+200+100+100 = 12,000(지시서#1)

6.

원 가 계 산 표

비 목	지시서#1	지시서#2	지시서#3
직 접 재 료 비	90,000	65,000	40,000
직 접 노 무 비	120,000	85,000	50,000
제 조 간 접 비	–		
절단부문비	22,500	15,000	12,000
조립부문비	14,400	12,000	6,000
합 계	246,900	177,000	108,000

제 조 간 접 비

재 료 비	9,000	제 좌	81,000
노 무 비	27,000		
제조경비	45,000		
	81,000		81,000

재 공 품

재 료 비	195,000	제 품	423,900
노 무 비	255,000	차 월 이 월	108,000
제 좌	81,900		
	531,900		531,900

절 단 부 문 비

제조간접비	36,000	재 공 품	49,500
제 좌	10,500		
부문비배부차이	3,000		
	49,500		49,500

동 력 부 문 비

제조간접비	9,000	제 좌	9,000

부 문 비 배 부 차 이

조립부문비	2,100	절단부문비	3,000

【 해설 】

▶문제에서 조립부문비 계정이 제시되지 않았지만 기록을 해보면,

조 립 부 문 비

제조간접비	30,000	재 공 품	32,400
제 좌	4,500	부문비배부차이	2,100
	34,500		34,500

▶절단부문비계정과 조립부문비계정 대변의 재공품 49,500, 32,400
은 각각 부문비예정배부액으로 문제의 (1)예정배부율을 이용하여
  • 절단부문 : (150시간 + 100시간 + 80시간) × 150 = 49,500
  • 조립부문 : (120시간 + 100시간 + 50시간) × 120 = 32,400

7.

원 가 계 산 표

비 목	제조지시서# 1	지시서 # 2	지시서 # 3	지시서 # 4
월초재공품	45,000	30,000	―	―
직 접 재 료 비	120,000	70,000	(30,000)	80,000
직 접 노 무 비	50,000	(108,000)	90,000	(52,000)
제 조 간 접 비	(96,000)	(56,000)	(24,000)	(64,000)
합 계	(311,000)	(264,000)	(144,000)	(196,000)

재 료

전월이월 80,000	재 료 비 370,000
외상매입금 (380,000)	차 월 이 월 90,000
(460,000)	460,000

재 료 비

[재 료] (370,000)	[제 좌] (370,000)

노 무 비

현 금 310,000	전월이월 20,000
차월이월 85,000	제 좌 (375,000)
(395,000)	(395,000)

재 공 품

전월이월 (75,000)	제 품 (575,000)
재 료 비 300,000	차월이월 340,000
노 무 비 300,000	
제조간접비 (240,000)	
(915,000)	(915,000)

제 품

전월이월 40,000	매출원가 (580,000)
[재공품] (575,000)	차월이월 35,000
(615,000)	(615,000)

[해설]
① 지시서 #3의 직접재료비를 구한다 : 재공품계정차변의 재료비 ₩
300,000이 직접재료비합계이므로 300,000-120,000-70,000-
80,000 = 30,000이 되고,
② 제조간접비 합계 ₩240,000을 직접재료비를 기준으로 배부한다.
  • #1 : 240,000 × 120,000/300,000 = 96,000
  • #2 : 240,000 × 70,000/300,000 = 56,000
  • #3 : 240,000 × 30,000/300,000 = 24,000
  • #4 : 240,000 × 80,000/300,000 = 64,000
③ 지시서 #3, #4가 미완성이므로 #3, #4의 합계가 재공품계정 대
변의 차월이월 ₩340,000이다. 따라서 원가계산표상에서 #3의
합계가 ₩144,000이 구해지므로 #4의 합계는 340,000-
144,000 = 196,000이 된다.
④ 지시서 #4의 직접노무비는 #4 합계 196,000-80,000-64,000
= 52,000이다.
⑤ 지시서 #2의 직접노무비는 재공품 차변의 노무비 ₩300,000이
직접노무비 합계이므로 300,000-50,000-90,000-52,000 =
108,000이 된다.

7장·종합원가계산

01 종합원가계산의 기초

기본연습문제

1. (1) 종합원가계산 　　(2) 완성도, 직접재료비, 가공비
　 (3) 환산수량 　　　　(4) 선입선출법
　 (5) 평균법

2.

구 분		계 산 과 정	답
완성품환산량의 계 산	직접재료비	3,100-(600×100%)+(500×100%)	3,000개
	가 공 비	3,100-(600×20%)+(500×40%)	3,180개
완성품환산량 단 위 원 가	직접재료비	1,050,000÷3,000개	@₩350
	가 공 비	1,590,000÷3,180개	@₩500
월말재공품 원가의 계산	직접재료비	500×350	₩175,000
	가 공 비	200×500	₩100,000
	합 계	175,000+100,000	₩275,000
완 성 품 원 가		248,000+2,640,000-275,000	₩2,613,000

3.

구 분		계 산 과 정	답
완성품환산량의 계 산	직접재료비	3,000+(1,000×100%)	4,000개
	가 공 비	3,000+(1,000×60%)	3,600개
완성품환산량 단 위 원 가	직접재료비	(72,000+288,000)÷4,000개	@₩90
	가 공 비	(48,000+240,000)÷3,600개	@₩80
월말재공품 원가의계산	직접재료비	1,000×90	₩90,000
	가 공 비	600×80	₩48,000
	합 계	90,000+48,000	₩138,000
완 성 품 원 가		120,000+528,000-138,000	₩510,000
단 위 당 원 가		510,000÷3,000개	@₩170

02 단일종합원가계산

기본연습문제

1.

단 일 종 합 원 가 계 산 표

적 요	직접재료비	가 공 비	합 계
재 료 비	2,150,000		(2,150,000)
노 무 비		1,200,000	(1,200,000)
제 조 경 비		365,000	(365,000)
당월총제조비용	(2,150,000)	(1,565,000)	(3,715,000)
월초재공품원가	250,000	130,000	380,000
합 계	(2,400,000)	(1,695,000)	(4,095,000)
월말재공품원가	(800,000)	(339,000)	(1,139,000)
당월제품제조원가	(1,600,000)	(1,356,000)	(2,956,000)
당월완성품수량	800개	800개	800개
단 위 당 원 가	@₩2,000	@₩1,695	@₩3,695

구 분		계 산 과 정	답 란
완성품환산량	직접재료비	800+(400×100%)	1,200개
의 계 산	가 공 비	800+(400×50%)	1,000개
완성품환산량	직접재료비	(250,000+2,150,000)÷1,200개	@₩2,000
단 위 원 가	가 공 비	(130,000+1,565,000)÷1,000개	@₩1,695
월말재공품	직접재료비	400×2,000	₩800,000
	가 공 비	200×1,695	₩339,000
원가의 계산	합 계	800,000+339,000	₩1,139,000
완 성 품 원 가		380,000+3,715,000-1,139,000	₩2,956,000
단 위 당 원 가		2,956,000÷800개	@₩3,695

2. 단일종합원가계산표

적 요	직접재료비	가공비	합 계
재 료 비	1,400,000	–	1,400,000
노 무 비	–	491,000	491,000
제 조 경 비	–	1,105,000	1,105,000
당월총재조비용	1,400,000	1,596,000	2,996,000
월초재공품원가	120,000	80,000	200,000
합 계	1,520,000	1,676,000	3,196,000
월말재공품원가	200,000	84,000	284,000
당월제품재조원가	1,320,000	1,592,000	2,912,000
당월완성품수량	4,000개	4,000개	4,000개
단위당원가{ 월 초 분	@₩120	@₩332	@₩452
당월착수분	@₩400	@₩420	@₩820

구 분		계 산 과 정	답 란
완성품환산량	직접재료비	4,000 – 1,000 + 500	3,500개
의 계 산	가 공 비	4,000 – (1,000×0.4) + (500×0.4)	3,800개
완성품환산량	직접재료비	1,400,000÷3,500개	@₩400
단 위 원 가	가 공 비	1,596,000÷3,800개	@₩420
월말재공품	직접재료비	500개×400	₩200,000
	가 공 비	200개×420	₩84,000
원가의 계산	합 계	200,000+84,000	₩284,000
완 성 품 원 가		200,000+2,996,000-284,000	₩2,912,000
단위당원가	월 초 분	{120,000÷1,000개}+{(80,000+(600×420)÷1,000개)}	@₩452
	당월착수분	400+420	@₩820

[해설]

▶ 월초재공품의 단위당원가를 산출하는 것은 월초재공품 자체가 지난달에서 작업하던 것이고, 이번 달에 이월되어 최종 완성하였으므로 월초재공품을 만들때 소비된 1개당의 가치를 알아보자는 것이다. 이것은 선입선출법인 경우에만 계산하는 것이다.

먼저, 월초재공품 재료비 단위당원가는 재료가 제조착수시 투입되었으므로 100%이다. 월초재공품재료비가 ₩120,000인데 이것은 지난달에 전부100% 투입된 재료비이므로 120,000/월초재공품수량 1,000개로 나누면 ₩120이다.

월초재공품 가공비 단위당원가는 가공비가 언제나 제조진행에 따라 투입되므로 월초가공비 ₩80,000은 지난달에 40%작업할 때까지 투입된 가공비이고, 이번달에 추가로 작업할때 투입된 가공비를 구해야 한다.

계산은 먼저 월초재공품환산수량을 구하는데 1,000개×(1-0.4) = 600개(이번달에 작업한 월초재공품을 완성품으로 환산한 것이다) 계산된 600개×당월완성품환산량단위당원가(₩420)를 하면 ₩252,000이 당월에 월초재공품을 완성하는데 있어 소비된 추가가공비이다. 그러므로 지난달에 투입된 ₩80,000과 당월에 투입된 ₩252,000을 더하여 1,000개로 나누면 ₩332가 나온다.

3. 단일종합원가계산표

적 요	직접재료비	가공비	합 계
월초재공품원가	(64,000)	(27,000)	(91,000)
당월총제조원가	(800,000)	493,000	(1,293,000)
합 계	(864,000)	(520,000)	(1,384,000)
월말재공품원가	(80,000)	(30,000)	(110,000)
당월제품재조원가	(784,000)	(490,000)	(1,274,000)
당월완성품수량	9,800개	9,800개	9,800개
단 위 당 원 가	@₩80	@₩50	@₩130

재 공 품			
전 월 이 월	91,000	제 품	(1,274,000)
재 료 비	800,000	차 월 이 월	(110,000)
노 무 비	(243,000)		
제조간접비	250,000		
	(1,384,000)		(1,384,000)

[해설]

① 월말재공품수량은 월초재공품수량 + 당월착수수량 = 당월완성품수량 + 월말재공품수량의 공식을 이용한다. 따라서, 800개 + 10,000개 – 9,800개 = 1,000개

② 월말재공품 직접재료비 : (64,000+800,000)×1,000/9,800 +1,000 = 80,000

③ 월말재공품 가공비 : (27,000+493,000)×600개/9,800 + 600 = 30,000

03 공정별종합원가계산

기본연습문제

1. 공정별종합원가계산표

적 요	제1공정	제2공정	합 계
재 료 비	250,000	340,000	590,000
가 공 비	150,000	250,000	400,000
전 공 정 비	–	380,000	–
당월총제조비용	400,000	970,000	990,000
월초재공품원가	30,000	30,000	60,000
합 계	430,000	1,000,000	1,050,000
월말재공품원가	50,000	100,000	150,000
당월제품제조원가	380,000	900,000	900,000
당월완성품수량	1,900개	1,500개	
단 위 당 원 가	@₩200	@₩600	

구 분	차변과목	금액	대변과목	금액
제1공정완성품	제2공정재공품	380,000	제1공정재공품	380,000
제2공정완성품	제 품	900,000	제2공정재공품	900,000

제1공정재공품

전월이월	30,000	제2공정재공품	380,000
재료비	250,000	차월이월	50,000
가공비	150,000		
	430,000		430,000

제2공정재공품

전월이월	30,000	제품	900,000
재료비	340,000	차월이월	100,000
가공비	250,000		
제1공정재공품	380,000		
	1,000,000		1,000,000

2.

공정별종합원가계산표

적 요	제1공정	제2공정	합 계
재 료 비	175,000	235,000	410,000
당월가공비	90,000	115,000	205,000
전 공 정 비	–	244,000	–
당월총제조비용	265,000	594,000	615,000
월초재공품원가	40,000	62,500	102,500
합 계	305,000	656,500	717,500
월말재공품원가	61,000	75,000	136,000
당월제품제조원가	244,000	581,500	581,500
당월완성품수량	800개	1,000개	
단 위 당 원 가	@₩305	@₩581.50	

▶ 305,000 × 200/1,000 = 61,000(월말재공품)

3.

공정별종합원가계산표

적 요	제1공정	제2공정	합 계
재 료 비	122,400	140,000	262,400
가 공 비	104,000	152,000	256,000
전 공 정 비	–	216,000	–
당월총제조비용	226,400	508,000	518,400
월초재공품원가	25,600	76,000	101,600
합 계	252,000	584,000	620,000
월말재공품원가	36,000	104,000	140,000
당월제품제조원가	216,000	480,000	480,000
당월완성품수량	3,600개	4,000개	
단 위 당 원 가	@₩60	@₩120	

[해설]

① 제1공정 월말재공품 계산

㉠ $(9,600+122,400) \times \dfrac{800}{3,600+800} = 24,000$

㉡ $(16,000+104,000) \times \dfrac{800 \times 0.5}{3,600+(800 \times 0.5)} = 12,000$

② 제2공정 월말재공품 계산

㉠ $(20,000+140,000) \times \dfrac{1,000}{4,000+1,000} = 32,000$

㉡ $(32,000+152,000) \times \dfrac{600}{4,000+600} = 24,000$

㉢ $(24,000+216,000) \times \dfrac{1,000}{4,000+1,000} = 48,000$

▶ 전공정비의 월말재공품원가 계산시 월말재공품 환산수량은 공정시점에 투입하는 것으로 보고 100%로 계산한다.

04 조별종합원가계산

1.

조별종합원가계산표

적 요	A조	B조	합 계
조 직 접 비			
재 료 비	500,000	300,000	800,000
가 공 비	850,000	500,000	1,350,000
조간접비배부액	250,000	150,000	400,000
당월총제조비용	1,600,000	950,000	2,550,000
월초재공품원가	150,000	80,000	230,000
합 계	1,750,000	1,030,000	2,780,000
월말재공품원가	180,000	130,000	310,000
당월제품제조원가	1,570,000	900,000	2,470,000
당월완성품수량	1,000개	900개	
단 위 당 원 가	@₩1,570	@₩1,000	

2.

조별종합원가계산표

적 요	A조	B조	합 계
조 직 접 비			
재 료 비	1,050,000	1,350,000	2,400,000
가 공 비	375,000	330,000	705,000
조간접비배부액	525,000	675,000	1,200,000
당월총제조비용	1,950,000	2,355,000	4,305,000
월초재공품원가			
재 료 비	255,000	210,000	465,500
가 공 비	195,000	195,000	390,000
합 계	2,400,000	2,760,000	5,160,000
월말재공품원가			
재 료 비	231,000	236,000	467,000
가 공 비	109,500	150,000	259,500
당월제품제조원가	2,059,500	2,374,000	4,433,500
당월완성품수량	5,400개	3,500개	
단 위 당 원 가	@₩381.39	@₩678.29	

▶ A조: (195,000 + 375,000 + 525,000) × 600/6,000
　　　 = 109,500 (월말재공품 가공비 원가)

▶ B조: (195,000 + 330,000 + 675,000) × 500/4,000
　　　 = 150,000 (월말재공품 가공비 원가)

A조재공품

전월이월	450,000	A조제품	2,059500
재료비	1,050,000	차월이월	340,500
가공비	375,000		
조간접	525,000		
	2,400,000		2,400,000

B조재공품

전월이월	405,000	B조제품	2,374,000
재료비	1,350,000	차월이월	386,000
가공비	330,000		
조간접	675,000		
	2,760,000		2,760,000

A조제품

| A조재공품 2,059,500 | |

B조제품

| B조재공품 2,374,000 | |

차 변 과 목	금 액	대 변 과 목	금 액
A 조 제 품	2,059,500	A 조 재 공 품	2,059,500
B 조 제 품	2,374,000	B 조 재 공 품	2,374,000

05 등급별종합원가계산

기본연습문제

1.

등급별종합원가계산표

등급	판매단가	생산량	총판매가치	배부율	결합원가배부액	단위당원가
1급제품	2,000	2,000	4,000,000	40/65	3,200,000	@₩1,600
2급제품	1,500	1,000	1,500,000	15/65	1,200,000	@₩1,200
3급제품	1,000	1,000	1,000,000	10/65	800,000	@₩ 800
			6,500,000		5,200,000	

차변과목	금액	대변과목	금액
1급제품	3,200,000		
2급제품	1,200,000	재 공 품	5,200,000
3급제품	800,000		

재 공 품

전월이월	300,000	[제 좌] (5,200,000)
재 료 비	2,500,000	차월이월 350,000
가 공 비	1,500,000	
제조경비	1,250,000	
	(5,550,000)	(5,550,000)

1급제품

재 공 품 3,200,000	

2급제품

재 공 품 1,200,000	

3급제품

재 공 품 800,000	

2.

등급별종합원가계산표

등급	판매단가	생산량	총판매가치	배부율	결합원가배부액	단위당원가
A급제품	200	300	(60,000)	(60/148)	(90,000)	(@₩300)
B급제품	(160)	400	64,000	(64/148)	(96,000)	(@₩240)
C급제품	120	(200)	(24,000)	(24/148)	36,000	@₩180
			(148,000)		(222,000)	

재 공 품

전월이월	30,000	[제 좌] (222,000)
재 료 비	85,000	차월이월 (27,000)
노 무 비	80,000	
제조경비	52,000	
	(247,000)	(247,000)

A급제품

전월이월	30,000	(매출원가)	95,000
(재공품)	90,000	차월이월	25,000
	120,000		120,000

3.

등급별종합원가계산표

등급	판매단가	생산량	총판매가치	배부율	결합원가배부액	단위당원가
1급제품	2,400	200	(480,000)	(48/136)	(360,000)	(@₩1,800)
2급제품	(1,600)	(300)	480,000	(48/136)	360,000	@₩1,200
3급제품	800	500	(400,000)	(40/136)	(300,000)	(@₩ 600)
			(1,360,000)		(1,020,000)	

06 결합원가계산

기본연습문제

1.

연산품원가계산표

등급	판매단가	생산량	총판매가치	배부율	결합원가배부액	단위당원가
휘 발 유	200	3,000	600,000	60/148	480,000	@₩160
등 유	120	4,000	480,000	48/148	384,000	@₩ 96
경 유	80	5,000	400,000	40/148	320,000	@₩ 64
			1,480,000		1,184,000	

2.

연산품원가계산표

제품	추가 가공 후 최종판매가치 ①	추가 가공비 ②	분리점에서의 판매가치 추정값③=①-②	배부율 ④
제 품 A	1,200,000	240,000	960,000	48%
제 품 B	840,000	200,000	640,000	32%
제 품 C	550,000	150,000	400,000	20%
합 계	2,590,000	590,000	2,000,000	100%

결합원가배부액 ⑤ =₩1,250,000×④	총제조원가 ⑥ = ⑤ + ②	생산량 ⑦	단위당원가 ⑧ = ⑥ ÷ ⑦
600,000	840,000	3,000	@₩ 280
400,000	600,000	4,000	@₩ 150
250,000	400,000	5,000	@₩ 80
1,250,000	1,840,000		

8장 · 재무제표

기본연습문제

1.

제 조 원 가 명 세 서

과 목	금	액
재 료 비		
기 초 재 료 재 고 액	150,000	
당 기 재 료 매 입 액	1,500,000	
계	1,650,000	
기 말 재 료 재 고 액	(200,000)	1,450,000
노 무 비		
종 업 원 급 여	850,000	
퇴 직 급 여	170,000	1,020,000
경 비		
전 력 비	80,000	
감 가 상 각 비	60,000	
수 선 비	50,000	
보 험 료	70,000	
가 스 수 도 비	30,000	
외 주 가 공 비	130,000	420,000
당 기 총 제 조 비 용		2,890,000
기 초 재 공 품 재 고 액		250,000
합 계		3,140,000
기 말 재 공 품 재 고 액		(350,000)
당 기 제 품 제 조 원 가		2,790,000

2.

제조원가명세서

과 목	금	액
재 료 비		
기 초 재 료 재 고 액	120,000	
당 기 재 료 매 입 액	224,000	
계	344,000	
기 말 재 료 재 고 액	(150,000)	194,000
노 무 비		
종 업 원 급 여	368,000	368,000
경 비		
감 가 상 각 비	77,000	
복 리 후 생 비	102,000	179,000
당 기 총 제 조 비 용		741,000
기 초 재 공 품 재 고 액		128,000
합 계		869,000
기 말 재 공 품 재 고 액		(180,000)
당 기 제 품 제 조 원 가		689,000

포괄손익계산서(기능별)

과 목	금	액
매 출 액		1,400,000
매 출 원 가		(679,000)
기 초 제 품 재 고 액	150,000	
당 기 제 품 제 조 원 가	689,000	
기 말 제 품 재 고 액	(160,000)	
매 출 총 이 익		721,000
판 매 비 와 관 리 비		(449,000)
[종 업 원 급 여]	92,000	
[복 리 후 생 비]	357,000	
영 업 이 익		272,000
기 타 (영 업 외) 수 익		100,000
[잡 이 익]	100,000	
기 타 (영 업 외) 비 용		(51,000)
[복 리 후 생 비]	51,000	
당 기 순 이 익		321,000

3.

제조원가명세서

과 목	금	액
재 료 비		
기 초 재 료 재 고 액	120,000	
당 기 재 료 매 입 액	380,000	
계	500,000	
기 말 재 료 재 고 액	(80,000)	420,000
노 무 비		
종 업 원 급 여	281,000	
퇴 직 급 여 원 가	35,000	316,000
경 비		
보 험 료	10,000	
전 력 비	14,400	
가 스 수 도 비	4,000	
수 선 비	16,000	
감 가 상 각 비	61,250	105,650
당 기 총 제 조 비 용		841,650
기 초 재 공 품 재 고 액		350,000
합 계		1,191,650
기 말 재 공 품 재 고 액		(250,000)
당 기 제 품 제 조 원 가		941,650

【 해설 】

▶ 제조원가명세서상의 감가상각비

　㉠ 기계장치 : $(600,000 - 100,000) \times 0.1 = 50,000$

　㉡ 건 물 : $(500,000 - 50,000) \times 0.05 = 22,500$

　㉢ $50,000 + (22,500 \times 0.5) = 61,250$

포괄손익계산서

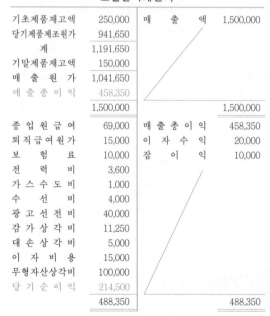

기 초 제 품 재 고 액	250,000	매 출 액	1,500,000
당 기 제 품 제 조 원 가	941,650		
계	1,191,650		
기 말 제 품 재 고 액	150,000		
매 출 원 가	1,041,650		
매 출 총 이 익	458,350		
	1,500,000		1,500,000
종 업 원 급 여	69,000	매 출 총 이 익	458,350
퇴 직 급 여 원 가	15,000	이 자 수 익	20,000
보 험 료	10,000	잡 이 익	10,000
전 력 비	3,600		
가 스 수 도 비	1,000		
수 선 비	4,000		
광 고 선 전 비	40,000		
감 가 상 각 비	11,250		
대 손 상 각 비	5,000		
이 자 비 용	15,000		
무 형 자 산 상 각 비	100,000		
당 기 순 이 익	214,500		
	488,350		488,350

재 무 상 태 표

자 산	금 액	부채 · 자본	금 액
현금및현금성자산	1,250,000	매 입 채 무	900,000
매 출 채 권	735,000	기 타 채 무	3,000
재 료	80,000	확정급여부채	350,000
재 공 품	250,000	납 입 자 본	1,945,000
제 품	150,000	이 익 잉 여 금	349,500
기 타 채 권	5,000		
건 물	427,500		
기 계 장 치	450,000		
개 발 비	200,000		
	3,547,500		3,547,500

4.

제 조 원 가 명 세 서

과 목	금 액	
재 료 비		
기 초 재 료 재 고 액	140,000	
당 기 재 료 매 입 액	400,000	
계	540,000	
기 말 재 료 재 고 액	100,000	440,000
노 무 비		
종 업 원 급 여	305,000	305,000
경 비		
제 조 경 비	55,000	55,000
당 기 총 제 조 비 용		800,000
기 초 재 공 품 재 고 액		200,000
합 계		1,000,000
기 말 재 공 품 재 고 액		200,000
당 기 제 품 제 조 원 가		800,000

포 괄 손 익 계 산 서

기 초 제 품 재 고 액	240,000	매 출 액	1,300,000
당기제품제조원가	800,000		
계	1,040,000		
기 말 제 품 재 고 액	250,000		
매 출 원 가	790,000		
매 출 총 이 익	510,000		
	1,300,000		1,300,000
판매비와관리비	300,000	매 출 총 이 익	510,000
이 자 비 용	15,000	배 당 금 수 익	120,000
기 부 금	5,000		
유형자산처분손실	10,000		
당 기 순 이 익	300,000		
	630,000		630,000

[해설]

• 기말재공품 : (200,000+800,000) × 200/800+200 = 200,000

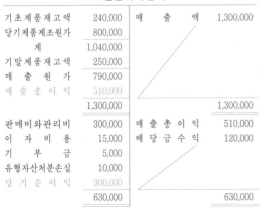

9장 · 영역별 객관식문제

【1장】 원가의 기초

1. 원가회계와 관리회계의 비교

1. ②	2. ③	3. ③	4. ④	5. ④
6. ③	7. ③	8. ④	9. ①	10. ①
11. ④	12. ①	13. ①	14. ①	

[해설]

1. 원가회계는 제품또는 용역의 생산을 위하여 소비된 원가를 기록, 계산, 집계하여 원가에 대한 정보를 제공하는 것이다.

2. 보기3번은 재무회계의 목적이다.

3. 원가회계(계산)의 특징은 원가계산기간은 주로 1개월로 설정하고 재료비, 노무비, 제조경비계정을 설정하므로 계정의 수가 많으며 제조원가를 집계하는 집합계정의 수가 많고 계정간의 대체기입이 빈번하다.

4. 보기4번은 재무회계의 목적이다.

8. 원가회계는 관리회계이므로 기업의 내부정보이용자인 경영진에게 유용한 회계정보를 제공하기 위함이다.

9. 재무회계는 검증가능성을 강조하고, 관리회계는 목적적합성을 강조한다.

11. 보기1, 3번은 판매과정이고, 보기2번은 제조과정이다. 임금을 지급하는 것은 노동력이 투입된 대가로 지급하는 구매과정이다.

12. 고객의 욕구파악은 판매활동의 전략이며 원가회계의 목적은 아니다.

13. 보기2번과 3번은 구매활동으로 외부거래이고, 4번은 판매활동으로 외부거래이다.

14. 경영진은 예정원가와 실제원가를 비교함으로 원가통제를 실행할 수 있다.

2. 원가의 개념과 분류

1. ①	2. ④	3. ④	4. ④	5. ①
6. ④	7. ④	8. ④	9. ②	10. ②
11. ①	12. ①	13. ③	14. ④	15. ②
16. ①	17. ①	18. ④	19. ③	20. ③
21. ③	22. ④	23. ①	24. ④	25. ①
26. ③	27. ④	28. ①	29. ②	30. ②
31. ③	32. ③	33. ④	34. ③	35. ④
36. ①	37. ④	38. ③	39. ③	40. ③
41. ③	42. ③	43. ①	44. ④	45. ①
46. ②	47. ③	48. ①	49. ④	50. ①
51. ④	52. ③	53. ①	54. ①	55. ②
56. ②	57. ③	58. ③	59. ②	60. ③
61. ④	62. ③	63. ③	64. ③	65. ③
66. ②	67. ②			

[해설]

1. 원가는 그 발생한 기간에 제품제조원가로 계산된다.

2. 가공비는 당기제조비용에서 직접재료비를 제외한 나머지 금액 즉, 직접노무비, 직접제조경비, 제조간접비의 합계액을 말한다.

3. 공장용 토지 등을 단순히 구입한 것은 자산의 증가로 처리하고 원가로 볼 수 없다.

12. 직접노무비는 기초원가와 가공비(가공원가) 양쪽 모두에 해당된다.

13. 추적가능성에 따른 분류는 직접비와 간접비이다.

14. 매출원가는 소멸원가이다.

15. 감가상각비는 고정비에 속하고, 제조부이면 제조원가이고, 판매부이면 기간비용으로 처리한다.

16. 역사적원가(실제원가)와 예정원가는 발생시점이 다르다.

18. 혼합원가는 고정비 + 변동비이고, 가공원가는 제조비용 중 직접 재료원가를 제외한 나머지 제조비용을 말한다.

19. 보기3번은 변동비의 설명이다.

21. 전환원가는 가공비로서 변동비, 고정비, 혼합원가 등이 전부 포함되어 있으므로 순수한 변동원가로만 볼 수 없다.

30. 통제가능원가에서는 관리계층에 따라 동일한 원가에 대한 통제 가능성이 달라진다.

31. ㉠ 본 문제에서 총제조원가는 총원가(판매원가)를 뜻하는 것이 아니고, 제조원가를 뜻한다.
ⓛ 60,000 + 20,000 = 80,000
ⓒ 80,000 + 30,000 + 15,000 + 30,000 + 5,000 = 160,000

32. • 가공원가 : 직접노무원가+변동 제조간접원가+고정 제조간접원가=850,000
• 판매가격 : 직접재료원가+가공원가+본사 건물의 임차료 =1,100,000×(1+30%)=1,430,000

34. 전력비는 준변동가에 속한다.

36. 원가를 발생시점에 따라 제품원가(재고가능원가)와 기간원가(재고불능원가)로 분류한다.

37. 간접재료비도 제조간접비에 포함된다.

38. ㉠ 1,014,000 ÷ (1+0.3) = 780,000(판매원가)
∴ 780,000 × (1+0.2) = 650,000

39. ㉠ 1,152,000 ÷ (1+0.2) = 960,000(판매원가)
ⓛ 960,000 ÷ (1+0.2) = 800,000(제조원가)
ⓒ 800,000 - 300,000 - 200,000 = 300,000

40. 그래프는 준변동원가(또는 혼합원가)이다. 즉, 조업도가 0일 때도 발생하는 고정원가와 조업도의 변화에 따라 일정비율로 증가하는 변동원가의 두 부분으로 구성된 원가이다.(예로는 전화요금, 전기, 가스, 수도료)

41. 관련원가든 비관련원가든 현금의 지출은 따른다.

42. 제품원가는 일단 제품이 완성되면 재고자산으로 장부상에 기록되고 제품이 판매되면 비로소 비용계정인 매출원가로 기록한다. 따라서 판매되지 않은 자산은 재무상태표에 재고자산으로 표시되고 판매된 매출원가는 포괄손익계산서에 기록되는 것이다.

43. 원가를 경제적효익에 따라 분류하면 미소멸가와 소멸원가로 나눈다. 여기서, 미소멸가는 원재료의 재고액으로 미래의 경제적효익을 창출하는 것으로 재무상태표에 자산으로 계상된다.

44. 기초원가는 직접재료비+직접노무비이고, 가공원가는 직접노무비+제조간접비이다. 따라서 100,000-40,000=60,000이 직접노무비이므로 가공원가 ₩80,000에서 직접노무비 ₩60,000을 차감하면 ₩20,000이 제조간접비이다.

45. 혼합원가(준변동원가)는 조업도의 증감에 관계없이 일정하게 발생하는 고정비와 조업도의 변화에 따라 일정비율로 증가하는 변동비의 두 부분으로 구성된 원가로서 전기요금, 전화요금, 수선유지비가 이에 속한다.

46. 이미 발생하여 현재의 의사결정과는 관련이 없는 원가를 매몰원가라고 한다. 따라서 기계의 장부금액인 800,000원은 기계의 처분여부와는 관련이 없는 매몰원가이다.

47. 보기1번: 조업도와 관계없이 단위당 원가는 항상 일정한 것은 변동원가이다. 2번: 일정 조업도 범위 내에서는 조업도의 변동에 정비례하여 총원가가 변동하는 것도 변동원가이다. 4번: 일정 조업도 범위 내에서는 조업도의 변동에 관계없이 총원가가 일정한 것은 고정원가이고, 단위당 원가는 조업도의 증가에 따라 감소한다.

48. 판매원가는 제조간가+판매비와관리비이므로 여비교통비와 종업원급여이다. (가)는 재료감모손실인데 정상, 비정상 발생의 제시가 없으므로 비정상으로 보아 기타(영업외)비용으로 처리하고 (나)는 비용의 차감항목이다.

49. 매몰원가는 과거의 의사결정의 결과로 이미 발생된 원가로 현재의 의사결정에는 아무런 영향을 미치지 못하는 원가를 말한다.

50. 기본원가 : 직접재료비, 직접노무비
가공비 : 직접노무비, 제조간접비

51. 보기4번은 발생시점에 따른 원가분류이다.

52. 비관련가는 의사결정과 관련이 없는 원가로서 여러 대안 간에 금액의 차이가 없는 기발생원가를 말한다.

53. 과거 의사 결정의 결과로 이미 발생한 원가는 현재 또는 미래의 의사결정과정에는 아무런 영향을 미치지 못한다.(예를 들어 매몰원가 같은 기발생원가)

54. 매몰원가는 과거 의사결정의 결과 이미 발생한 원가로 현재 또는 미래의 의사결정에는 아무런 영향을 미치지 못하는 원가를 말한다.

55. 관련범위 내에서 총원가가 항상 일정한 원가를 고정비라 한다.

56. 준고정원가란, 특정범위의 조업도구간(관련범위)에서는 원가발생이 변동없이 일정한 금액으로 고정되어 있으나, 조업도 수준이 그 관련범위를 벗어나면 일정액만큼 증가 또는 감소하는 원가로서 투입요소의 불가분성 때문에 계단형의 원가행태를 지니므로 계단원가라고도 한다. 생산량에 따른 설비자산의 구입가격 또는 임차료, 생산감독자의 급여 등이 이에 해당한다.

57. 직접재료비와 직접노무비는 기본원가(직접원가)에 속한다. 따라서, 기본원가 900,000-직접재료비=직접노무비(500,000원)이다. 가공원가=제조간접비(변동비+고정비)+직접노무비이다.

58. 제조와 관련된 기계장치와 공구와 기구는 즉시 소멸되지 않지만 제품 생산에 기여함으로써 감가상각비를 통해 제조원가로 구성된다.

59. ⓛ은 조업도의 변화에 따라 총원가 발생액이 일정한 고정비에 대한 그래프이다. 그러나 고정비는 조업도가 증가하면 총원가는 일정하지만 단위당 원가는 감소한다.

60. 성과평가에 유용한 것은 통제가능원가이다.

61. 15,000 + 300,000 + 120,000 = 435,000

63. 전력비는 변동비와 고정비의 성격을 동시에 지니고 있어 고정비의 내용과는 거리가 멀다.

64. • 기초원가 = 직접재료비 + 직접노무비 = 400,000 + 250,000 = 650,000원
• 가공원가 = 직접노무비 + 제조간접비 = 250,000 + (50,000 + 150,000 + 50,000) = 500,000원
• (당기총)제조원가 = 직접재료비 + 직접노무비 + 제조간접비 = 400,000 + 250,000 + 250,000 = 900,000원
또는 기초원가 + 제조간접비 = 650,000 + (50,000 + 150,000 + 50,000) = 900,000원

65. • 가공비 = 직접노무비+제조간접비
• 직접노무비 = (직접노무비+제조간접비) × 0.2
• 직접노무비 = (직접노무비+45,000원) × 0.2
위 식을 직접노무비에 대하여 풀면, 직접노무비=11,250원

66. 과거의 의사결정에 의해 이미 발생된 원가로서 현재 이후 어떤 의사결정을 하더라도 회수할 수 없는 원가를 매몰원가라 한다.

67. 본 문제는 생산량 10개에서의 단가와 생산량이 20개일 때의 단가의 변화되는 모습을 파악하는 내용이다.
㉠ 박스 안의 직접재료비와 직접노무비, 변동제조간접비는 1월의 생산수량 10개에서 발생한 변동원가이다. 2월의 생산량은 20개로 추정하므로 1월의 발생액보다 2배가 증가한다고 보아야 한다.
ⓛ (1월의 직접재료비+1월의 직접노무비+1월의 변동제조간접비)×2배=36,000(2월의 20개를 생산하였을 때의 변동원가)
ⓒ 36,000+고정제조간접비 6,000 = 42,000(총제조원가)
ⓔ 42,000÷20개(2월의 생산수량) = 2,100원

【2장】 원가의 흐름

1. 원가의 흐름과 기장

1. ③	2. ②	3. ④	4. ③	5. ③
6. ④	7. ①	8. ④	9. ①	10. ③
11. ③	12. ①	13. ②	14. ③	15. ①
16. ④	17. ④	18. ①	19. ④	20. ④
21. ③	22. ②	23. ①	24. ③	25. ①
26. ②	27. ④	28. ②	29. ③	30. ④
31. ①	32. ④	33. ③	34. ④	35. ④
36. ④	37. ③	38. ①	39. ②	

[해설]

1. 전월 경비 미지급액은 대변에 기록된다.

8 당월에 완성된 제품의 제조원가를 파악할 수 있는 계정은 재공품 계정이다.

14. 20,000 + 420,000 − 40,000 = 400,000

15. 620,000 + 105,000 − 80,000 = 645,000

16. 30,000 + 270,000 − 50,000 = 250,000

17. 16,000 + 50,000 + 12,000 + 18,000 − 24,000 = 72,000

18. ㉠ 20,000 + 100,000 − 21,000 = 99,000
   ㉡ 30,000 + 99,000 − 25,000 = 104,000

19. 제품 제조와 관련된 제조간접가는 원가 발생시점에 제품제 조원가에 산입되어야 한다.

20. ㉠ 2,200 + 4,000 − 5,000 = 1,200
   ㉡ 직접재료비, 직접노무비, 제조간접비는 당기총제조비용에 포함되어 있다.

21.
재 공 품	
(1,600,000)	7,200,000
2,880,000	1,472,000
1,792,000	
2,400,000	

22.
재 공 품	
10,000	90,000
50,000	12,000
30,000	
(12,000)	

23. 직접재료비 : 100,000+30,000−20,000 = 110,000
   제조간접비 : 300,000−110,000−100,000 = 90,000

24. 800,000 + 400,000 = 1,200,000(당기총제조원가) × 2/6 = 400,000

25. ㉠ 기초재공품과 기말재공품이 동일하므로 당기총제조비용이 완성품원가이다.
   ㉡ 5,000 + 100,000 = 105,000

26. ㉠ 완성품 원가를 산출하기 위하여 기초재공품원가를 임의금 액으로 대입한다.
   ㉡
재 공 품	
기초재공품 10,000	(55,000)
당기제조비용 60,000	기말재공품 15,000

   ㉢ 매출원가를 산출하기 위하여 기초제품원가를 임의금액으 로 대입한다.
   ㉣
제 품	
기초제품 10,000	(58,000)
완성품원가 55,000	기말제품 7,000

   ㉤ 매출총이익률이란 매출액(100%)에 대한 매출총이익의 비 율이므로 58,000 ÷ (1−0.2) = 72,500

27. ㉠ 550 + 4,000 − 650 = 3,900
   ㉡ 960 + 3,900 + 2,200 + 3,300 − 800 = 9,560
   • 제품의 기초, 기말은 의미가 없다.

28. ㉠ 재료소비액 : 12,000+55,000−14,000 = 53,000
   ㉡ 제조원가 : 24,000+53,000+21,000+11,000−21,000 = 88,000
   ㉢ 매출원가 : 46,000+88,000−32,000 = 102,000

29. 350+1,200−250 = 1,300

30. (450,000+500,000+300,000) × 300/100 = 375,000

31. ㉠ 184,000+25,600−32,000 = 177,600(제조원가)
   ㉡ 40+130−50 = 120개, ㉢ 177,600÷120 = 1,480

32. ㉠ 120,000 − 30,000 = 90,000
   ㉡ 90,000 ÷ (620+100−120) = 150

33. 보기4번이 정확한 해설이다.

34. ㉠ 매출원가 : 300,000 ÷ (1+0.2) = 250,000
   ㉡ 당기 완성품 전부를 판매 하므로 매출원가=완성 품제조원가이다.
재 공 품	
(160,000)	250,000
50,000	10,000
20,000	
30,000	

35. 매출원가 : 25,000×(1−0.2) = 20,000
   완성품 제조원가 : 20,000+4,500−3,500 = 21,000
   직접재료비 : 1,800+7,200−1,600 = 7,400
재 공 품	
기초재공품 2,600	완성품원가 21,000
직접재료비 7,400	기말재공품 (4,100)
직접노무비 8,200	
제조간접비 6,900	
25,100	25,100

36. 당기총제조원가는 당기(총)제조비용이라고도 하며, 재공품 계 정 차변에 기록되는 직접재료비+직접노무비+제조간접비를 말 하고 당기제품제조원가는 당기완성품제조원가로서 재공품 계 정 대변에서 제품 계정 차변으로 대체되는 금액을 말한다.

37. • 매출원가 = 기초제품+당기제품제조원가 − 기말제품
   즉, 당기제품제조원가 = 매출원가−기초제품+기말제품 = 490,000원
   • 당기제품제조원가 = 기초재공품+당기총제조원가 − 기말재 공품
   즉, 당기총제조원가 = 당기제품제조원가−기초재공품+기말 재공품 = 505,000원

38. 당기제품제조원가(850,000원)=직접재료비+직접노무비+변 동제조간접비+고정제조간접비+기초재공품−기말재공품= 200,000원+300,000원+300,000원+100,000원+250,000− 기말재공품(?) 따라서 기말재공품원가는 300,000원이 된다.

39.
재 공 품	
기초재공품재고액 1,000,000	당기제품제조원가 10,000,000
당기총제조원가 (11,000,000)	기말재공품재고액 2,000,000
12,000,000	12,000,000

당기총제조원가
= 기초원가(직접재료비+직접노무비)+제조간접비
= 7,000,000원+제조간접비
= 따라서 제조간접비는 4,000,000원

【3장】 요소별원가계산

1. 재 료 비

1. ④	2. ②	3. ③	4. ③	5. ③
6. ③	7. ④	8. ④	9. ②	10. ②
11. ②	12. ③	13. ③	14. ①	15. ②
16. ②	17. ④	18. ①	19. ①	20. ③
21. ④	22. ③	23. ②	24. ①	25. ③
26. ③	27. ④	28. ③	29. ②	30. ④

[해설]

5. 소비된 재료 중 직접재료는 재공품계정 차변에, 간접재료는 제조간접비계정 차변에 기장한다.

8. 재료의 평가손실=[재료단위당 원가−재료단위당 현행대체원가]×실제 재료수량

9. 100,000 + (70,000 − 10,000) − 50,000 = 110,000

10. 월초재료재고액을 임의의 금액 ₩10,000을 대입하면 3월말 재고액은 월초에 비해 ₩2,000 감소하였다고 하였으므로 월말은 ₩8,000이 된다.

재	료		
월 초	10,000	사 용 액	13,000
매 입	(11,000)	월 말	8,000

11. 기초재료를 임의로 500만원이라고 가정하면

직 접 재 료			
기초재료	5,000,000	소비투입액	(80,000,000)
당기매입액	90,000,000	기말재료	15,000,000

12.

외 상 매 입 금			
현 금	50,000,000	기 초	5,000,000
기 말	7,000,000		(52,000,000)

13. 재료소비액 일부 누락(재료의 기말재고금액 과다) → 재공품계정 : 당기총제조원가 감소 → 제품계정 : 당기제품제조원가 감소 → 제품매출원가 감소 → 당기순이익 증가

16. ㉠ 7/7 출고분 : 7/1 ₩40,000 + 7/4 (200개×200) = 80,000
㉡ 7/25 출고분 : (100×200) + (100×220) = 42,000

17. ㉠ 10일 : (1,000×6) + (300×5) = 7,500
㉡ 20일 : 500×7 = 3,500

18. ㉠ (90,000+300,000) ÷ (50+150) = 1,950(평균단가)
㉡ 120×1,950 = 234,000

19. ㉠ 80,000 + (100×830) + (50×850) = 205,500
㉡ 205,500 ÷ (100+100+50) = 822
㉢ 기말재고수량 : (100 +100+50) − (40+80+80) = 50
㉣ 50 × 822 = 41,100

21. 원재료의 현행대체원가가 취득원가보다 하락하여 평가손실이 발생하더라도 그 원재료를 사용하여 생산되는 제품의 순실현가능가치가 제품의 제조원가보다 높은 경우에는 원재료의 평가손실을 인식하지 않는다.

22. 250 + 1,100 − 370 = 980개

23. 250 + 1,100 − 400 = 950

25. 이동평균법은 단가가 다른 재료를 매입할 때마다 가중평균단가를 산출해야 하므로 계속기록법에만 적용할 수 있고, 총평균법은 기말에 총평균단가를 산출하여 매출수량에 적용하므로 실지재고조사법에 적용하는 방법이다.

26. 선입선출법의 기말재고수량은 가장 늦게 매입한 것이므로 계속기록법에서의 기말재고액과 실지재고조사법에서의 기말재고액은 동일하다.

27. 실지재고조사법은 재료의 입출고시 장부에 기록하는 번거로움을 피할 수 있기 때문에 재료의 출고가 빈번한 경우 사용하기에 알맞다.

28. 실지재고조사법에서는 재료의 출고 시 장부에 기록하지 않고 있다가 기말에 실지재고조사를 통하여 파악된 재고수량을 기말재료수량으로 보기 때문에 재료의 감모손실을 파악할 수 없다. 혼합법에서는 가능하다.

29. 개별법은 원가흐름과 실물흐름이 일치하므로 수익비용이 정확히 대응된다.

30.

외 상 매 입 금		직 접 재 료	
47,500	9,300	3,000	(41,450)
8,500	(46,700)	46,700	8,250

먼저, 외상매입금 계정에서 직접재료매입액 46,700원을 구한 뒤 직접재료 계정에서 소비액 41,450원을 구한다. 여기서, 전기이월 3,000원은 임의로 대입한 금액으로 차기이월은 3,000+5,250이다.

2. 노 무 비

1. ②	2. ④	3. ②	4. ②	5. ①
6. ②	7. ④	8. ②	9. ②	10. ③
11. ②	12. ③	13. ③	14. ①	15. ①
16. ①	17. ③	18. ④	19. ④	

[해설]

2. A제품 조립공의 임금은 직접노무비로 분류하므로 직접원가이고, 수리공 임금은 간접노무비로 분류하므로 간접원가이다.

4. 간접노무비로 분류하는 것 중 정근수당이나 휴가수당 등 상여 및 제수당, 유휴시간급 등이 있다. 여기서 유휴시간급이란 기계고장이나 재료부족, 정전 등으로 인한 비생산시간에 대하여 지급되는 임금을 말한다. 따라서 정규작업시간 300시간 중 280시간×500 = 140,000원은 직접노무비로 재공품계정에 대체하고 (300시간−280시간)×500 =10,000원은 간접노무비로 제조간접비계정에 대체한다.

7. 120,000 ÷ 3,000 = 40 × 400 = 16,000

8. 240,000 ÷ 30,000 = 8 × 10,000 = 80,000

9. (40시간×5,000) + [8×(5,000×1.5)] = 260,000

11. 585,000 + 70,000 − 50,000 = 605,000

12.

노 무 비			
당월지급액	1,450,000	전월미지급액	150,000
당월미지급액	200,000	당 월 소 비 액	(1,500,000)

• 직접노무비 소비액 : 1,500,000×70% = 1,050,000

13. ㉡ 제좌 580,000 : 지급액 ＜ ㉠ 노무비 595,000 : 소비액

15. 소비임률은 평균임률이라고도 하는 것으로 1개월간의 임금총액에 같은 기간의 총 작업시간으로 나누어 계산하는 것으로 특정 작업에 직접 종사한 노동시간에 곱하여 소비임금액을 결정하는 데 사용된다. 지급임률은 각 종업원의 성별, 연령, 능력, 근속연수 등에 따라 차이가 있는 것으로 주로 기본임금액을 계산하는 데 사용된다.

16. 노무비계정을 이용하여 10,000+110,000−12,000= 108,000

17. 임금계정을 이용하여 90,000+20,000−80,000 = 30,000

18. 200,000−60,000+50,000 = 190,000

19. 원가계산 기간 중 발생된 노무비라면 미지급된 것이라도 원가에 포함해야 한다.

3. 제 조 경 비

1. ②	2. ②	3. ①	4. ③	5. ③
6. ④	7. ③	8. ②	9. ②	10. ②
11. ④	12. ④	13. ②	14. ④	15. ①

[해설]

3. 제조경비 중 특정제품생산에 직접 추적가능한 것은 직접제조경비이고, 공통으로 소비된 경비는 간접제조경비이다.

5. 보험료는 월할제조경비에 속한다.

6.

수 선 비			
6월 지급액	6,000	전월미지급액	600
		6월말선급액	2,000
		6월 소 비 액	(3,400)

7.

제 조 경 비	
40,000	20,000
30,000	50,000
270,000	(270,000)

9. (가) 보험료 : 12,000,000×4/12=4,000,000+(나) 5,000,000
= 9,000,000

10. ㉠ (1,800−1,200)×30 = 18,000

11. 6월의 전력비는 (3,000−2,000)×100 =100,000원이다.

12. 100,000 + 20,000 + 50,000 = 170,000

13. 전월선급액+당월지급액−당월선급액=450,000

14. 원가성이 있는 감모손실이 ₩600은 감모손실 발생액 중 60%이다. 따라서 당초 발생한 감모손실은 600원÷60%=1,000원이므로 실제 재료재고액은 5,000−1,000=4,000원이다.

15. ㉠ 수선비 : 40,000 − 20,000 + 40,000 = 60,000
㉡ 보험료 : 360,000 ÷ 12 = 30,000
㉢ 전력비 : (2,000 − 1,200) × 100 = 80,000
㉣ 재료감모손실 : 3,000
㉤ 60,000 + 30,000 + 80,000 + 3,000 = 173,000

【4장】 원가의 배부

1. 원가 및 제조간접비의 배부

1.②	2.③	3.③	4.④	5.④
6.②	7.③	8.②	9.③	10.④
11.①	12.③	13.④	14.②	15.④
16.③	17.①	18.①	19.②	20.③
21.①	22.③	23.②	24.①	25.①
26.③	27.④	28.①	29.①	30.①
31.③	32.①	33.③	34.①	35.②
36.②	37.③	38.④	39.③	40.②
41.②	42.③	43.③	44.①	45.③
46.②	47.④	48.③	49.④	50.③
51.④	52.②	53.②	54.④	55.③

[해설]

4. 원가배분기준에서 가장 이상적이고 합리적인 원가배분기준은 인과관계기준이다.

5. 보기1번 : 수혜기준, 2번 : 인과관계기준, 3번 : 부담능력기준이고, 4번 : 원가의 배부는 기업의 정확한 이익측정을 위해 가장 합리적인 배부기준에 따라 배부하여야 한다.

6. 인과관계가 없는 원가도 제품에 배부해야 한다.

7. 원가의 배부에는 어떤 배부기준으로 배부할 것인가를 결정하는 데 있어서 임의성이 개입할 수 있다.

8. 수혜기준은 원가발생액으로 인하여 원가배분대상이 공통원가로부터 제공받은 경제적효익의 크기에 비례하여 원가를 배부하는 기준이다.

10. 간접비와 직접노동시간, 전력비와 전력소비량 등은 인과관계기준이다.

11. 보기1번은 제조직접비를 말하는 것이다.

12. A/S센터는 판매된 제품에 이상이 있는 경우 무상 수리를 해 주는 곳이므로 수리공 임금은 판매비와관리비에 속한다.

13. 보기1번 : 직접노무비, 2번 : 직접재료비(부품비), 3번 : 판매비와관리비에 속한다. 4번 : 생산을 지원하는 부서 직원의 급여는 제품생산을 위한 공통비이다.

15. 제조부문에서 발생한 직접재료비와 직접노무비를 포함한 모든 제조원가는 제조간접비로 볼 수 없고 직접재료비와 직접노무비는 직접비로 분류하고 그 외 원가는 간접비로 분류하여야 한다.

16. 공장설비 임차료 + 공장설비 보험료 + 감가상각비 = 480,000

17. 72,000 × 60,000/80,000 = 54,000

18. 188,000 ÷ 376,000 = 0.5 × 40,000 = 20,000

19. 30,000×(15,000+5,000)/(15,000+5,000+25,000+15,000)
=10,000

20. 20,000×50시간/500시간 = 2,000

21. 810,000 × 200/600 = 270,000

22. 1,500,000×(200,000+400,000)/(1,000,000+2,000,000)
=300,000

23. ㉠ 제조간접비 배부 : 180,000×18,000/108,000 = 30,000
㉡ #1 제조원가 : 20,000+18,000+30,000 = 68,000

24. 예정배부율 = 예정 제조간접비÷예상 직접노동시간 = 50
예정배부액 = 실제 직접노동시간×예정배부율 = 300,000

25. 1,200,000÷(20,000+40,000) = 20

27. 실제원가계산은 월말이 되어야 전체 금액이 계산되므로 신속성이 없다.

29.

제 조 간 접 비	
실제발생액	예정배부액
1,000	800

33. 예정배부액과 실제발생액을 임의의 금액을 대입하여 보면, 제조간접비계정 차변의 매출원가 ₩1,000은 과대배부차액이다.

제 조 간 접 비	
실제발생액 29,000	예정배부액 30,000
매 출 원 가 1,000	

34. 실제 발생액 < 예정 배부액 …… 과대 배부

35. 제조간접비 배부액 : 60,000×200 = 12,000,000원,
과대배부는 예정 >실제이므로,
제조간접비 실제발생액 : 12,000,000−300,000=11,700,000원

36. 예정배부액 : 1,500,000÷30,000 = 50(예정배부율)×28,000
시간 = 1,400,000

37. • 예정배부율 : 1,500,000원 ÷ 500시간 = 3,000원/시간당
• 실제발생 제조간접비 : 1,650,000원 = 배부차이가 발생하지 않았으므로 예정배부액과 같다.
• 실제직접노무시간 : 예정배부액 1,650,000원 ÷ 3,000원 = 550시간

38. 제조간접비의 각 부문의 배부는 합리적인 배부기준을 정하여야 한다. 각 부문의 성과평가는 이익을 많이 계상하여야 하므로 오토바이 사업부는 노무시간으로 하면 오히려 이익이 적어진다.

39. ㉠ 예정배부액 : 박스 안의 (1) 20,000 + 30,000 = 50,000
㉡ 실제 발생액 : 24,000 + 20,000 + 8,000 = 52,000
㉢ 52,000 > 50,000 = 2,000 과소 배부

40 제조간접비 예정배부액으로서 당기 제품제조원가가 계산되므로 간접노무원가를 누락시킨만큼 제조간접비가 과소배부되고, 당기 제품제조원가도 과소 계상된다.

41 예상생산량이 1,000개, 실제생산량이 600개인데도 제조간접비 차이가 중요하지 않다면 제조간접비가 주로 변동비로 구성되었기 때문이다.

42. ㉠ 7,200÷600시간 = 12
㉡ 550×12 = 6,600(예정)

제 조 간 접 비	
6,800	6,600
	(200)

43. ㉠ 예정배부액 : 6,000+300 = 6,300
㉡ 6,300÷1,000 = 6.3

44. (3,490,000−150,000−2,380,000) ÷ (1+0.6) = 600,000

45. 가+다+라+(10,000×120%)−나 = 53,000

46. 2,150,000+250,000 = 2,400,000(예정배부액)
2,400,000÷75,000 = 32(예정배부율)
70,000×32 = 2,240,000

47. ㉠ 예정배부율 : 50,000÷1,000시간 = 50
㉡ 예정배부액 : 50×170시간 = 8,500원
그러므로 예정배부액 8,500원이 실제발생액 8,000원 보다 500원 과대배부이다.

48. 제조간접비배부차이는 비례배부법, 매출원가조정법, 영업외손익법으로 조정한다.

49. 제품설계는 부품의 수, 설계변경 요구의 수, 설계시간 등이다.

50. 제조간접비의 예정배부시 계절적 또는 주기적인 영향을 받는 경우에는 정상조업도가 가장 적절하다.

51. 300,000−250,000=50,000(불리한 배부차이), 실제액이 적으므로 기말재공품, 기말제품, 매출원가가 감소함.

52. 과대배부차이의 재공품 부담액 : 80×320/320+160+1,120=16원, 과대배부액은 예정배부액보다 실제발생액이 적은 것이므로 재공품 320에서 16원을 차감해야 한다.

53. • 기말재공품배부액 : [500,000원 ÷ (3,000,000 + 4,000,000 + 3,000,000)] × 3,000,000 = 150,000원
　• 기말제품배부액 : [500,000원 ÷ (3,000,000 + 4,000,000 + 3,000,000)] × 4,000,000 = 200,000원
　• 매출원가배부액 : [500,000원 ÷ (3,000,000 + 4,000,000 + 3,000,000)] × 3,000,000 = 150,000원
　(차) 재 공 품 150,000　(대) 제조간접비배부차이 500,000
　　　　제　품 200,000
　　　　매출원가 150,000
　• 조정후 매출원가 = 3,000,000 + 150,000 = 3,150,000

54. 초과배부차이는 예정배부액이 실제배부액보다 많은 것(실제가 예정보다 적음)으로 배부차이 조정시 각 요소를 하향조정하고, 부족배부차이는 예정배부액이 실제배부액보다 적은 것(실제가 예정보다 많음)으로 배부차이 조정시 각 요소를 상향조정한다.

55. 분개를 추정하면 (차) 제조간접비배부차이 10,000 (대) 매출원가 10,000으로 배부차이가 발생시 분개는 (차) 제조간접비 10,000 (대) 제조간접비배부차이 10,000으로 대변에 발생하였으므로 과대배부 차액이다.

【5장】 부문별원가계산

 1. 부문별 원가계산

1. ④	2. ④	3. ②	4. ①	5. ①
6. ②	7. ④	8. ①	9. ④	10. ②
11. ①	12. ②	13. ③	14. ③	15. ④
16. ①	17. ③	18. ④	19. ④	20. ①
21. ④	22. ①	23. ②	24. ③	25. ②
26. ④	27. ②	28. ④	29. ①	30. ②
31. ①	32. ④	33. ④	34. ①	35. ④
36. ②	37. ②	38. ①	39. ③	40. ④
41. ④	42. ③	43. ③	44. ③	45. ④

【 해설 】

1. 부문별원가계산의 대상은 제조간접비이다.

2. 부문공통비는 원가발생액을 합리적인 배부기준에 따라 각 부문에 배부하여야 한다.

4. 보조부문비의 제조부문의 배부문제는 공장 전체 제조간접비 배부율을 사용하기 보다는 부문별 제조간접비 배부를 적용할 때이다.

7. 중앙난방비의 배부기준은 각 부문의 점유면적이다.

8. 전력부문−전력소비량(kwh), 공장관리부문도 최적의 배부기준은 종업원수이지만 각 부문의 면적은 차선의 배부기준일 수 있다.

9. 부문의 간접노무비는 부문직접비이다.

10. 보기2번은 보조부문비 배부의 목적이 아니다.

11. 부문별원가계산이란 제품의 원가를 산정함에 있어 제조간접비(부문비)를 각 제품에 보다 더 엄격하게 배부하기 위해 우선적으로 그 발생 장소인 부문별로 분류, 집계하는 절차를 말한다. 즉, 생산부문에서 발생한 원가는 부문별 원가계산의 대상이 아니다.

13. 직접배부법은 보조부문 상호간의 용역수수를 완전 무시하기 때문에 부정확하다.

19. 보조부문 상호간의 용역수수를 완전히 고려하는 것은 상호배부법이다.

20. 이중배분율법도 단일배분율과 동일하게 직접배분법, 단계배분법, 상호배분법을 적용할 수 있다.

21. 계산의 정확성은 직접배부법 <단계배부법 <상호배부법이다.

24. 보조부문원가의 배분방법 중 어떤 방법을 선택해도 순이익은 동일하다.

26. 보조부문비 배부방법은 직접배부법(보조부문 상호간의 용역제공 무시)단계배부법(보조부문의 배부순서를 정해 단계적 배부)상호배부법(보조부문 상호간의 용역제공 완전인식)이 있다.

28. ㉠ 동력부문비 배부　절단 : 10,000 × 4/8 = 60,000
　　　　　　　　　용접 : 10,000 × 4/8 = 60,000
　㉡ 수선부문비 배부　절단 : 80,000 × 120/200 = 48,000
　　　　　　　　　용접 : 80,000 × 80/200 = 32,000

29. 280,000 + 60,000 + 32,000 = 372,000

30. ㉠ 350,000 + 60,000 + 48,000 = 458,000
　㉡ 458,000 × 200/500 = 183,200

31. ㉠ 30,000 × 600/1,000 = 18,000
　㉡ 14,000 × 40/100 = 5,600

32. 전력부문(제조간접비 200,000원)−제조부문 및 수선부문에 1차 배분하므로 수선부문은 200,000×100kw/(300+100+100)kw =40,000원을 합산한 400,000원(360,000+ 40,000)을 조립부문 및 절단부문에 수선시간을 기준으로 배부한다.
　∴ 절단부문의 제조간접비 배부액 = 400,000원 × 40시간/(10+40)시간 = 320,000원

33. ㉠ 동력부문비의 총원가 : X, 수선부문비의 총원가 Y
　㉡ X = 200,000 + 0.2Y　　　Y = 380,000 + 0.4X
　㉢ X = 200,000 + 0.2(380,000+0.4X)
　㉣ X = 300,000,　　Y = 500,000
　㉤ (300,000×0.2) + (500,000×0.4) = 260,000

34. 공장 전체 제조간접비 배부율을 사용하면 모든 제조부문에 동일한 제조간접비 배부율을 적용하여 배부한다. 이중배부율법은 제조간접비를 고정비와 변동비로 구분한 후 이들을 배부하는 방법을 말하는 것으로 공장 전체 제조간접비의 배부에는 사용할 수 없다.

36.

제 조 부 문 비			
실제배부액	50,000	예정배부액	55,000
부문비배부차이	5,000		

37. 절단부문비 : 28,000÷50,000 = 0.56
　조립부문비 : 14,000÷50,000 = 0.28

38. 상호배부법에서 보조부문A = 18,000+01B이고
　보조부문B = 15,000+0.2A이다.

39. 이중배분율법은 원가 배분절차가 복잡하여 비용과 시간이 절약되지는 않는다.(단점이다.)

40. 100,000×100/200 = 50,000,　200,000×300/500 = 120,000
　50,000+120,000 = 170,000

41. (700시간×200) + (400시간×150) = 200,000

42. 식당부문의 배부기준은 종업원 수이다.

43. 보기3번은 단계배부법이다.

44. 상호배부법은 보조부문 상호간의 실질적인 용역의 수수관계를 고려하는 방법으로 경제적 실질을 정확하게 반영하는 것이다.

45. C부문의 총원가 : X, D부문의 총원가 : Y
　X=120,000+0.3Y　Y=70,000+0.2X
　X=120,000+0.3(70,000+0.2X)
　X=120,000+21,000+0.06X 그러므로 X=150,000, Y=100,000
　C보조부문에서 A제조부문에 배부되는 금액은 150,000×50% =75,000원이다.

【6장】 개별원가계산

1. 개별원가계산

1. ①	2. ④	3. ④	4. ④	5. ③
6. ①	7. ④	8. ④	9. ③	10. ②
11. ③	12. ③	13. ③	14. ④	15. ①
16. ①	17. ②	18. ③	19. ③	20. ②
21. ②	22. ③	23. ②	24. ①	25. ①
26. ①	27. ①	28. ①	29. ③	30. ②
31. ③				

[해설]

1. 개별원가계산에서는 제조간접비의 발생이 많다.

2. 완성된 제조지시서의 제조원가는 완성품원가가 되고, 미완성된 제조지시서의 제조원가는 월말재공품원가이다.

3. 정상개별원가계산은 제조간접원가만을 예정배부한다.

8. 개별원가계산에서는 직접비와 간접비의 구분이 반드시 필요하다. 우선 직접비는 개별작업에 직접 부과되므로 ㉣ 원가직접대상이 되는 개별작업을 파악하여 ㉠ 직접원가를 계산한 후 개별작업에 부과하고 그 이후에 ㉢ 간접비를 파악하여 합리적인 ㉣ 배부기준을 설정하여 ㉡ 개별작업에 배부한다.

9. #201이 완성된 것이므로 ₩11,400이 제품계정으로 대체된다.

10. 제조간접비 배부: #1 : 800×100/400 = 200
   { #2 : 800×200/400 = 400, #3 : 800×100/400 = 200
   - 당기제품제조원가: #1 + #2, 기말재공품원가: #3
   #1 + #2 : 200+100+300+200+(200+400) = 1,400
   #3 : 150+100+200 = 450

11. ㉠ 48,000 ÷ (20,000 + 32,000 + 28,000) = 0.6
   ㉡ 20,000 × 0.6 = 12,000
   ㉢ 20,000 + 24,000 + 12,000 = 56,000

12. 60,000×(30,000+16,000)/(100,000+50,000) = 18,400

13. ㉠ 121 : 33,500 × 0.75 = 25,125
   ㉡ 131 : 54,000 × 0.75 = 40,500
   ㉢ (90,950+25,125) + (86,500+40,500) = 243,075

14. ㉠ 123,000 ÷ 600 = 205
   ㉡ 35,000 + 25,000 + (85 × 205) = 77,425

15. 4,200,000 + (300 × 8,000) + (200 × 15,000) = 9,600,000

16. 직접재료소비액은 재공품계정 차변에 기록된다.

17. 복리후생비는 노동자의 대상이 직접, 간접 노동자에 관계없이 간접제조경비이다.

18. 200,000 + 260,000 + (1,600,000×520/10,000) = 543,200

19. 공장전체 배부보다 부문별 배부가 더 정확하다.

20. #101 제조간접비 배부액(1,620,000) = 600시간×2,700원
   제품단위당원가(5,850) = (1,620,000+1,350,000+2,880,000) / 1,000단위

21. 제조간접비의 배부기준으로 인과관계는 중요한 기준이다.

22. • #303의 제조간접비 : 4,000×140% = 5,600
   • #404의 제조간접비 : 4,600×150% = 6,900
   • #303합계 : 3,000+4,000+5,600 = 12,600과 #404의 총원가가 동일하다.
   • #404의 직접재료비 : 12,600-4,600-6,900 = 1,100

23. • 공장전체배부율 : 400,000×10/20=200,000
   • 부문별배부율 : A제조부문 : 300,000×7/10=210,000
   　　　　　　　 B제조부문 : 100,000×3/10=30,000

24. 지시서5번의 제조원가는 월초재공품원가+직접재료비+직접노무비+제조간접비로 계산되는데 지시서5번만이 미완성이므로 재공품계정 대변의 차월이월 ₩120,000이 합계액이다. 따라서 문제에서 월초는 없다고 하였으므로 120,000-60,000-(60,000×60%)=24,000이다.

25. 개별원가계산에서는 총원가에 비하여 생산량이 적기 때문에 단위당 원가가 일반적으로 크게 나타난다.

26. 제품의 제조과정에서 발생하는 원재료의 부스러기를 작업폐물이라고 하고 감손품은 작업중에 증발·기화되는 것으로, 예를들면 콩으로 식용유를 만들때 작업중간에 증발·기화되어 착수량은 1,000키로인데 생산량이 980키로인 경우 20키로의 원재료가 감손품으로 인식하는 것이고 공손품은 파손품이라고도 하는 것으로 제품 중 불합격품을 말한다.

28. 제조과정상의 불합격품은 공손이라 하고, 제조과정상의 증발, 기화 등의 원인으로 투입된 원재료가 산출량이 되지 못하는 것은 감손이라 한다.

29. 비공손원가는 작업폐물이 아니며 참고로 원재료의 부스러기가 작업폐물이다.

30. 완성품수량 : 200+800-100-80 = 820개
   따라서 80-(820개×5%) = 39개

31. 정상공손을 재공품이나 완성품에 포함하고 비정상적공손은 기타(영업외)비용으로 처리한다.

【7장】 종합원가계산

1. 종합원가계산의 기초

1. ③	2. ②	3. ③	4. ③	5. ②
6. ④	7. ③	8. ③	9. ②	10. ②
11. ④	12. ③	13. ④	14. ①	15. ②
16. ②	17. ②	18. ①	19. ②	20. ④
21. ③	22. ③	23. ③	24. ②	25. ①
26. ③	27. ①	28. ③	29. ④	30. ②
31. ③	32. ③	33. ④	34. ③	35. ①
36. ②	37. ①	38. ①	39. ④	40. ①
41. ④	42. ④	43. ③	44. ①	45. ②
46. ④	47. ①	48. ①	49. ①	50. ①
51. ④	52. ③	53. ②	54. ②	55. ③

[해설]

1. ① 개별원가계산　②표준원가계산　④ 전부원가계산

2. 개별원가계산은 종합원가계산에 비해 생산제품수량이 적고 개별제품마다 원가계산을 하므로 정확성이 있다.

3.
구 분	종합원가계산	개별원가계산
핵심과제	완성품환산량 계산	제조간접비 배분
업 종	통조림제조업	조선업
원가집계	공정 및 부문별 집계	개별작업별 집계
장 점	경제성 및 편리함	정확한 원가계산

5. (가), (라)는 건설업, (나)는 조선업으로서 개별원가계산이고, (다)는 벽돌제조업으로 종합원가계산이다.

10. 완성품환산량은 가상적인 수량 단위가 아니고, 재공품에 실제 완성도를 반영하여 완성품으로 환산한 실제 수량 단위이다.

11. 재료비와 가공비의 투입시점이 다르기 때문에 완성품환산수량을 별도로 계산한다.

12. 1,000×0.4 = 400

13. $10,000 + (2,000 \times 0.5) = 11,000$

14. ㉠ $1,600 - (300 \times 0.5) + (500 \times 0.6) = 1,750$
㉡ $1,600 - (300 \times 0.3) + (500 \times 0.4) = 1,710$

15. 재료비 : $90 - 10 + 20 = 100$개
가공비 : $90 - (10 \times 30\%) + (20 \times 60\%) = 99$개

16. 완성품수량 : $200 + 1,200 - 300 = 1,100$개
평균법 : $1,100 + (300 \times 30\%) = 1,190$개
성입선출법 : $1,100 - (200 \times 40\%) + (300 \times 30\%) = 1,110$개

18. 보기2번은 평균법에서 사용하는 원가이다.

20. 선입선출법은 기초재공품 완성도를 알아야 적용가능하다.

21. 평균법의 완성품환산량은 당기 완성량+기말재공품 환산량이다.

23. 3월 1일에 사업을 시작하였으므로 월초공품이 없는 상태이므로 동일하다.

25. 기초재공품이 없으면 평균법과 선입선출법의 완성품 환산량 단위당원가의 계산 결과는 동일하다.

26. ㉠ $\dfrac{477,000}{900} \times 150 = 79,500$(재료비)
㉡ $\dfrac{251,100}{810} \times 60 = 18,600$(가공비)

27. • 완성도가 다르므로 따로 계산한다.
㉠ $\dfrac{180,000}{450} \times 50 = 20,000$(재료비)
㉡ $\dfrac{102,000}{425} \times 25 = 6,000$(가공비)

28. • 완성도가 재료비와 가공비가 다르지 않으면 같이 계산한다.
$\dfrac{1,907,200}{800} \times 80 = 190,720$

29. ㉠ $\dfrac{36,000}{600} \times 100 = 6,000$(재료비)

재	공	품	
	18,000	(80,000)	
	24,000	11,000	
	49,000		

㉡ $\dfrac{55,000}{550} \times 50 = 5,000$(가공비)

30. $(200개 \times 5,000) + \{(200개 \times 80\%) \times 4,000\} = 1,640,000$

31. ㉠ $\dfrac{428,800}{670} \times 100 = 64,000$(재료비)
㉡ $\dfrac{482,400}{670} \times 60 = 43,200$(가공비)

32. 본 문제에서는 기초재공품수량+당기착수량=당기완성량+기말재공품수량의 의미를 알고 풀어야 한다. 여기서 당기착수 당기완성량이란, 당기착수량 중에서 완성된 수량을 말하므로 기초재공품의 완성수량은 포함되어 있지 않다. 즉, 선입선출법은 기초재공품부터 완성시키고 그 다음 당기착수량을 완성시키는 방법이기 때문이다. 그러므로 실제 당기 완성수량은 당기착수 당기완성량+기초재공품수량 = 3,300개이다. 따라서, 기말재공품원가는 $3,100,000 \times (200 \times 50\%)/3,300 - (500 \times 60\&) + (200 \times 50\%) = 100,000$이다.

33. 완성도가 다르므로 따로 계산한다.
㉠ $\dfrac{355,000}{1,420} \times 300 = 75,000$
㉡ $\dfrac{286,000}{1,430} \times 250 = 50,000$

34. • 먼저 기말재공품을 계산한다.
• 재료비 : $14,400 \times 50/150 - 50 + 50 = 4,800$
• 가공비 : $14,500 \times 20/150 - 25 + 20 = 2,000$
• 당기제품제조원가 : $(2,600 + 2,400) + (14,400 + 14,500) - (4,800 + 2,000) = 27,100$

35. ㉠ 재료비 $(60,000 + 24,000) \div 600 = 140$
㉡ 가공비 $(12,000 + 34,800) \div 720 = 65$

36. • 완성품수량 : 기초재공품수량+당기착수량-기말재공품수량
$= 40,000$단위
• 기말재공품 재료원가 : $200,000 \times 20,000/40,000 - 10,000 + 20,000 = 80,000$원
• 가공원가 : $410,000 \times (20,000 \times 30\%)/40,000 - (10,000 \times 50\%) + (20,000 \times 30\%) = 60,000$원

37. $4,200 - (500 \times 0.4) + (800 \times 0.5) = 4,400 \times 10 = 44,000$

38. ㉠ 기초 : $480,000 \div \{10,000 + (15,000 \times 0.4)\} = 30$개
㉡ 기말 : $820,000 \div \{10,000 + (15,000 \times 0.7)\} = 40$개

39. ㉠ $1,200 + 10,000 - 8,800 = 2,400$(기말재공품 수량)
㉡ $(6,000 + 51,120) \times \dfrac{2,400}{11,200} = 12,240$

40. ㉠ 문제에서 기초재공품수량의 제시가 없으므로 평균법으로 간주한다.
㉡ $(40,000 + 260,000) \times \dfrac{x}{80 + x} = 60,000$
㉢ $x = 20$, $20 \div 50 = 0.4$ (40%)

41. ㉠ $26,400 \times \dfrac{600 \times 0.5}{1,600 - X + 300} = 4,500$
㉡ $X = 140$개, ㉢ $140 \div 400 = 35\%$

42. 기말재공품의 완성품환산량은 재료의 투입, 가공정도를 고려하여 직접재료비와 가공비로 구분하여 산정한다.

43. • 재료원가 평균법 : $700개 + (200개 \times 100\%) = 900$개
• 선입선출법 : $700개 - (100개 \times 100\%) + (200개 \times 100\%) = 800$개
• 가공원가 평균법 : $700개 + (200개 \times 40\%) = 780$개
• 선입선출법 : $700개 - (100개 \times 30\%) + (200개 \times 40\%) = 750$개

44. 평균법에서는 기초재공품의 수량과 완성도가 필요없다.

45. 기말재공품 완성도 평가의 오류는

구 분	완성품환산량	완성품환산량 단위원가	완성품원가
과대평가	과대	과소	과소
과소평가	과소	과대	과대

46. 개별원가계산과 종합원가계산을 비교하면 여러가지의 특징들이 있지만 종합원가계산의 가장 중요한 것은 기말재공품의 평가문제이다.

47. 평균법이 계산 방법으로 비교적 간단하지만 원가통제는 선입선출법에 비해 미약하다.

49. 가공비완성품환산량은 완성품수량-기초재공품환산수량+기말재공품환산수량이다. 따라서 $450 = 400 - (\ ) + (200개 \times 60\%) = 70$개이므로 $70/100 = 70\%$이다.

50. 평균법이며 기말재공품원가가 주어져 있으므로 (기초재공품원가+당기투입원가)를 구하면 되는데 기말재공품을 계산하는 공식을 세우면, $(\ ) \times 50/400 + 50 = 1,600$이다. 그러면 $(450 \times 1,600)/50 = 14,400$이 기초재공품원가+당기투입원가이므로 $14,400 - 12,200 = 2,200$이다.

51. 가중평균법은 당기 이전의 성과인 기초재공품을 당기 성과와 구분없이 당기 착수로 인식하는 방법이므로 선입선출법보다 정확하지 않다.

52. 기말재공품 수량이 100개라고 가정하면 가공비 완성환산수량은 $100개 \times 60\% = 60$개이므로 기말재공품 수량보다 적다.

53. 본 문제에서는 기초재공품수량+당기착수량=당기완성량+기말재공품수량의 의미를 알고 풀어야 한다. 여기서 당기착수 당기완성량이란, 당기착수량 중에서 완성된 수량을 말하므로 기초재공품의 완성수량은 포함되어 있지 않다. 즉, 선입선출법은 기초재공품부터 완성시키고 그 다음 당기착수량을 완성시키는 방법이기 때문이다. 그러므로 실제 당기 완성수량은 당기착수 당기완성량+기초재공품수량 = 5,800개이다. 그러므로 당기완성품환산수량을 구하면 $5,800 - (800 \times 50\%) + (1,600 \times 50\%) = 6,200$개이다. 따라서, 실제발생한 가공비는 당기완성품환산수량 $6,200개 \times$당기 완성품환산량 단위당원가 ₩$21 = 130,200$이다.

54. 평균법에서는 기초재공품원가가 필요하고 선입선출법에서는 필요없다. 단,평균법에서는 기초재공품의 수량과 완성도는 필요없고 선입선출법에서는 필요하다.

55. 당기투입량 : 8,000+3,000-2,000=9,000개×5kg= 45,000kg

2. 단일종합원가계산

1. ①　　2. ②　　3. ③, ④　　4. ①　　5. ③
6. ③　　7. ④　　8. ③　　9. ②

[해설]

2. 소비된 제조원가(당기총제조비용)총계에서 기초재공품 원가를 가산하고 기말재공품 원가, 부산물, 공손품 등의 평가액은 차감한다.

4. ㉠ $\dfrac{360,000}{2,400} \times 400 = 60,000$

　㉡ $\dfrac{484,000}{2,200} \times 200 = 44,000$

5. 360,000 + 484,000 -104,000 = 740,000

7. 기초재공품 완성도를 과소계상하면 완성품 총환산량이 과대하게 된다. 따라서 완성품환산량 단위당원가는 과소평가되므로 당기 완성품원가는 과대평가, 기말재공품원가는 과소평가된다.

8. • 완성품수량 = 10,000+50,000-20,000 = 40,000단위
　• 기말재공품 재료비 : (70,000+200,000)×20,000/40,000 + 20,000 = 90,000
　• 기말재공품 가공비 : (50,000+410,000)×(20,000×30%)/ 40,000 + (20,000×30%) = 60,000
　• 따라서 90,000+60,000 = 150,000원

9. 종합원가계산에서 원가계산의 순서는 가장 먼저 기초재공품수량과 당기착수량을 합계한 수량 중 완성품수량과 기말재공품수량에 대한 물량흐름을 파악하여 완성품환산수량을 산출한 후 배부될 원가를 집계·요약하고, 완성품환산량 단위당원가를 계산하여 완성품과 기말재공품에 원가를 분배하는 순서이다.

3. 공정별 종합원가계산

1. ①　　2. ④　　3. ①　　4. ③　　5. ②
6. ①　　7. ①　　8. ①　　9. ③　　10. ②
11. ③　　12. ①　　13. ①

[해설]

2. 종합원가에서는 노무비와 간접비의 구분이 필요 없다.

3. 340,000 × 50 / 900 - 100 + 50 = 20,000

4. ㉠ 제1공정 완성품원가를 구한다.
　30,000 + 50,000 + 40,000 - 30,000 = 90,000
　㉡ 40,000 + 100,000 + 120,000 + 90,000 - 100,000 = 250,000

5. 200×1,200 = 240,000

7. 전공정원가는 2공정에서 착수시 투입되므로 완성도를 100%로 인식한다. 따라서 420 - 120 + 100 = 400개

8. ㉠ 제1공정 완성품 : 200 + 600 - 300 = 500
　㉡ 제2공정 완성품 : 100 + 500 - 200 = 400
　㉢ 제1공정 완성품 환산량 : 500 + (300 × 100%) = 800

㉣ 제2공정에서는 50% 시점에 재료를 전량 투입하므로 기말재공품 완성도 0.4(40%)에서는 재료 투입이 없으며, 2공정완성품 환산량 계산시 기말재공품은 해당없다. 그러므로 400+ (200×0) = 400

10. 먼저 2공정의 완성수량을 구하면 제1공정에서 400단위를 받은 것이 제2공정의 착수량이므로 400+100-200=300개가 완성품수량이므로 9,600/300-100+200=24이다.

11. 1,500,000+600,000-500,000+800,000+1,200,000 = 3,600,000, 여기서 제1공정완성품원가는 제2공정완성품원가에 포함되어 있다고 보아야 한다. 따라서 계산에서 제외한다.

12. 제품의 완성도가 50%인데 재료투입시점이 60%이면 기말재공품 계산시 재료는 불포함되고 가공만 포함한다.

13. 공정공통비는 합리적인 배부기준에 의하여 인위적으로 배부하고 공정개별비는 각 공정에 직접 배부한다.

4. 조별 종합원가계산

1. ③　　2. ③　　3. ②　　4. ④　　5. ①
6. ③　　7. ②　　8. ①　　9. ③　　10. ④

[해설]

1. 조별 = 제품별

4. ④ : 단일종합원가계산

5. ㉠ 5,000 × 6,000/10,000 = 3,000
　㉡ (6,000+3,000-1,000) ÷ 10 = 800

6. ㉠ C조 조간접비 : 40,000÷200,000 = 0.2×42,000 = 8,400
　㉡ 제조원가 : 74,000+42,000+28,600+8,400-16,200 = 136,800
　㉢ 단위당 원가 : 136,800÷570개 = 240

7. 조간접비는 적절한 배부기준에 의하여 각 조별로 배부하여야 하고, 조직접비는 각 원가요소 계정에서 직접 각 조별 제조 계정으로 대체기입 한다.(보기의 설명이 조직접비와 조간접비가 바뀌어야 한다.)

8. 조간접비를 각 제품에 배부하면 각조의 재공품계정 차변으로 대체된다.

9. (1) 조간접비의 배부
　　갑제품 : 450,000×200,000/200,000+300,000=180,000
　　을제품 : 450,000×300,000/200,000+300,000=270,000
　(2) 기말재공품의 평가(갑제품)
　　(200,000+120,000+180,000)×40/460+40=40,000
　(3) 완성품원가(갑제품) : 200,000+120,000+180,000- 40,000=460,000

10. 작업지시서 단위로 원가를 계산하는 것은 개별원가계산 형태이다.

5. 등급별 종합원가계산

1. ①　　2. ④　　3. ④　　4. ④　　5. ①
6. ①　　7. ③

[해설]

2. 간접원가는 합리적인 배분기준에 따라 배분한다.

3. ④ : 개별원가계산

5. 등급별종합원가계산에서는 먼저 등가계수를 정한다.

6. $120,000 \times 4,000/4,000+5,000+6,000 = 32,000$원

7. ㉠ $510,000 \times \dfrac{240,000}{680,000} = 180,000$(배부액)

　㉡ $180,000 \div 400$개 $= 450$

6. 결합(연산품)원가계산

1. ①	2. ②	3. ②	4. ①	5. ③
6. ①	7. ①	8. ①	9. ④	10. ②
11. ③	12. ②	13. ①	14. ③	15. ③
16. ③	17. ①	18. ②	19. ④	20. ①
21. ①	22. ③	23. ④	24. ②	25. ③
26. ①	27. ②	28. ④		

[해설]

4. 분리원가는 분리점이후 발생한 추가 가공비이다.

8. 연산품은 분리점에 도달하기 전에는 개별제품으로 식별되지 않으며, 분리점 이후에 개별제품으로 식별가능하다.

9. 어떤 제품을 분리점에서 판매할 것인가 아니면 분리점 이후에 추가가공해서 판매할 것인가에 대한 의사결정을 추가가공에 관한 의사결정이라고 한다. 제품의 추가가공 여부는 이미 결합제품을 분리점까지 가공한 후에 결정한다. 따라서 그 이전에 발생한 결합원가는 아무리 금액이 크더라도 추가가공에 관한 의사결정에 영향을 줄 수 없으며 추가가공에 관한 의사결정에 필요한 원가가 되려면 적어도 미래에 발생될 원가이어야 하기 때문이다.

10. 본 문제는 얼핏보면 판매가치법으로 계산하기 쉽다. 반드시 문제를 정확히 파악할 것을 당부드린다.
물량기준법으로 배분하므로 (총결합원가)×400/400+1,200 = 50,000로 계산하면 총결합원가는 ₩200,000이다.
따라서 200,000−50,000 = 150,000

11. 상대적 판매가치란 판매가격에서 분리점 이후의 추가가공비를 차감한 순실현가치를 말하는 것으로 개별제품을 구별하는 기준이 된다.

14. 분리원가는 결합원가 이후에 추가발생하는 원가이다.

15. 버터, 크림은 연산품으로 분류한다.

16. 순실현가치기준법은 정상적인 경영활동에서 예측된 최종 판매가치에서 분리점 이후의 추가가공비와 판매비를 차감한 순실현가치를 기준으로 결합원가를 배분하는 방법이다. 결국 이렇게 되면 결합원가만이 이익을 창출한다는 가정을 암묵적으로 하고 있고, 분리점 이후에 발생하는 추가가공으로 인한 부가가치는 없다는 모순에 빠지게 된다.

18. $600,000 − (800,000 \times 600,000/1,000,000) = 120,000$

19. 순실현가치법은 분리점에서 판매가치를 모르는 경우에 적용하는 방법으로 추정판매가격에서 추가가공원가를 차감한 추정판매가치로 결합원가를 배분하는 방법이다. 따라서, 제품A의 판매가격을 10%인상하면 제품A의 배부기준인 추정판매가치가 증가하므로 배분하는 결합원가도 증가한다.

21. 분리점 이후 추가가공비는 필수적 요소이며, 결합원가 배부액과 함께 각 제품의 제조원가를 구성한다.

22. 부산품(부산물)은 주산품에 비하여 생산량이 떨어지는 것이 아니라, 등급품 중 생산량이나 가치면에서 다른 제품에 비하여 중요성이 크게 떨어지는 제품을 말한다.(예를 들면, 정미업에서 쌀이 주산물이고 쌀겨가 부산물이다.)

23. 보기4번은 부산품에 대한 설명이고, 주산품은 중요성이 높은 제품이다.

24. 결합원가의 배부는 재고자산 금액을 결정하고, 제품별 성과평가도 하며 이를 외부에 보고하기 위한 목적이다.

25. 추가가공한 제품의 예상판매가격은 추가가공제품에 배부한 결합원가에 추가가공비를 합계한 금액보다 더 커야 한다.

26. ㉠ 먼저 각 제품의 순실현가치를 계산한다.
A제품 : $(200$개$\times 2,000)−30,000 = 370,000$
B제품 : $(280$개$\times 1,500)−10,000 = 410,000$
C제품 : $(260$개$\times 1,800)−48,000 = 420,000$
　㉡ C제품의 결합원가배부액 :
$800,000 \times 420,000/370,000+ 410,000+420,000 = 280,000$
　㉢ C제품의 제품원가 :
결합원가배부액 + 추가가공원가 $= 328,000$

27. 본 문제는 결합원가(여기서 1차가공비)의 배분을 판매가치법(순실현가능가치법)으로 하는 것이다. 각 제품의 순실현가치는 판매가치(판매가×생산량)에서 2차가공비를 차감한 금액이다.
㉠ A제품 : $500 \times 40−10,000 = 10,000$
㉡ B제품 : $1,000 \times 25=25,000−5,000 = 20,000$
㉢ C제품 : $800 \times 35=28,000−18,000 = 10,000$
㉣ 순실현가치의 합계 : $10,000+20,000+10,000 = 40,000$
㉤ B제품의 1차가공비 배부액 : $10,000 \times 20,000/40,000 = 5,000$
㉥ B제품 단위당 생산원가 : (1차가공비+2차가공비배부액)÷생산량, 그러므로 $(5,000+5,000) \div 25$kg $= 400$원

28. 각 제품의 순실현가치 :
A : $270,000−20,000 = 250,000$
B : $580,000−30,000 = 550,000$, 결합원가 발생액을 : x
$x \times 250,000/250,000+550,000 = 375,000$, ∴ x $= 1,200,000$

【8장】재 무 제 표

1. 재무제표

1. ②	2. ③	3. ④	4. ②	5. ④
6. ③	7. ③	8. ④	9. ③	10. ②
11. ②	12. ①	13. ④	14. ③	15. ②
16. ④	17. ③	18. ①	19. ②	20. ②
21. ③	22. ③	23. ③	24. ④	

[해설]

1. 제조원가명세서는 내부보고용이다.

2. ③ : 포괄손익계산서에 반영된다.

3. 매출원가는 포괄손익계산서에서 확인할 수 있다.

5. $50,000+320,000+270,000+165,000−85,000 = 720,000$

8. 기초재공품재고액은 표시되나, 기초제품재고액은 손익계산서에 표시된다.

9. ① $15,000+250,000−20,000 = 245,000$(재료비)
② $28,000+245,000+180,000+150,000−35,000 = 568,000$ (완성품제조원가)
∴ $50,000 + 568,000 − 30,000 = 588,000$

10. ㉠ $2,000 − (100+1,200−200) = 900$
　㉡ $900 − (400+200) = 300$

11. ① $120,000 + 2,050,000 − 80,000 = 2,090,000$
② $240,000 + 2,090,000 − 350,000 = 1,980,000$
∴ $1,980,000 + 580,000 = 2,560,000$

12. ① 1,440,000 ÷ (1+0.2) = 1,200,000 (매출원가)
　②

재 공 품

(70,000)	1,200,000
620,000	150,000
380,000	
280,000	

13. • 전환원가(가공원가) = 직접노무원가240,000+제조간접원가
　• 제조간접원가가 전환원가(가공원가)의 40%라는 것은 직접노무원가는 전환원가(가공원가)에 60%라는 뜻이다. 따라서 전환원가(가공원가)는 240,000÷0.6 = 400,000원이고,
　• 제조간접원가는 400,000×0.4 = 160,000원이다.
　• 당기제품제조원가 : 60,000+180,000+240,000+160,000-40,000 = 600,000
　• 매출원가 : 70,000+600,000-50,000 = 620,000

14. 당기제품제조원가는 포괄손익계산서에서 직접적으로 매출원가로 구성되지 않고 기초제품재고액을 가산하고 기말제품재고액을 차감하여야 매출원가로 구성된다.

15. 19,300+9,500-9,000 = 19,800

16 (65,400-7,000)-19,300-16,700 = 22,400

17. 완성품 원가?
　65,400-8,000 = 57,400 (또는 68,400-11,000)

18. 68,400-9,500 = 58,900

19. ① 1,500,000 ÷ (1+0.25) = 1,200,000 (매출원가)
　②

재 공 품

(150,000)	1,200,000
380,000	240,000
460,000	
450,000	

20. ㉠ 50,000 + 680,000 - 60,000 = 670,000
　㉡ 30,000 + 670,000 - 100,000 = 600,000
　㉢ 600,000 ÷ (1-0.4) = 1,000,000

21. 기초재공품재고액을 1,000,000원으로 가정하면, 기말재공품재고액은 380,000원 감소한 620,000원이다.

재 공 품

기초재공품재고액	1,000,000	당기제품제조원가	(3,504,000)
당기총제조원가	3,124,000	기말재공품재고액	620,000
	4,124,000		4,124,000

제 품

기초제품재고액	620,000	당기제품매출원가	3,624,000
당기제품제조원가	3,504,000	기말제품재고액	(500,000)
	4,124,000		4,124,000

22. 제조경비로 처리해야 하는 것을 기간비용으로 처리했으므로 판매비와 관리비가 과대계상되고, 반면에 당기총제조원가와 완성품제조원가 및 매출원가가 과소계상되므로 매출총이익은 과대계상된다.

23. ① 기초재공품 : 0.8X,　기말재공품 : X
　② 0.8X + 1,000,000 - X = 970,000
　　X = 150,000 (기말재공품)
　　∴ 기초재공품 : 150,000×0.8 = 120,000
　③ 1,000,000×0.27 = 270,000 (제조간접비)
　　∴ 270,000÷0.75 = 360,000 (직접노무비)

24. 당기총제조원가란 당기에 소비된 재료비+노무비+제조경비의 합계액으로 기초재공품과 기말재공품의 계산이 포함되지 않는 금액을 말한다.

국가직무능력표준 (NCS, national competency standards)

직업기초능력평가문제

(1) ③	(2) ①	(3) ③	(4) ①	(5) ①
(6) ③	(7) ②	(8) ③	(9) ②	(10) ④
(11) ①	(12) ④	(13) ②	(14) ④	(15) ②
(16) ④	(17) ②	(18) ①		

[해설]

01. • 바다 : 특정 원가대상에 명확하게 추적가능한 원가를 직접원가라 한다.
　• 하늘 : 직접원가에는 직접재료원가와 직접노무원가가 있다.
　• 철수 : 조업도의 변동에 비례하여 총원가가 변하는 원가를 변동원가라 한다.

02. (가)는 이미 지불한 책의 가격 2만원은 환불이 불가능하므로 매몰원가 또는 기발생원가이고, (나)는 의사결정과 관련이 없는 원가는 비관련원가이며, (다)는 이 금액들이 의사결정에 필요한 관련원가를 말하고, (라)는 비효과적인 책 때문에 낭비되는 시간과 노력의 가치를 기회원가라고 한다. 즉 기회원가는 의사결정의 여러 대안 중 하나를 선택하면 다른 대안을 포기할 수 밖에 없는 것을 말한다.

03. 기회원가는 회계장부에는 기록하지 않지만 의사 결정 시에는 반드시 고려되어야 한다.

04.

구분	4,000단위 생산 시	5,000단위 생산 시
직접재료비	2,000×4,000=8,000,000	2,000×5,000=10,000,000
직접노무비	1,000×4,000=4,000,000	1,000×5,000= 5,000,000
변동간접비	500×4,000=2,000,000	500×5,000= 2,500,000
총변동원가	14,000,000	17,500,000
총고정원가	6,000,000	6,000,000
총제조원가	20,000,000	23,500,000
생 산 량	4,000단위	5,000단위
단위당원가	@₩5,000	@₩4,700

05. 버스와 트럭을 생산하기 위해 직접 사용된 엔진의 원가는 직접재료원가이고 볼트, 도색을 위한 페인트 등의 원가는 간접재료원가이다. 또한 직접 소비된 노동자의임금은 직접노무원가이고 공장장의급여는 간접노무원가이며 가스수도료 등은 간접제조경비에 속한다. 그리고, 영업사원의급여 등은 판매비와관리로 분류한다. 따라서 제조직접비는 600,000+400,000+300,000+250,000=1,550,000이고, 제조간접비는 300,000+200,000+30,000+40,000+15,000+12,000=597,000이며, 판매비와관리비는 80,000+120,000+10,000=210,000이다.

06. 원가집계를 위한 원가흐름은 재료 → 재공품 → 제품 → 매출원가이다.

07. 정상원가계산은 제조간접원가를 예정배부율을 사용해 예정원가로 계산하는 것을 말하고 직접비는 제외한다.

08. 공장전체 제조간접비 배부율을 이용할 경우에는 보조부문원가를 제조부문에 배분할 필요가 없다.

09. • 직접배부법

구분	제조 부문		보조 부문		합계
	절단부문	조립부문	동력부문	수선부문	
자가발생원가	300,000	400,000	200,000	100,000	1,000,000
동력부문비	125,000	75,000			0
수선부문비	20,000	80,000			0
제조부문비합계	445,000	555,000			

• 단계배부법

구 분	제조 부문		보조 부문		합 계
	절단부문	조립부문	동력부문	수선부문	
자가발생원가	300,000	400,000	200,000	100,000	1,000,000
동력부문비	100,000	60,000	(200,000)	40,000	0
수선부문비	28,000	112,000		(140,000)	0
제조부문비합계	428,000	572,000			

• 상호배부법

구 분	제조 부문		보조 부문		합 계
	절단부문	조립부문	동력부문	수선부문	
자가발생원가	300,000	400,000	200,000	100,000	1,000,000
동력부문비	138,889	83,333	(277,778)	55,556	0
수선부문비	15,556	62,222	77,778	(155,556)	0
제조부문비합계	454,445	545,555			

• 동력부문비 : X, 수선부문비 : Y
• 동력부문 : 200,000+0.5Y, 수선부문 : 100,000+0.2X

10. • A가구점 : 2,000,000+1,000,000+(8,400,000×1,000,000/
4,200,000)=5,000,000
• B가구점 : 2,400,000+1,200,000+(8,400,000×1,200,000/
4,200,000)=6,000,000
• C가구점 : 1,600,000+2,000,000+(8,400,000×2,000,000/
4,200,000)=7,600,000

11. • (주)한라공업사는 공장 전체의 제조간접비를 직접작업시간을
기준으로 배부하고 있다. 또 다른 배부기준으로 기계가동시간
을 생각할 수 있는데 을제조부문에서 전혀 기계시간을 사용하
지 않기 때문에 이는 적절하지 않다. 공장 전체 제조간접비배
부율은 2,400,000÷600시간=4,000(시간당)이고, 공장전체
제조간접비배부액은 (4+10)×4,000=56,000원이다.
• 부문별 제조간접비 배부율은 갑제조부문 : 1,400,000÷500시
간=2,800(시간당), 을제조부문 : 1,000,000÷500시간 =
2,000(시간당)이므로 복수배부기준을 이용한 부문별제조간
접비배부액을 계산하면 (20시간×2,800)+(10시간×2,000)
= 76,000이다. 배부차이는 56,000-76,000=(20,000)이다.

12. • 완성품수량 : 5,000+28,000-2,000=31,000개
【평균법】
• 기말재공품 직접재료원가 : (8,060+41,440)×2,000/31,000
+2,000 = 3,000
• 기말재공품 가공원가 : (1,300+14,700)×1,000/31,000
+1,000 = 500
• 기말재공품원가 : 3,000+500 = 3,500
• 완성품제조원가 : 8,060+1,300+41,440+14,700-3,500
= 62,000
【선입선출법】
• 기말재공품 직접재료원가 : 41,440×2,000/31,000-5,000
+2,000 = 2,960
• 기말재공품 가공원가 : 14,700×1,000/31,000-2,000
+1,000 = 490
• 기말재공품원가 : 2,960+490 = 3,450
• 완성품제조원가 : 8,060+1,300+41,440+14,700-3,450
= 62,050

13. (주)서울은 5월 1일에 공장을 가동하여 영업을 시작하였으므로
기초재공품은 없다. 그러므로 기초재공품이 없으면 평균법과 선
입선출법의 완성품환산수량은 동일하다. 5월 말에 기말재공품
이 있다고 하였으므로 선입선출법 완성품환산수량(완성수량-
기초재공품환산수량+기말재공품환산수량)보다 평균법 완성품
환산수량(완성수량+기말재공품환산수량)이 증가한다.

14. 직접노무원가를 X라고 하면 제조간접가는 0.8X, 제조간접원
가는 당기총제조원가의 30%이므로 25,000×30% = 7,500, 그
러면 0.8X = 7,500이다. 그러므로 X=9,375

15. 25,000-9,375-7,500 = 8,125

16. 기말재공품을 X라고 하면 기초재공품은 0.75X이다. 따라서
0.75X+25,000-X=24,250, 그러므로 =3,000

17. (가)는 공정성 및 공평성의 기준이고, (나)는 부담능력기준이며,
(다)는 수혜기준, (라)는 인과관계기준이다.

18. 분리점 이전의 결합원가는 기발생원가로서 비관련원가이다.